中电联电力发展研究院

U0655481

MEIGUO DIANLI GONGCHENG
ZAOJIA GUANLI YANJIU

美国电力工程造价管理研究

主　编　沈维春
副主编　郭婧娟　徐慧声

中国电力出版社
CHINA ELECTRIC POWER PRESS

内 容 提 要

为了解和掌握国外典型、成熟的工程造价管理方法及国际惯例，把握工程造价管理的发展方向和最新动态，推动电力企业"走出去"，中电联电力发展研究院组织相关专家编写了《美国电力工程造价管理研究》。

本书结合美国电力工程市场基本情况，全面介绍了美国电力工程造价管理的基础、美国电力工程费用构成、美国建设工程工程量清单结构、美国电力工程计价方法和依据，以及美国电力工程招投标阶段和施工阶段的造价管理等内容。

本书可供电力工程建设行业及政府部门、行业协会和企业的领导，以及业主、承包商、监理单位、设计单位和第三方咨询机构等相关专业人士使用，并可作为全国电力工程造价管理、工程管理及项目管理等相关专业博士、硕士研究生的参考图书。

图书在版编目（CIP）数据

美国电力工程造价管理研究 / 沈维春主编. —北京：中国电力出版社，2019.1
ISBN 978-7-5198-2928-5

Ⅰ.①美… Ⅱ.①沈… Ⅲ.①电力工程–工程造价–研究–美国 Ⅳ.①F471.266

中国版本图书馆 CIP 数据核字（2019）第 011225 号

出版发行：中国电力出版社
地　　址：北京市东城区北京站西街 19 号（邮政编码 100005）
网　　址：http://www.cepp.sgcc.com.cn
责任编辑：张　瑶（010–63412503）
责任校对：黄　蓓　常燕昆
装帧设计：赵丽媛　张俊霞
责任印制：石　雷

印　　刷：三河市百盛印装有限公司
版　　次：2019 年 1 月第一版
印　　次：2019 年 1 月北京第一次印刷
开　　本：787 毫米×1092 毫米　16 开本
印　　张：16.5
字　　数：356 千字
印　　数：0001—2000 册
定　　价：66.00 元

本 书 编 审 人 员

主　　编　沈维春

副 主 编　郭婧娟　徐慧声

主　　审　赵　彬　李成栋　柳瑞禹　周　慧

参编人员　王秀娜　赵奎运　朱学文　张佳媛

前言

中共中央十一届三中全会以来，我国改革开放已经走过了 40 年的光辉历程，取得了举世瞩目的伟大成就，电力行业国际合作取得了跨越式发展。近年来，在"一带一路""全球能源互联网"等倡议下，我国电力企业在对外投资与合作中积累了丰富的经验，投资范围涉及水电、火电、风电及输变电等领域。我国电力企业要"走出去"，专业技术是重要的支撑和基础，工程造价管理体系和标准是庞大系统技术体系中一个重要的组成部分。因此，了解和掌握国外典型、成熟的工程造价管理方法以及国际惯例，把握工程造价管理的发展方向和最新动态十分重要。

美国政治社会稳定，法律制度健全，市场体系完善，基础设施发达，在市场容量、科技实力、教育创新及劳动生产率等方面稳居全球领先地位。近年来，伴随中国企业"走出去"步伐加快，美国已成为中国企业海外投资的重要目的地。美国工程造价管理主要基于全面造价管理理念，同时将其作为项目管理不可分割的管理部分。本书根据美国电力工业的实践和发展，全面介绍了美国电力工程市场；详细介绍了美国电力工程造价管理的基础，包括美国国际造价工程师促进协会、美国造价工程师、全面造价管理框架、美国电力工程项目监管、美国电力工程项目管理流程，以及美国电力工程建设各阶段造价管理内容；系统介绍和分析了美国电力工程费用构成、美国建设工程工程量清单结构、美国电力工程计价方法和依据；此外，还介绍了美国电力工程招投标阶段和施工阶段的造价管理等内容。

本书由中电联电力发展研究院编撰。在编写过程中，大量查阅和检索了美国电力工程造价管理方面的信息和资料，并得到北京交通大学的大力支持和帮助，在此表示由衷的感谢。本书在编写过程中，从内容到形式都进行了反复的调查和研究，力求以严谨的态度、翔实的数据和真实的记述介绍美国电力工程造价管理。本书可供从事海外电力工程项目投资决策与工程造价管理的相关企业及人员参考和借鉴。希望本书能够成为中国企业了解海外电力工程市场和工程造价管理的窗口，也期待业界同仁和广大读者多提出宝贵意见和建议，为提升我国电力企业"走出去"的能力和水平发挥更大的作用。

中电联电力发展研究院　编写组

2018 年 12 月于北京

目录

第一章

美国电力工程市场概述

美国有 982 万 km² 国土面积，下辖 50 个州、华盛顿哥伦比亚特区、五个自治领土及外岛共同组成的联邦共和国。美国拥有超过 3.3 亿的人口，为世界第三人口大国，是民族和文化最多元的国家之一。美国国内生产总值按国际汇率排名世界第一。在国民平均薪资、人类发展指数、人均国内生产总值以及人均生产力等社会经济学表现指标上，美国均处于世界领先地位。

19 世纪 80 年代，美国的电力行业开始进入商业化运营阶段，至今已近 140 年。现如今，美国电力市场是世界上规模最大的电力市场之一，无论是可再生能源发电，亦或是各国都在研究的智能电网，甚至是近几年刚刚兴起的储能技术方面，美国都处于世界领先地位。来自美国能源信息署（U.S. Energy Information Administration，EIA）数据[1]显示，2017 年，美国公用事业规模发电机的净发电量约为 4.01 万亿 kWh。另外 240 亿 kWh 来自小型太阳能光伏系统，其中大部分是直接使用的。能源信息署预计 2017 年净发电量的直接使用总额约为 1380 亿 kWh。

发电能源类别方面。2017 年美国发电能源中天然气占比最高，为 32%，其次是煤占 30%，核能也是作为主要燃料，达到 20% 份额。同时，美国近年来也在大力发展可再生能源发电，尤其是风力发电和太阳能发电发展迅猛，2017 年可再生能源发电占比达 17%，占比最少的是石油和其他能源约占 1%。

本章主要介绍美国电力行业的发展历程、现状，电力工程建设的政策和法律环境，分析电力工程建设趋势。目的是使读者对美国电力工程发展的宏观背景及趋势有一个大致了解，对后文的电力工程造价管理奠定基础。

第一节　美国电力市场的发展历程

美国电力市场发展共经历了三个阶段，即以城市和地区小市场为主的垄断经营阶段、政府维持的垂直一体化垄断经营阶段和自由开放的市场化竞争阶段。

---

[1] 美国能源信息署（U.S. Energy Information Administration，EIA）网址：https://www.eia.gov/。

一、以城市或地区小市场为主的垄断经营阶段

1886 年，美国建立了第一个商业交流发电系统；1888 年，发明了交流感应电动机；1891年，特斯拉发明了远距离输电。这些发明最终创造了西屋电气公司（Westinghouse）的尼亚加拉电厂。这座发电厂的发电量为 37MW，拥有 25mile 的高压输电线路（11 000V）。1892～1932年，由于用电需求快速增长导致年增长率达到 12%，电力成为普及化的能源，大大推动了美国经济增长。

在用电需求快速增长的同时，大量早期的私人电力系统开始出现，这些系统大多用于城市和局部地区用电，由政府发给执照特许供电范围。系统规模小，竞争也很激烈，在有些地区造成了供电过剩，私人电力公司因售价过高获利丰厚，并且通过自行设定电压等级、设备装置的标准和相互合并来降低造价，发挥了一定的规模经济效益。而政府投资建设的水电设施，主要在西部用于防洪和灌溉，地方政府也投资建设发电和配电系统，但没有扩大规模，效率远远低于私人企业。于是，电力市场发展初期便自然而然形成了一种以城市或地区小市场为主的垄断经营的现象。

在 1914～1920 年间，美国出台了《反垄断法案》，成立了纽约州管制委员会（保护消费者免受垄断价格），但是由于电力系统的规模经济性及其技术特点，这种垄断现象当时仍然还在持续。对于基础性的工业，规模经济是其固有特征，有多个竞争者的市场不能够取得垄断市场的规模经济。因此，在 20 世纪 20～30 年代，电力公司大量合并形成多家电力控股公司，但由于其垄断地位，其在从市场获得巨额利润的同时供电服务质量却不能令人满意。

1935 年，美国出台《公用事业控股公司法案》，该法案审查并授权公用事业发行债券、出售债券以及重组控股公司等活动；同年美国通过了《联邦电力法》，并且成立了联邦电力委员会，该组织的职能是管理发电和输电的批发电力交易合同。《公用事业控股公司法案》剥离控股公司的附属公司，使控股公司只能控制相邻的电网。联邦电力法还建立了确定总造价和平均造价的方法，要求电力公司每年做一个标准的会计报表。

二、政府维持的垂直一体化垄断经营阶段

20 世纪 40～80 年代是美国电力发展增速最快的一段时间，由于在 30 年代出台的一系列措施，政府此时对电力行业的管制程序已经比较成熟，零售电价的制定方法也趋于实际和合理。20 世纪 50～60 年代初期，核电技术和火电机组均得到了巨大的发展，同时随着计算机控制技术的实现，出现了电网监视、继电保护和能量管理系统用于系统的安全控制，电力系统的自动化水平大大提高。

1965 年纽约大停电事故，促进了区域电网规模的扩大，形成了一些区域的大规模电力系统，比较有代表性的如纽约、宾夕法尼亚州—新泽西州—马里兰州互联电网公司（Pennsylvania-New Jersey-Maryland Interconnection，PJM），这些区域电力系统本质上和初期

的私人电力系统一致，也为垄断经营，只是由于电力技术的逐步发展，扩大了垄断的范围，逐渐开始垂直体系下的垄断经营，涉及对上述市场区域内绝大部分的电厂和输配电系统的生产、输配、销售各环节的市场结构性活动。在此类市场中电力消费用户是买方，垄断的电力企业是卖方，市场电价受到政府严格管制，出于规模经济效益的考虑，电力企业由私人垄断的地位也是在相当一段时间内是由政府许可和维持。

1973～1974 年的石油禁运使石油价格暴涨，电力公司的运行造价也随之大幅上涨，而 20 世纪 50～60 年代美国投产了大量的燃油机组，居高不下的运行造价使众多企业不堪重负，导致电力需求也增长减缓。

一方面为了解决以上问题，另一方面改善环境质量，减少对国外石油的依赖程度。国家为鼓励非化石燃料发电，于 1978 年政府出台了《公共事业监管政策法案》（Public Utility Regulatory Policies Act，PURPA），并鼓励非电力公司建设发电厂，并对发电厂授予发电资格，还要求电力公司必须从有资格的发电公司购买电力。上述法案公布后，在 20 世纪 80 年代期间，大约有 6 万 MW 独立发电公司的发电容量进入电力市场，这些新增容量主要集中在纽约州、新英格兰州、宾夕法尼亚州、加利福尼亚州和得克萨斯州。《公用事业监管政策法案》提高了电力市场发电侧的竞争性，推动了独立发电商的产生，但却未能保护消费者的利益，美国的销售电价还是过高。

三、自由开放的市场化竞争阶段

1992 年，美国颁布了《能源政策法案》，该法案中明确提出垂直管理模式下的电力公司允许非公用电力公司在公开市场销售电力。这一趋势的迅速发展打破了传统垄断经营体制的竞争局面，尤其是既参与发电市场的竞争，又掌握着关键的输、配电网络的垂直一体化的垄断企业，对电力体制改革提出了更深的要求。美国由此拉开了坎坷改革序幕，首先将承担一体化管理的地区垄断性电力公司重组，其核心是把传统的"发—输—配—用"统一管理的生产过程分开，一方面放松对发电和零售环节的监管，鼓励竞争，另一方面加强对输配电垄断环节的监督与管理。

1996 年，美国电力工业开始大规模市场重组。美国联邦能源监管委员会（Federal Energy Regulatory Commission，FERC）出台法令，一方面要求发电厂与电网分离，开放电力批发市场，引入竞争机制，即输配电网发电商和用户公平进入，发电企业一视同仁。另一方面 FERC 鼓励独立系统运营商（Independent System Operator，ISO）的建立。ISO 是通过实时市场动态来平衡电网的实时供需关系，提供调度、运行、输电服务和阻塞管理、购买和提供辅助服务等。

1999 年，FERC 基于为输电网获得最大区域效益这一思想提出建立区域传输组织（Regional Transmission Organization，RTO）的设想，即将 RTO 作为一个独立的区域调度机构来负责输电网调度运行和市场监督，拥有或管理跨州输电设施的电力公司必须组建或加入

RTO。电力公司只有所有权，没有使用权；而 RTO 只有输电系统的经营管理权，没有所有权。

为消除传统电力公司在销售端的垄断，销售端也开始电力改革，其重点是放宽电力供给企业的监管范围，给予用户在不同的供电商之间自由选择的权利。通过这场改革电力用户希望可以建立以市场为基础的电力体制，然而 2000～2001 年的加州电力市场危机却使这场改革逐渐衰落。

电力危机一方面是始于天灾，2000 年夏季，整个美国西部异常炎热，降水稀少，导致了加州的用电需求略有增加，而原本在夏季为加州供电的美国西北部的水电机组供电量却有所降低。且由于前一年夏季发电量大，加州本土的许多机组都在千禧年停止了运行以进行维修，这进一步降低了整体的供电量。

在此情况下，效率较高的天然气、水电等机组均满载供电，而许多低效、昂贵的天然气机组不得不充当边际发电机组以满足用电需求，短期内供不应求的情况迅速推高了批发市场的售电价格。供电紧张只是开始，不彻底的改革结构则将其升级成为一场电力危机。由于政府对电网垄断的严格管制使得电力行业利润有限，对电网投资的激励效应减弱，进而导致电网建设的滞后，电力输出不足以及电力系统老化和并发的安全问题。

电力改革后，私营电力公司出现亏损。政府定价的改革却成为电力公司投资的阻力且损害消费者利益，最终加州电力系统出现危机。危机过后，加州电力市场开始强化改造。例如 2002 年，加州 ISO 提出了"市场全面设计计划"的改革方案；2005 年，国会颁布了《能源政策法》法案，由此 FERC 获得更多的权力。新的调整与改革更加重视买方与卖方的供求关系和监管，给后来电力改革走回正轨奠定基础。

第二节　美国电力工程建设发展现状

一、投资现状

（一）电力工程建设总体投资现状

1. 美国电力工程建设总支出

来自美国联邦储备经济数据库（Federal Reserve Economic Data，FRED）的资料❶显示，美国 2004～2018 年间在电力工程方面的建设支出呈上升态势（见图 1-1）。截至 2018 年 5 月，按照年率季节性调整后的全国电力建设总支出达到 997.12 亿美元。

2. 美国电力公共建设支出情况

图 1-2 显示了美国 2004～2018 年间在电力方面的公共建设支出，在 2018 年 5 月，按照年率季节性调整后全国在电力方面的公共建设总支出达到 73.42 亿美元。

---

❶ 数据来源：美国联邦储备经济数据库（Federal Reserve Economic Data，FRED）网址：https://fred.stlouisfed.org/。

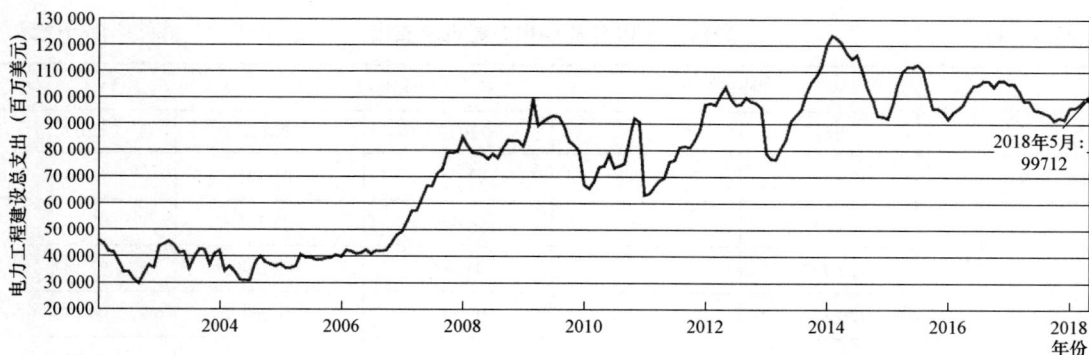

图 1-1 美国 2004~2018 年间电力工程建设总支出

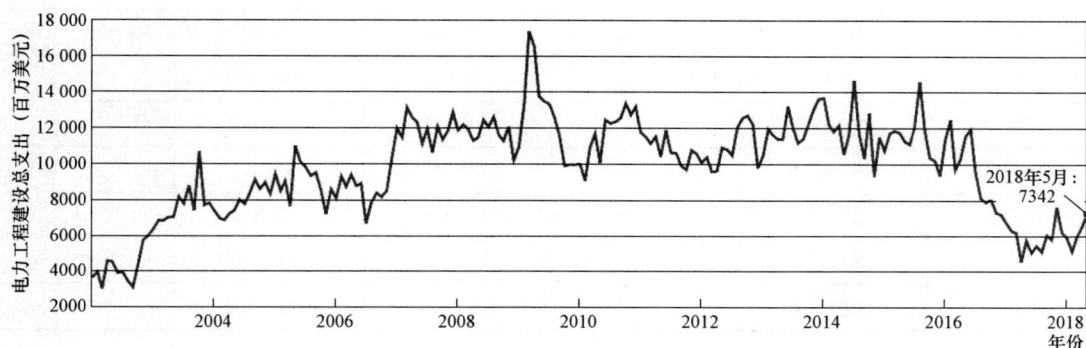

图 1-2 美国 2004~2018 年间电力公共建设支出

3. 美国电力私人建设支出情况

2004~2018 年间在电力方面的私人建设支出总额也有统计，在 2018 年 5 月，按照年率季节性调整后全国在电力方面的私人建设总支出为 92 370 百万美元，即 923.7 亿美元，可以看出，私人在电力方面的建设支出在全国电力建设总支出中占主要份额，具体见图 1-3。

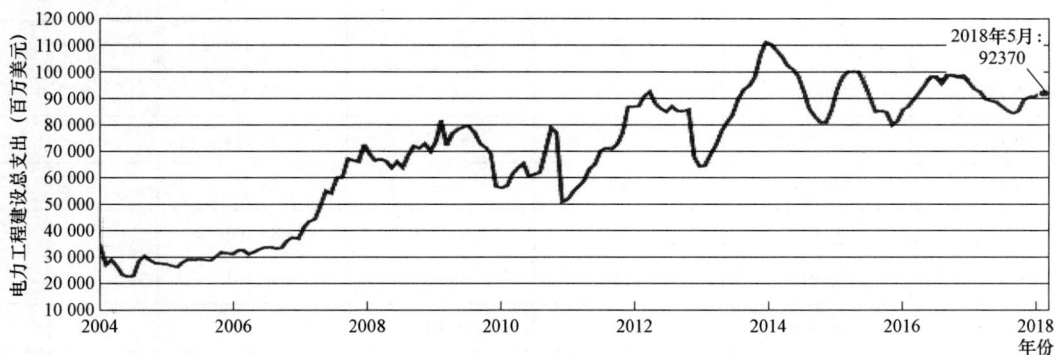

图 1-3 美国 2004~2018 年间电力私人建设支出

为更清楚地了解到近五年美国各年度电力建设总支出情况，根据官网数据情况进行汇总统计，得到 2014~2018 年美国电力建设总支出情况，如表 1-1~表 1-3 所示。

表 1-1   **2014～2018 年美国电力建设总支出**   单位：百万美元

月份	年 份				
	2014	2015	2016	2017	2018
1 月	120 375	91 985	91 747	105 401	96 042
2 月	123 887	97 617	94 441	105 336	96 182
3 月	122 777	105 109	95 696	102 664	97 187
4 月	120 822	110 101	97 546	98 653	99 173
5 月	116 902	111 801	101 650	98 854	99 712
6 月	114 638	111 655	104 604	95 341	—
7 月	116 253	112 522	104 980	95 048	—
8 月	110 412	110 686	106 578	94 244	—
9 月	103 282	102 641	106 583	93 574	—
10 月	99 357	95 692	104 149	91 432	—
11 月	92 918	95 885	106 695	92 413	—
12 月	92 838	94 523	106 457	91 766	—
总计	1 334 461	1 240 217	1 221 126	1 164 726	488 296

表 1-2   **2014～2018 年美国公共电力建设总支出**   单位：百万美元

月份	年 份				
	2014	2015	2016	2017	2018
1 月	106 657	81 190	80 341	98 584	90 091
2 月	111 644	85 855	81 920	98 975	91 017
3 月	110 934	93 206	85 952	96 408	91 184
4 月	108 604	98 300	87 209	94 079	92 551
5 月	106 312	100 480	90 050	93 061	92 370
6 月	102 952	100 504	92 625	90 249	—
7 月	101 539	100 411	95 421	89 563	—
8 月	98 721	96 045	98 386	89 107	—
9 月	92 910	90 732	98 635	87 461	—
10 月	86 455	85 285	96 017	85 608	—
11 月	83 530	85 626	99 320	84 704	—
12 月	81 284	85 111	99 182	85 496	—
总计	1 191 542	1 102 745	1 105 058	1 093 295	457 213

表 1-3   2014～2018 年美国私人电力建设总支出   单位：百万美元

月份	年 份				
	2014	2015	2016	2017	2018
1 月	13 718	10 795	11 406	6817	5951
2 月	12 243	11 762	12 521	6361	5165
3 月	11 843	11 903	9744	6256	6003
4 月	12 218	11 801	10 337	4574	6622
5 月	10 590	11 321	11 600	5793	7342
6 月	11 686	11 151	11 979	5092	—
7 月	14 714	12 111	9559	5485	—
8 月	11 691	14 641	8192	5137	—
9 月	10 372	11 909	7948	6113	—
10 月	12 902	10 407	8132	5824	—
11 月	9388	10 259	7375	7709	—
12 月	11 554	9412	7275	6270	—
总计	142 919	137 472	116 068	71 431	31 083

（二）电网投资现状

美国电网的设备总资产约 3600 亿美元，大多是建于 20 世纪 50 年代或更早。按照美国能源部（Department of Energy，DOE）统计[1]，现在投入使用的技术、设备老化现象较为严重，70%的输电线路运行使用年限约 25 年以上，70%的电力变压器使用年限约 25 年以上，60%的断路器运行年限超过 30 年。

由于分散的电网管理体制，美国输电网投资自 20 世纪 70 年代以来几乎发展停滞且长期落后于电力需求和发电装机容量的增长。首先，电网监管权分属不同机构，难以形成有效的管理政策；其次，各州改革模式和进程都有不同，其管理体制机制与规范标准也相互不同，造成输电网的规划、建设和管理面临众多问题。据北美电力可靠性公司（North American Electric Reliability Corporation's，NERC）的调查显示[2]，美国输电网项目的落地耗时重做，许可、选址到建设通常需要 10 年时间[3]。另外，输电网项目相较于其他投资项目，具有回报率低、建设周期长等特点，因而比较缺乏投资活力，其所能筹集到的项目建设资金规模也受到限制。此外，由于美国较早完成了工业化、城镇化，经济发展放缓，电力需求增长速度也相应放缓，使得电网建设缺乏驱动力。

---

[1] 美国能源部（Department of Energy，DOE），网址：https://www.energy.gov/。
[2] 北美电力可靠性公司（North American Electric Reliability Corporation's，NERC），网址：http://www.eei.org。
[3] 张晓置，马莉.各自为政的美国电网.国家电网.2014（128）：74-76.

近几年来，电网投资不足影响到电网安全运行和市场交易业务开展，各大电力公司的电网投资出现了快速增长局面。据美国爱迪生电力研究院（EEI）估算，2004～2008 年，美国电力公司对输电网建设共计投入约 290 亿美元，较 5 年前增加了 60%。据北美电力可靠性公司（North American Electric Reliability Corporation's，NERC）的统计，2009 年美国新建 230kV 及以上线路总长度超过 11 466km。截至 2014 年，输电线路长度比 2005 年了增加了 5.9%。

从 20 世纪 90 年代中期开始，美国配电网投资出现快速上升趋势。根据《美国电网投资情况分析及其启示》分析，2010～2030 年的 20 年间，在美国电网建设投资中，输电网投资额约为配电网投资的 1/2，整体上看电网年均投资额为 440 亿美元。

从 20 世纪 90 年代中期开始，配电网投资出现快速上升趋势。来自爱迪生电力研究院的资料表明，如今美国的电力公司正在对向客户供电的配电系统进行大量投资。自 2000 年年初以来，截至 2016 年该行业已在该国的配电系统中投入了 4000 亿美元。

增加的配电资本支出正在帮助企业加快先进计量基础设施（Automated Metering Infrastructure，AMI）的发展，其中包括新的通信网络和数据库系统，这些系统将增强美国的电网并最终创建智能电网。

二、地域分布

（一）电网地域结构

输电方面，美国电网公司数量逾 500 家，主体呈多元化。公共事业电力公司占比 2/3，其他为联邦政府机构（如田纳西水电局）、市政电力公司和农村电力合作社拥有，以及一些为营利性经营公司或区域组织所有。

目前东部联合电网（Eastern Interconnection）、西部联合电网（Western Interconnection）和得克萨斯联合电网（Texas Interconnection）分别为美国三大联合电网。由于美国的洛矶山脉隔断了东西部电网的直接相联，因此区分为东、西部电网。美国的三大联合电网之间只有通过直流线路的非同步联系。东西部电网的间接相连是通过四个直流的背靠背站。东部电网与得克萨斯电网有两个直流连接站，而西部电网与得克萨斯电网没有直流连接。近年来，美国一直推进三大联合电网的联系线路建设，2009 年 10 月，由美国 Tres Amigas 超级电站宣布，通过三条功率为 5GW 的高压直流线路，实现了三大联合电网的链接。三条线路使用的材料为高温超导线材。

（二）发电厂地域分布

根据美国能源信息署[1]资料显示，截至 2016 年 12 月 31 日，美国约有 8084 座发电厂，其运行发电机的铭牌发电能力至少为 1MW。发电厂可以具有一个或多个发电机，并且一些发电机也可使用不同种类型的燃料。根据美国能源部电力输送与能源可靠性办公室编制的《美国电力工业入门读物》（《United States Electricity Industry Primer》）显示，发电能力大于 1MW

---

[1] 美国能源信息署网址：https://www.eia.gov/tools/faqs。

的发电厂集中分布在美国中东部和西海岸地区。

（三）区域传输组织和独立系统运营商分布

在美国的三个主要电网互连中，区域传输组织（Regional Transmission Organization，RTO）和独立系统运营商（Independent System Operators，ISO）位居区域实体地位。ISO 和 RTO 的形成是在联邦能源监管委员会（The Federal Energy Regulatory Commission，FERC）的指导下进行的。

ISO 和 RTO 的作用相似，ISO 运营自身所在地区的电网（如加利福尼亚州独立系统运营商运营加利福尼亚州的电网），为该地区的电力系统提供可靠性规划同时管理该区域批发电力市场。RTO 除上述作用外，还肩负对 FERC 建立传输网络的责任。ISO/RTO 参与区域规划，以确保得到基础设施的适当支持。在开发 ISO/RTO 之前，各个公用事业负责协调和制订传输计划。没有 RTO 或 ISO 的区域中的实用程序继续提供此功能。ISO 或 RTO 在美国的东南部和西部较为贫乏，但是这些领域的电力公司仍然遵守 FERC 的相同规定。得克萨斯州电力可靠性委员会（ERCOT）不属于跨州传输和批发市场的州际 FERC 机构，但仍受 NERC 监督和 FERC 可靠性监管。

目前北美有 7 个独立系统运营商（ISO）：

（1）CAISO-California ISO　加利福尼亚州独立系统运营商；

（2）NYISO-New York ISO　纽约独立系统运营商；

（3）得克萨斯州 ERCOT（Electric Reliability Council of Texas）　电力可靠性委员会；也是区域可靠性委员会；

（4）MISO-Midcontinent　北美中部独立系统运营商；

（5）ISO-NE-ISO New England　新英格兰独立系统运营商；

（6）AESO-Alberta Electric System Operator　艾伯塔省电力系统运营商；

（7）IESO-Independent Electricity System Operator　独立电力系统运营商。

北美目前有 4 个区域传输组织（RTO）：

（1）PJM-PJM 互连；

（2）MISO-Midcontinent Independent System Operator 独立系统运营商；

（3）SPP-Southwest Power Pool 西南电力联营，也是区域可靠性委员会；

（4）ISONE-ISO New England 新英格兰。

三、发电工程类别

根据美国 MasterFormat（美国工程师协会发布的工程分类编码体系）体系对电力工程的划分，可以将美国的电力工程划分为发电工程和输配电工程两大类，其中发电工程包括化石燃料发电、核燃料发电、水力发电、太阳能发电、风能发电、地热能发电、燃料电池发电等，见图 1-4。

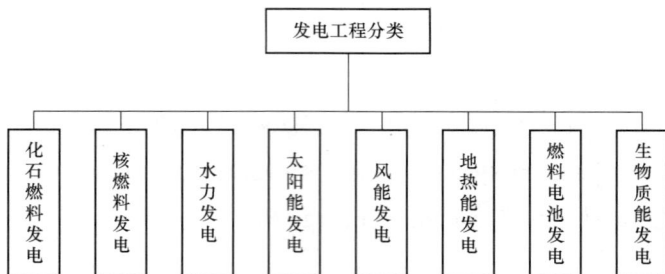

图1-4 发电工程分类

（一）化石燃料发电

化石燃料发电又称为火力发电（Thermal Power，Thermoelectricity Power Generation），是指通过发电动力装置化石燃料在燃烧时产生的热能转换成电能的一种发电方式。

（二）核燃料发电

核燃料发电又称核能发电（Nuclear Electric Power Generation），是一种利用核反应堆核裂变所释放出的热能进行发电的方式。火力发电与核燃料发电极其相似，核燃料发电只是将火力发电的锅炉变成核反应堆及蒸汽发生器，以核裂变能代替矿物燃料的化学能。

（三）水力发电

水力发电（Hydroelectric Power），主要是兴建不同类型的水电站，利用蕴藏于水体中的位能来发电。

（四）太阳能发电

太阳能发电（Solar Electrical Energy Generation），包括光伏发电、光化学发电、光感应发电和光生物发电。光伏发电是当今太阳能发电的主流，利用太阳能级半导体电子器件有效地吸收太阳光辐射能，使之转变成电能的发电方式。

（五）风能发电

由于风能是一种清洁无公害的且可再生能源，因此可以充分将风的动能通过设备转为电能。风能蕴量巨大，因此受到美国能源界重视。美国风力发电是能源工业近几年来迅速扩大的一个分支。对于2016日历年，美国的风力发电量达到226.5TWh，占所有发电量的5.55%。

截至2017年1月，美国风力发电额定容量为82 183MW。这一容量只有中国的和欧盟的才能超过。到目前为止，风电装机容量增幅最大的是2012年，安装风机11 895MW，占新增装机容量的26.5%。

（六）地热能发电

地热能发电（Geothermal Power Generation），是一种新型发电技术，基本原理与火力发电类似，利用地下热水和蒸汽为动力源，根据能量转换原理，先将地热能转换为机械能，再把机械能转换为电能。

（七）燃料电池发电

燃料电池发电（Fuel Cell Power Generation），是指通过将所供燃料的化学能直接变换为电能的一种能量，连续供给燃料从而能获得持续电力的一种发电装置。

（八）生物质能发电

生物质能发电是以生物质及其加工转化成的固体、液体、气体为燃料的热力发电技术，其发电机可以根据燃料的不同、温度的高低、功率的大小分别采用煤气发动机、斯特林发动机、燃气轮机和汽轮机等。

第三节 美国电力工程建设的政策环境

一、市场准入政策

（一）投资主管部门

1. 管理体系

美国外资的主管部门是商务部，商务部经济分析局（U.S. Bureau of Economic Analysis, BEA）主要职责是通过在其网站上发布每个季度和年度外国投资的数量、来源国别及所投资的主要行业来统计外资数据。BEA 的数据来自任何新建和持有 10%以上（含 10%）投票权益（和等值物）、收购价值在 100 万美元及以上的投资所上报的，再将其汇总成外国直接投资数据。第二个管理机构是 2011 年新成立的商务部国际贸易署下属的"选择美国"项目办公室（Select USA），"选择美国"办公室前身是"投资美国"项目办公室（Invest in America），是美国政府协调在美投资促进的首要机构，通过主动与外国政府和投资者接触，促进州政府的投资，解决国际投资者对商业环境提出的问题，最终在美国创造更多的就业机会，推动创新。

（1）联邦方面工作。美国前总统奥巴马 2011 年 6 月 15 日行政命令，发起"选择美国倡议"（Select USA Initiative），倡议成立"联邦部际投资工作小组"，小组由美国商务部牵头、23 个部门参与，目的是通过鼓励和支持在美投资，拉动经济增长，实现创造就业。在联邦层面，美国商务部建有介绍美投资环境的官方网站❶。

（2）州和地方政府方面工作。各州（市、郡）商务厅（局）或经济发展署等部门设有专门机构，提供外商投资咨询服务相关事宜，由于美国各州拥有独立的立法权，各地外资政策、外企设立程序、税收等法律法规等各有不同，有意赴美国投资者可登录美国各州商务主管部门官方网站 www.selectus-a.gov 首页，可以查找到美国各州商务主管部门的官方网站。

随着中美经贸关系日益密切，近年来美国共有 26 个州在中国设立了 31 家代表处，中国

---

❶ 美国商务部建有介绍美投资环境的官方网站，网址：www.selectusa.gov.

企业若有意赴美投资，可通过联系上述驻华机构获取相关信息。

2. 投资管理

由于美国各州管理制度的不同，因此对外国直接投资没有专门的审批程序。外国投资一般毋需审批，按照所在地区的投资管理办法，在当地投资主管部门（一般是州和地方的经济发展主管部门）申报即可。除此之外，需要接受由美国财政部、商务部等部跨部门组成的"外资投资委员会"（Committee on Foreign Investment in the United States，CFIUS）的监督审查，避免影响美国经济安全时间出现。

（二）关于投资行业规定

联邦政府对外国直接投资没有统一的投资政策，也没有针对特定地点、特定行业的优惠政策，其实行地点、行业中立的政策。各州地方政府通常根据当地实际情况出台具体的投资政策。

1. 外资进入美基础设施投资

截至目前，外国投资进入美国具体的基础设施领域往往实行对等原则，联邦政府暂无专门针对基础设施上的限制政策，但要求投资者母国政府必须对美国投资者提供对等的权利。例如根据美国《公共土地法》和《采矿许可法》，外国投资者可以在美国公共土地上铺设石油和煤气管道，修筑铁路和开采矿藏，若投资者母国没有与美国政府签署类似条约，那投资者不享有这些权利。

在国家层面，外国投资者在航空、通信、能源、矿产、渔业、水电等部门均有一定限制。

2. 水电

禁止国外独资公司从事水电开发，但允许外国与美国合资公司从事此类开发。

3. 核电

目前不允许外国公司拥有使用或生产原子能的设施。

（三）美国对外国公司承包当地工程的规定 ❶

美国联邦政府对外国公司进入建筑行业并没有专门的法律限制和规定，其建筑市场对外资基本开放，各州根据自己的法律进行管理。

1. 资质管理

大多数州对建筑公司并不实行分级的资质管理，加利福尼亚、特拉华、纽约州等对建筑公司没有最低资本金限制，可根据需要追加后续资金。大多数州依靠保险公司向建筑公司提供保险金额的高低进行市场调节。比如，工程承包需要提供100%的履约保函，即对工程规模整体投保，但如果该公司在当地的工程经历不足或声誉欠佳，保险公司不会给予全额的履约保险，公司会因无法拿到保函而难以投标。部分州对建筑公司也实行资质管理，但集中在要求公司净资产达到一定水平，如南卡罗来纳州对净资产低于25万美元的公司签订合同有所限制。

---

❶ 中华人民共和国商务部投资美国指南，网址：http://us.mofcom.gov.cn/article/zt_investguide/。

在执照方面，各州的管理政策不尽相同，但并不歧视外国公司，对本州、外州和外国公司一视同仁。例如，纽约州规定除进行居民住宅开发或改造项目以外，总承包商不需要执照，但在南卡罗来纳、亚利桑那、华盛顿州等地则需要执照，并且建筑承包公司内要有一位主要职员通过该州的资格考试，成为公司的"资格员"后才能取得营业执照。这种考试对于从事工程承包若干年、英语较为流利的中国工程师来说不难通过。

2. 建筑标准

美国的建筑标准是由协会、标准组织等非营利机构来制定的，这些非营利组织的成员一般由政府机构、高等院校、研究机构、测试认证以及生产方面的代表组成，任何协会、组织都可以根据市场实际需求编制技术标准、指南及手册，因此标准的编制和推行是一种市场行为，若认可该标准的企业越多，该标准就越具有权威性。美国的标准学会一般会根据市场的需求及认可程度将其中的一项标准认定为国家标准，但企业仍然是自愿适用，若某项标准被联邦政府或州、郡、市认定后，才在某行政管辖区内成为强制性的标准，具有法律效力。在通过强制性标准时，地方标准官员会结合本地区情况和需求，将某一标准或其中的部分内容建议成为本地区标准，地方议会就此进行表决，通过后向辖区内公民征求意见，在获得无争议通过后，才能作为本区内的强制性标准。因此强制性标准的制定是立法工作的一部分。联邦政府管辖下的项目不受各州标准的限制，各州颁布的标准仅对本州项目具有法律效益。例如，加州的建筑标准包括建筑和住宅一般标准、房屋结构标准、管道标准、机械标准、电气标准、消防及生命安全标准、可达性标准、能源标准、电梯标准等。

政府不直接参与制定标准，其强调其在标准制定中的指导思想和主要目的是提高企业的竞争力，政府官员大多是标准协会的会员，可以在标准制定的过程中提出意见甚至参与投票。同理，美国对建筑标准也并无统一规定，因此，为了在投标中做到有的放矢，在美国从事工程承包应当首先熟悉各州实施的标准。

二、劳务政策

美国关于劳动就业的规定包括以下内容：

（一）劳工（动）法的核心内容

美国劳动法的立法十分繁杂。1935 年美国通过了《国家劳资关系法》，该法案明确禁止雇主干涉雇员组织工会、集体谈判、罢工、纠察等行为，该项法案的实施对私营企业的劳资关系进行调整设定了一个框架。

关于雇主需交纳的雇员社保基金种类和比例，根据美国国税局（Internal Revenue Service，IRS）的规定，雇主需缴纳的雇员的社保基金共有两类：一是社会保险；二是医疗保险，年收入超过 20 万美元，个人还要再多交 0.9%的医疗保险。

（二）外国人在美国工作的规定

根据美国《移民和国籍法》（《Immigration and Nationality Act》）规定，美国政府制定了两套准入制度，依据外籍工人是否申请在美国永久工作分别核发永久和短期工作许可。

（三）外国人在当地工作的风险

外国人在美国工作必须获得相应签证和工作许可，非法入境或未取得相应签证和许可而在美国工作，则违法美国法律。建议企业通过律师等专业人员办理赴美国工作的签证和工作许可。外国人在美国工作的主要风险包括自然灾害风险、出入境风险、安全风险、治安风险等。

如遇风险，可求助美国相关劳动援助机构，其中美国劳工部主管美国工人的安全及工作援助。在遭遇突发事件或严重紧急情况时，可拨打美国劳工部职业安全和健康管理署（Occupational Safety and Health Administration，OSHA）紧急求助电话 1 - 800 - 321 - 6742。此外，还可登录美国劳工部网站❶查询其他联络方式。

三、投资、贸易政策

（一）美国对外国投资的政策❷

就对外资政策来说，美国对投资商没有特殊优惠，一直保持中立政策。由于美国管理的特性即实行联邦体制，因此其外资政策也可以从两个层次展开，即联邦政府的外资政策和州及地方政府的外资政策。

美国的中立政策包含两个基本原则：第一是约定了创设的权利，即外国企业有权在美国创设新的公司，或扩大其经营活动；第二是等同的国民待遇，即外国投资者的待遇和美国国内的投资者相同。

根据联邦政府的法律，在电力领域美国却设立了限制。外资企业想进入水力发电或某区域的水产业，必须要取得合法许可。例如，外国公司按美国法律建立的子公司可获得许可，但外国分支机构却不可进入这两个产业。

（二）对环境保护的规定

1. 环保管理部门

（1）美国环境保护署（U.S Environmental Protection Agency，EPA）。EPA 是美国环境保护的主管部门。EPA 于 1970 年 7 月在华盛顿成立，其主要宗旨是为人类提供更健康和清洁的自然环境。

专栏 1：EPA❸主要职责
（1）建立健全环境保护基本制度。
（2）负责重大环境问题的统筹协调和监督管理。

---

❶ 美国劳工部，网址：www.dol.gov/dol/contact/co-ntact-phonecallcenter.htm。
❷ 青岛市商贸发展服务中心，网址：http://www.8858.gov.cn/article/17136。
❸ EPA，网址：www.epa.gov。

（3）落实国家减排目标。

（4）负责提出国家财政性资金安排的意见，环境保护领域固定资产投资规模和方向、并且按规定权限审批、核准国家规划内和年度计划规模内固定资产投资项目，并配合有关部门做好组织实施和监督工作。

（5）从源头上预防、控制环境污染和环境破坏。

（6）负责环境污染防治的监督管理。

（7）指导、协调、监督生态保护工作。

（8）负责核安全和辐射安全的监督管理。

（9）负责环境监测和信息发布。

（10）开展环境保护科技工作。

（11）开展环境保护国际合作交流。

（12）组织、指导和协调环境保护宣传教育工作。

中资企业到美国投资，如有问题，可根据 EPA 网上提供的问题单，填写相关信息，进行咨询。

（2）其他机构。联邦政府中还有一些在环境管理方面也具有十分重要的作用行政机构。这些机构的联系方式，可在其网站上查询，具体网站信息如下：

专栏2：网站信息

（1）内政部及其所属机构，网址为 www.doi.gov。

（2）农业部及其所属林业局，网址为 www. usda.gov。

（3）劳工部职业安全与健康局和矿业安全与健康局，网址为 www.dol.gov。

（4）商务部及其所属国家海洋与大气局，网址为 www.doc.gov。

2. 主要环保法律法规名称

主要环保法律法规见表1-4。

表1-4 主要环保法律法规❶

中 文 名 称	英 文 名 称
《原子能法》	Atomic Energy Act，AEA
《化学品安全信息、选址安全与燃料管理救济法》	Chemical Safety Information，Site Security and Fuels Regulatory Relief Act
《清洁大气法》	Clean Air Act，CAA

---

❶ 表中法律查询网址：www2.epa.gov/laws-regulations/laws-and-executive-orders。

中 文 名 称	英 文 名 称
《清洁水法》	Clean Water Act，CWA
《综合环境反应补偿与责任法》	Comprehensive Environmental Response，Compensation and Liability Act，CERCLA，or Superfund
《紧急规划与社区知情权法》	Emergency Planning and Community Right-to-Know Act，EPCRA
《濒危物种法》	Endangered Species Act，ESA
《能源独立与安全法》	Energy Independence and Security Act，EISA
《能源政策法》	Energy Policy Act
第 13211 号总统令《关于显著影响能源供给、分配与使用的行政管理的行政令》	Actions Concerning Regulations That Significantly Affect Energy Supply，Distribution，or Use
《联邦水污染控制修正案》	Federal Water Pollution Control Amendments
《海洋保护研究和保护区法》	Marine Protection，Research，and Sanctuaries Act，MPRSA
《国家环境政策法》	National Environmental Policy Act，NEPA
《核废弃物管理法》	Nuclear Waste Policy Act，NWPA
《海洋倾泄法》	Ocean Dumping Act
《石油污染法》	Oil Pollution Act，OPA
《污染防治法》	Pollution Prevention Act，PPA
《资源保护和恢复法》	Resource Conservation and Recovery Act，RCRA
《安全饮用水法》	Safe Drinking Water Act，SDWA
《有毒物质控制法》	Toxic Substances Control Act，TSCA

3. 环保评估的相关规定

根据国际影响评估协会（The International Association for Impact Assessment，IAIA）的定义，环保评估是指"在主要决策作出前就该项目对环境所可能产生的生物、物理、社会及其他相关方面的影响进行认定、预测、评估，并提出减少环境影响的措施"。

美国在 1969 年就颁布了《国家环境政策法》（The National Environmental Policy Act，NEPA），是世界上最早建立环评制度的国家，并于 1970 年 1 月 1 日投入使用。该法令明确可能影响环境的活动和项目要进行环境影响评价，若是属联邦政府执行的活动和项目以及由联邦政府补助、担保或核准的活动和项目，由联邦政府有关部门负责对环境影响评价的审批和监督。

美国环境评估制度非常重视公众的作用。NEPA 规定联邦政府的所有机构的立法建议和其他重大联邦行动建议，在决策之前都要进行环境影响评价，编制环境影响评价报告书，在这过程中一定要征求公众意见，展开公众评议，作为编制环境影响评价报告的必经程序和内容。

美国本土大部分州、市制定了比联邦法更为严格的环境质量法，规定州或地方政府拟订的项目以及需要州或地方政府核准的私人项目都要进行环境影响评价，可以令决策者及民众了解有关项目对环境的影响，有效的提出检验替代方案、制订减轻环境影响的措施；法令公开的时间为45～90天，给民众提供发表意见的机会，决策者也可通过公布时间段综合考虑平衡环保、经济、社会、安全、健康等目标后，做出最终决定。

环境影响评价报告主要分为单项工程环境影响评价报告、政策环境影响评价报告、整体的环境影响评价报告、补遗环境影响评价报告、增加新内容环境影响评价报告和后续环境影响评价报告六种类型。

对环境影响的评价，首先要审核其是否符合联邦、州及地区政府的法规要求；其次审核评价报告的内容的逻辑性、正确性；再次，通过专家审核技术性，评判是否对有关环境造成影响；最后，填写项目对环境影响评价表，表中包括了70余项评价指标。

依照《环评指南》，所有公共部门的"项目"及私营部门需批准的"项目"，如可能对环境产生直接的客观影响，或可预见性地产生间接影响，均须强制性提交环境评估报告。鉴于所有涉及部门都需要对环境影响进行审查，要依据具体项目而定，因为该法并无一个统一的执法主管部门，自然资源管理局只是负责《环评指南》的更新和解释，并非环境评估的主管部门。任何一个项目，根据其涉及领域，都会有一个主管审查部门（Lead Agency）和若干相关审查部门（Responsible Agency）。对执法情况的监督主要靠公众和相关利害关系方以提起法律诉讼的方式进行。

专栏3：环境影响具体审查程序

（1）主管部门决定该"活动"是否属于该法律规定的"项目"。

（2）如属于该法律规定的"项目"，则确定其是否符合豁免条件，如对环境无实质性重大影响、属于法定豁免事由、列在豁免目录中等。如符合豁免条件，则发出《豁免通知》。

（3）如不符合豁免条件，主管部门则进一步评估其对环境可能产生的影响。主管审查部门提出初步评估意见，并就此与其他相关部门会商。

在这个环节中，如果主管部门在审查初期就认为该项目存在实质性环境影响，则可直接跳过初期审查阶段，直接进入环境评估阶段。

如果主管部门经初步审查后，认为该项目对环境并未造成实质性影响，或经采取减轻措施后对环境并未造成实质性影响，则可发出《否定声明》（Negative Declaration，ND）或《经采取减轻措施的否定声明》（Mitigated Negative Declaration，MND）。在上述两种情况下，该项目均无须进入提交《环境评估报告》（Environmental Impact Report，EIR）阶段。但上述两种声明必须公示21天以上，征询公众和相关利害关系方意见。如无意见，主管部门发出《审查决定通知书》（Notice of Determination，NOD）。如存在意见，则需重新进行审查。

如果主管部门认为该项目对环境构成实质性影响，且经减轻措施也无法消除，则进入提交《环境评估报告》阶段。

（4）进入审查阶段，主管部门首先发出《准备通知书》（Notice of Preparation，NOP），向公众、相关利害关系方及州长规划和研究办公室具体说明项目内容、环境影响等，以征求意见。征求意见期不得少于30天。

随后进入管部门起草《环境评估报告》阶段。鉴于进入审查阶段，项目对环境的实质性影响已经不容置疑，关键审查内容是减轻措施和替代方案，因此《环境评估报告》的主要内容即是如何减轻对环境的影响，寻找最佳替代方案。在此过程中，主管部门会与申请人就具体减轻措施、替代方案进行协商，寻找解决途径。

《环境评估报告》完成以后，主管部门向州长规划和研究办公室发出《完成通知书》（Notice of Completion，NOC），同时也须向公众、相关利害关系方提供全部信息。征求意见期不得少于45天。

（5）主管部门通过最终《环境评估报告》，公布审查决定，颁发《决定通知书》（Notice of Determination，NOD）。

因此，美国对外资开展投资或承包工程的环境评估，可参照上述程序，并没有特殊的规定。环评是在外资进行投资立项时必须经过的一个程序，由美国环保局组织，大众参与的过程，环境评价的时间视企业项目内在的问题而定。具体的手续和费用，由投资所在地的法律决定，办理手续所需的材料、费用和时间，因项目而异，建议企业在做投资审批时，找专业人士一并办理。

四、激励以及限制政策

（一）激励政策

1. 行业激励政策

美国对行业的激励政策主要从税收和资金支持以及信息、技术协助三方面展开。

（1）税收激励政策。目前政府只对可再生能源项目提供税收优惠，具体为企业能源投资公司包括商业、工业、公共设施、农业所涉及的太阳能水加热、太阳能采暖、太阳能发电、太阳能光伏电板、废热发电、风能、小型风力发电机、使用可再生能源的燃料电池、直接利用地热等新能源技术，所得税收用于抵扣或减免，具体如太阳能、燃料电池、小型风力发电行业企业可减免30%企业所得税；地热、废热发电企业减免10%企业所得税。

（2）资金激励政策。联邦政府的资金支持项目涉及清洁能源贷款担保、创新材料和先进碳捕捉技术流程、资助国际科技教育竞争、其他石油资源等，且申请贷款项目的企业必须符合能源部制定的条件和标准。以清洁资源贷款担保项目为例，该项目由美国能源部负责推动私营企业与汽车银行间的合作，减少清洁能源项目融资分享风险、对高科技汽车制造等产业提供贷款支持等。

（3）信息支持、技术协助。研发项目的宗旨是服务社会公众，且符合联邦政府法律规定，主要包括高端制造、建筑节能、海上风电等领域。由美国能源部能量效率与可再生能源办公室（EERE）负责发布对特定研发项目提供资金支持的信息，并邀请符合条件的企业、高等院校开展资金申报工作。EERE 将为符合条件的项目提供资金、场地、服务等支持。

2. 地区激励政策

美国是联邦国家，各地方政府政策各不相同，会根据当地经济发展的特点、需求，制定相应的外资政策。关于这些鼓励政策的详细信息，可以查看各州政府网站，也可以到"选择美国"网站❶上查询。各州政府鼓励投资的信息，也可在上述网站查询。

（二）限制政策

美国联邦政府政策到目前没有专项针对外国在美国投资的总的限制性政策。根据来自美国官方的解释，对外国企业的限制措施主要有以下四点：

（1）基于安全考虑，禁止外国企业投资介入国内航空运输，核能生产与利用，内河、内湖和近海航运等部门。

（2）限制外资企业投资介入广播和通信部门，外国控制的企业不能够拥有广播或普通投递许可证公司的 20%以上的股份，除非经联邦通讯委员会给予特许。

（3）有选择性地限制外国投资进入的部门，如满足投资者母国政府对美国投资者提供对等的权利后，准许外国投资者在美国公共土地上铺设石油和煤气管道，修筑铁路和开采矿藏。

（4）根据联邦政府的法律，只有某些合法形式的外国企业才可获得许可，才可介入美国水力发电和某些区域的水产业，针对特殊限制部门，一定是按美国法律建立的外国子公司可获得许可，但外国分支机构则被禁止进入这两个产业。

一般外资企业在美投资不受太大的影响，但不排除一些中资企业在美收购兼并企业过程中，会受到美国外资投资委员会（CFIUS）的审查，审查的过程就会对投资产生影响。

第四节 美国电力工程建设的法律环境

一、与建设相关的法规

美国是联邦制国家，联邦政府不负责且很少涉足建设标准事务，这部分事务属于各州政府职责范围。各州负责建设安全立法工作，州/县市政府负责编制与实施建设技术法规。各州协会或标准组织负责编制模式规范（Model Code），这些机构多属于独立的非营利民间/私营机构，不受政府机构和组织的管理。根据美国宪法规定，各州有权根据本州情况立法以及决定采用任何协会的模式规范作为本州的技术法规。因此，各州是否采纳已有模式规范由各州

---

❶ "选择美国"网站，网址：selectusa.stateincentives.org/?referrer = selectusa。

自行决定；即使是采纳模式规范的各州，其采纳情况及进程也各不相同。

虽然美国专门的建筑法规不多，但综合性法规在建筑活动中的各个方面都相互交叉相互规范。建筑行业技术规范与标准对建筑业的管理起着十分重要的作用。

例如，在美国的技术标准和规范中，1927 年开始出版且不断更新的《统一建筑法规》（Uniform Building Code，UBC），作为指南性文件，为联邦各州、市、县所使用，各地都以其为基础再结合本地实际情况对建筑业进行管理，直到 2000 年，被美国国际规范委员会发布的《国际建筑规范》（International Building Code，IBC）取代。

除此之外，美国与电力工程建设相关的法律法规包括《联邦采购法》等，这些法律从工程承包企业、政府、合同执行及争议解决等方面给出了详细的法律规定。

（一）国际建筑规范（International Building Code，IBC）

《国际建筑规范》几乎适用于美国的所有建筑物。书中代码的部分内容参考其他规范，包括《国际管道规范》《国际机械规范》《国家电气规范》和国家消防协会颁布的标准。因此，如果市政当局采用《国际建筑规范》，它也采用 IBC 引用的其他代码的那些部分。通常，管道、机械和电气规范与建筑规范一起采用。

建筑规范通常适用于新建筑物的建造和现有建筑物的改建或增建，建筑物使用的变化，以及在其有用或经济生命结束时拆除建筑物或部分建筑物。

（二）联邦采购法（Federal Acquisition Regulation，FAR）

美国的政府采购法规是《联邦采购法规》，较详细地规定了采购制度和政策。

FAR 对联邦政府的采购计划、采购方式、合同类型、采购合同管理、采购合同条款及合同格式等有详尽规定。各联邦机构都可依法制定本部门的采购实施细则，对 FAR 进行必要补充。在实践中，FAR 拥有强大的执行效力，除了联邦航空管理局（Federal Aviation Administration，FAA）、美国造币局（United States Mint，USM）等少数几家机构外，国防部门或民用机构的政府采购合同都要统一执行 FAR 的规定，并且地方各级政府的政府采购合同也要受到约束，地方政府自己制定的采购法规或政策不能违背联邦有关法规的精神。

二、能源法规

（一）《国家能源政策》

《国家能源政策》是美国总统布什于 2001 年 5 月签署，政策包括 105 项建议，其内容涵盖了国内和国际能源战略两个主要部分，其具体的战略措施包括在国内，加强国内石油勘探和开发、大力发展核能、继续发挥煤电主导作用、加强和改善能源基础设施、新建或修缮全国输油管道和输气管道，满足国家及民众对油气的需求。在国际能源方面，着力于实现石油进口渠道多元化，进一步同主要的石油出口大国形成坚实的贸易关系，并加紧开发、争夺远东石油资源。

（二）《2005 年能源政策法》

美国于 2005 年通过了《2005 年能源政策法》。该法案的主要内容包括五大方面：一是传统能源、新能源和可再生能源的开发及利用；二是能源效率；三是能源技术研发；四是能源管理及税收政策；五是能源的使用对环境的影响等。

（三）《2007 年能源独立和安全法案》

2007 年颁布的《2007 年能源独立和安全法案》，是美国能源改革的开始，对美国节能技术研发和生产投入的借鉴作用举足轻重，此法案相较 2005 年的法案更加注重节能和可再生能源的推广。《能源独立和安全法案》共包括八个部分，节能减排是整个法案的核心内容之一，其中法案规定了至 2020 年的汽车能耗标准；另一个核心内容是提出了可再生能源产业发展目标"20in10"（用 10 年的时间将美国汽油消费降低 20%），大力推广可再生能源，减少本国对石油进口的依赖，并且确定了可再生燃料标准（Renewable Fuel Standard，RFS）。

（四）《美国清洁能源和安全法案》

2009 年，《美国清洁能源和安全法案》（American Clean Energy and Security Act）被众议员一致审核通过，该法案包括四个要素，分别是对清洁能源的要求、对能源效率的要求、碳配额和交易机制、缓冲向低碳型经济过度的方式方法。

（五）《美国电力法案》

2010 年，美国参议院发布了《美国电力法案》（American Power Act，APA），总结该法案的关键特征包括了 11 条内容：① 减排目标；② 覆盖范围；③ 减排指标的分配；④ 价格波动区间；⑤ 碳抵消（offsets）；⑥ 鼓励发展可再生能源与提高能效；⑦ 大力支持碳捕捉和储存（CCS）的研发和推广；⑧ 支持核电；⑨ 支持海上石油开采；⑩ 调整 EPA 的管辖权限；⑪ 保留碳关税条款。

第五节　美国电力工程建设发展趋势

一、传统发电工程建设发展趋势

传统发电工程主要是指化石燃料发电，包括煤炭、石油和天然气发电。火力煤炭发电站在美国供电已有一个多世纪之久。2015 年，火力发电的发电量在全美总发电量 39.440 万亿 kWh 中所占的比例为 39%。然而，煤电比重持续下滑，十年前占总电量的比重还有 50% 之多。

煤电发电的压力来自多个方面：首先，基建设施的老化使得许多老旧和小的煤电站的运行造价过高，无利可图。约 70% 的煤电站运行时间超过了 40 年，这些电站约占煤炭发电 50% 以上。在 2015 年年末，美国煤电产能为 286GW。仅仅 2015 年，就有 13GW 的煤电产能退役。根据美国能源信息署的预计分析，到 2025 年美国将会有 30GW 的煤电产能退役，其中 87% 的产能在 2020 年末前完成。其次，越来越严格的环保监管要求，也在加速这一煤电产能的退役。新的监管要求降低汞、酸性气体和有毒金属的排放。上述标准在 2015 年 4 月开始生效，这将会提高许多煤电站的运行造价，使其利润下降，从而可能会导致在未来几年煤电站关闭潮的出现。额外的监管要求使得那些老旧和污染严重的煤电厂停止运行，越来越多的公众对气候变化和二氧化碳排放量的关注，进一步增加煤电站关闭的压力❶。

据美国能源信息署的电力月度报告显示，天然气已连续三年成为最多用于发电的燃料，但 2017 年天然气发电量下降 1050 亿 kWh，为有史以来最大年度降幅。同时，在 2017 年燃煤发电量也呈现下降趋势，这标志着自 2008 年以来的第一年，天然气和燃煤发电量都在同一年下降。

2017 年，燃煤发电占淘汰电力容量的一半以上，达到 6.3GW，总淘汰量为 11.2GW。这是近十年来首次没有新增燃煤发电机。2017 年，约有 4GW 的天然气燃料产能已经报废，大部分都是汽轮机组。然而，作为美国的最大发电资源，其增加的天然气装机容量要比淘汰量还多。2017 年，美国新增天然气发电量约为 9.3GW，其中 8.2GW 为联合循环发电装置。

根据美国能源信息署的预测分析，在未来一段时期内，天然气仍将是美国发电的主要来源。天然气发电厂的总发电量预计在 2018 年达到 33%，2019 年达到 34%，高于 2017 年的 32%。能源信息署预计，煤炭发电占发电总量的比例将在 2018 年达到 28%，2019 年达到 27%，而 2017 年为 30%，具体见图 1-5。

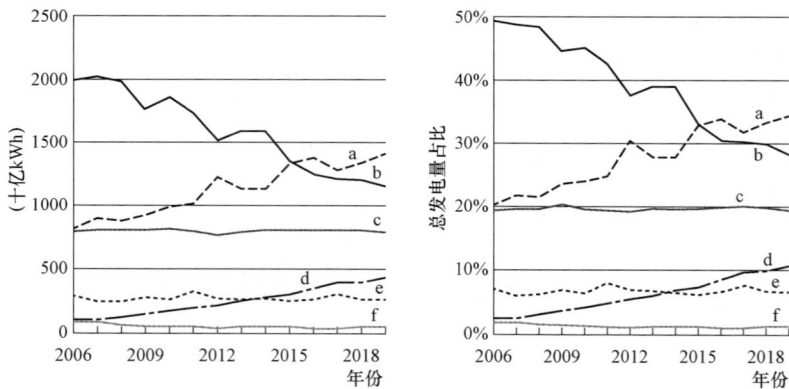

图 1-5 2006～2019 年美国各类能源发电量及其累计量
a一天然气；b一煤炭；c一核能；d一可再生能源；e一水力；f一其他

另外发电厂运营商计划于 2018 年新增 20kMW 的天然气发电能力，如果实现这一目标，这将是自 2004 年以来天然气产量的最大增幅。目前，宾夕法尼亚州正在建造近 6kMW 的新增装机容量，而得克萨斯州正在建造超过 2kMW 的装机容量。与此形成鲜明对比的是，预计 2018 年将有 1300 万 kW 的燃煤电厂退役。这些发电能力的变化导致了从煤炭到天然气的持续转变，特别是在南部和中西部各州。

❶ 数据来源：核能研究展望，网址：http://www.nprv-world.com/。

与其他地区相比，在西部地区，天然气用于发电的比例预计不会增加，因为天然气主要与水力发电竞争。但是能源信息署也预计，西部地区天然气发电占比将从 2017 年的 27%上升至 2018 年的 29%，这主要是由于该地区的水力发电份额下降，具体见图 1-6。

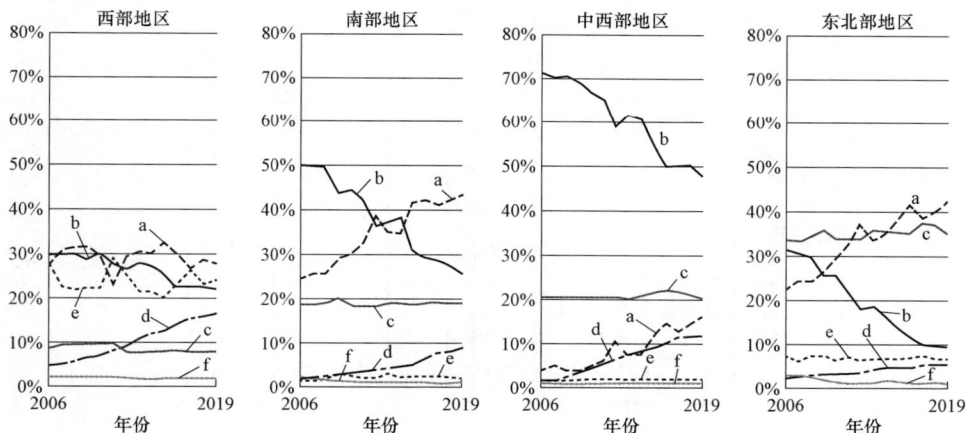

图 1-6　2006～2019 年美国各地区各类能源发电在其地区内总发电量中的占比
a—天然气；b—煤炭；c—核能；d—可再生能源；e—水力；f—其他

二、可再生能源发电工程发展趋势

根据美国能源信息署发布的数据显示，美国可再生能源装机容量相比 2008 年已经增加了 3 倍；美国来自可持续能源，包括风能、太阳能、生物质能和地热等，截至 2016 年底，其能源装机容量达到 141GW，创下新的纪录，其中新增风能和太阳能装机容量占据新增装机容量的大部分。由于水电的可再生性，在 2008～2016 年这段时期内额外增加了 103GW。

根据美国能源信息管理局发布的公开数据显示：2016 年，美国可再生能源新增装机容量达 24GW，连续三年实现可再生能源新增发电量占新增总发电量的 50%以上，其中 2015 年全年可再生能源新增发电占新增总发电量的 66%，2016 年该比例为 63%，基本与 2015 年持平。由此可见，美国可再生能源发电占比逐步升高，新能源产业发展迅猛。随着太阳能、风电厂建造和维护造价的迅速下降，近年来美国新增发电装机中非水电可再生能源发电装机已占主导地位。

2010～2016 年美国新增可再生能源发电占比统计见表 1-5，柱形统计图见图 1-7。

表 1-5　　　　　2010～2016 年美国新增可再生能源发电占比统计

年份	2010	2011	2012	2013	2014	2015	2016
占比（%）	28	34	53	40	51	66	63

从发电量来看，2017 年 3 月，美国可再生能源发电量达到全年最高水平。从地方来看，

大部分可再生能源发电来自西部地区，水电和太阳能发电占据较大比重；风电产业发展比较均衡。此外，美国纽约州、俄勒冈州和哥伦比亚特区分别计划到 2030、2032 和 2040 年实现可再生能源电力占该地区发电比例达到 50%。

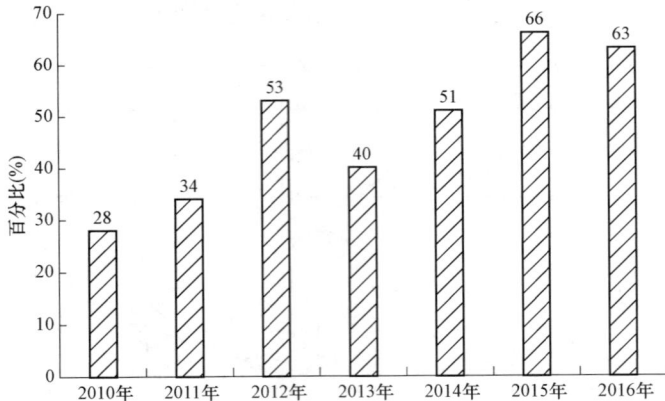

图 1-7　2010～2016 年美国新增可再生能源发电占比统计

在美国可再生能源发电中，其中风力发电增长可以说最为迅速。美国风电市场快速崛起降低了风力发电成本。美国能源信息署数据显示，2016 年底，美国新增风电装机容量达 8200MW，约可满足 2400 万美国家庭的供电需求，首次超越水电。此外全美还有超过 10 000MW 的风能正在规划建设之中，预计到 2020 年，风电将成为主流，可满足美国 10% 的用电需求。从地区层面的数据显示，2016 年，贡献了全美最多的风电增量是得克萨斯州，其风电装机容量增加了 2000MW，满足了该州 13% 的家庭用电；在密歇根州，风力发电早已投入使用，2015 年风力发电比例迅速增长到本州总发电量的 53%。

除了风力发电之外，太阳能和光伏发电也迅速发展，其中在 2013 年为美国电网提供了 3365MW 的产能，大概 75% 的新增电能在加利福尼亚，另外的 10% 在亚利桑那。

三、送变电工程建设发展趋势

不管是输变电还是配电单元，都属于电网系统的一部分。2016 年美国土木工程师协会（The American Society of Civil Engineers，ASCE）发布的关于美国基础设施的报告表明，美国在电网重建方面几无进展。从 2016～2025 年，ASCE 呼吁仍需增加 1770 亿美元进行电网投资。

报告指出，在未来 20 年内投入发电的资金缺口将从 4000 亿美元减至 1890 亿美元。这多归因于电力需求增长缓慢和天然气、风力发电等新技术的发展。虽然提高能效和削减峰荷会进一步减小投资缺口，但是分布式发电的快速发展则需要额外的配电网投资。ASCE 指出，配电基础设施占资金缺口的一半以上。

另外，未来 25 年输配电网投资的资金缺口将出现增长。高渗透率的可再生能源并网需要对配电网进行升级。不管是由需求弹性驱动还是可再生能源渗透所致，抑或兼而有之，输变电工程的投资一度呈现稳步增长趋势，且有望在未来攀升至更高水平。

在配电层次上，投资率在过去的 20 年间有所提高，还可能会随着政策变化继续增长。诸如加利福尼亚和纽约两州有很高的可再生能源目标，电力公司业务的改变可能会使他们投资基础设施的方式也发生改变。

此外，美国正大力发展智能电网技术，包括鼓励可再生能源和分布式能源发展政策推动下的数字技术应用，美国同时重视极端天气过后的灾后恢复工作，鼓励电力用户和商家参与到能源管理和生产中。2009 年，《美国复苏与再投资法案》颁布实施后，超过 90 亿美元的大型公共和私人投资进入这一领域，加快了先进智能电网技术的发展，如电网运行、能源效率、资产利用率和可靠性的改善等方面，效果显著。

第二章　美国电力工程造价管理的基础

美国工程造价管理主要基于全面造价管理理念，它是一种管理任何企业、计划、设施、项目、产品或服务的整个生命周期造价的系统方法，广泛运用各个产业（如电力、石油及天然气、化学、制药等），在工程造价管理方面有着举重若轻的地位。同时，美国将工程造价的管理作为项目管理不可分割的管理部分。这些理念的奠基者和推广者主要是美国国际造价工程师促进协会。本章在介绍电力工程造价管理的基础之前，首先介绍了美国国际造价工程师促进协会及其美国造价工程师，以及其主要的造价管理理念。基于电力工程，分别介绍电力工程建设项目在联邦及州政府层面的监管机构及监管的方式，美国电力工程项目管理的流程，最后，介绍了电力工程造价管理的具体内容。

第一节　美国国际造价工程师促进协会（AACE）

一、职能

（一）AACE 简介

国际造价工程师促进协会（The Association for the Advancement of Cost Engineering-International，AACE❶）是造价工程师的专业协会组织，前身为美国造价工程师协会，于 1956 年，在新罕布什尔州达勒姆的新罕布什尔大学美国造价工程协会组织会议上，由 59 名造价估算师和造价工程师成立。AACE 国际总部位于美国西弗吉尼亚州摩根敦。AACE 会员区域包括美国东北部区域，美国东南部区域，美国中西部区域，美国西南部区域，美国西海岸区域，加拿大区域，中东国家，亚洲与澳大利亚及太平洋周边国家，非洲及欧洲国家，中美及南美国家。目前，AACE 在全球拥有超过 9000 多名会员，分布在全世界 92 个国家和地区，为不同行业的造价管理专业人员提供服务。

AACE 在工程造价专业理论、研究和实践推广方面，结合美国国情，不断完善形成了富有特色的管理思想和一系列规范性做法，在全美范围内被广泛认可和实践，成为美国工程造价管理理论与实践发展、人才成长的有力行业组织，在全世界范围内有很大影响。

---

❶ 美国国际造价工程师促进协会网址为：https://web.aacei.org/。

（二）AACE 的服务

AACE 是非营利性协会，为其成员和利益相关方提供所需资源，以提高其绩效并确保持续增长。AACE 以全面造价管理（Total Cost Management，TCM）为基础来开发产品和服务。以 TCM 为基础的 AACE 技术培训和认证的专业人士可以保证能为企业带来效益。TCM 路线图或解决方案阐述了各项技能和知识是如何相互关联，并与企业的战略目标相结合。AACE 以提高会员技能和知识，提高资产、项目和项目整个生命周期中造价和进度的可预测性为目标，提供技术指导、教育、交流活动和八项专业认证，满足会员和客户的多样化需求。其会员服务的领域包括：项目/方案管理、估算、规划和调度、造价工程、决策和风险管理、价值管理、索赔和争端处理。

AACE 提供经同行评审的技术出版物和推荐做法，以帮助会员改进企业的管理流程和实践。如在美国工程造价领域被广泛使用的《全面造价管理框架》（Total Cost Management Framework）、《造价工程》（Cost Engineering）和《资源手册》（Source magazine）的月度刊物、《造价工程师技能和知识》（Skills and Knowledge of Cost Engineering）、《AACE 认证学习指南》（AACE Certification Study Guide），14 个不同的《AACE 国际专业实践指南》（AACE International Professional Practice Guides）等，各类读物均从其虚拟图书馆中提供。

AACE 提供灵活而全面的培训项目确保员工发展技能和得到继续教育，并为 AACE 认证考试做准备，包括一系列在线课程、网络课程模块、年度会议记录的演示文稿、TCM 网络研讨会等。

AACE 自 1976 年以来一直在对个人进行认证，并提供以下八项认证：① 认证造价专业人士（Certified Cost Professional，CCP）；② 认证造价技术员（Certified Cost Technician，CCT）；③ 认证估价专业人员（Certified Estimating Professional，CEP）；④ 认证法律索赔顾问（Certified Forensic Claims Consultant，CFCC）；⑤ 挣值管理专业人士（Earned Value Professional，EVP）；⑥ 决策和风险管理专业人员（Decision & Risk Management Professional，DRMP）；⑦ 认证计划技术员（Certified Scheduling Technician，CST）；⑧ 计划和调度专业人员（Planning & Scheduling Professional，PSP）。其中 AACE 的 CCP、CCT、CEP、EVP 和 PSP 认证由工程和科学专业委员会独立认证。

二、机构设置

AACE 的组织机构包括董事会和联合委员会，区域部门及员工，其中董事会作为成员驱动型组织，制定了指导协会的战略和目标。董事会由成员选出，所有有表决权的成员都是无偿服务的造价工程专业人员。董事会还制定年度经营预算并分配财务、志愿者和员工资源。

联合委员会包括技术、教育和认证委员会，三者为其各自的责任领域制定计划，产品和服务，并向董事会推荐政策。教育委员会应负责提供教育机会，以促进造价工程和造价管理，同时要监督协会的教育项目，如奖学金计划；认证委员会应计划；指导和管理 AACE 认证计划；技术委员会负责本协会的技术产品和活动，且负责推进有关技术的研发。区域组织为国际组织提供当地的教育和培训计划，交流机会和未来领导力。

我国造价专业组织与 AACE 在会员推荐与发展、学术交流以及专业教育等领域有着良好的合作历史，近年来，通过两方的交流，在标准建设、国际工程管理数据库建设、会员专业支持与培养及专业信息交换等方面初步建立了友好合作机制。

第二节 美国造价工程师

美国的造价工程师—Cost Engineer，英文中的 Cost 的意指"费用、代价、造价"；从服务范围和作用来看，与我国造价工程师有一定相似之处，也是与我国造价工程师相对应的执业资格。所以，本书将"Cost Engineer"翻译为"造价工程师"。美国的造价工程师是运用科学原理和技术来解决造价估算、造价控制、商业规划和管理科学、盈利能力分析、项目管理以及计划和进度安排的工程师。

一、美国造价工程师概述

美国的造价工程开始于 20 世纪 50 年代（AACE International 成立于 1956 年）。造价工程师的技能领域与数量测量师的技能领域相似。AACE International 代表这些领域从业者的众多国际工程组织中的一个。国际造价工程联合会（ICEC）成立于 1976 年，是一个全球造价工程，数量测量和项目管理协会联合会。

造价工程是专门用于管理项目造价的工程实践，涉及诸如估算、造价控制、造价预测、投资评估和风险分析等活动。而造价工程师预算，计划和监督投资项目。他们的工作主要是寻求造价，质量和时间之间的最佳平衡。造价工程师的技能和知识与数量测量师的技能和知识相似。在许多行业中，造价工程是项目控制的同义词。由于标题"工程师"在许多司法管辖区（如得克萨斯州）都有法律要求，因此造价工程学科通常会重新命名为项目控制。

造价工程从业者主要倾向于从事以下工作：

（1）专业化（如造价估算，计划和调度等）；

（2）专注于 TCM 过程的资产管理或项目控制方面；

（3）专注于特定行业（如工程和建筑、制造、信息技术等）或资产类型（例如，化学过程、建筑物、软件等），他们可以为拥有和经营资产的企业工作（强调经济学和分析），或者他们可能为执行项目的承包商工作（强调规划和控制）。

二、美国造价工程师认证

在美国，要成为 AACE 的会员是不难的，只要申请和交纳会费即可。但要取得 AACE 的认证是有条件的，需要经过考核方可获取。

以下是造价工程师认证（Certified Cost Engineer，CCE）的认证流程。

CCE 指定的候选人必须满足以下最低要求：

1. 经验要求

至少 8 年的专业经验，其中最多 4 年可以由大学/大学学位代替。相关学位包括工程、建筑施工、建筑技术、商业、经济、会计、建筑管理、建筑、计算机科学、数学等。

2. 提交申请和费用

费用为 AACE 会员 350 美元，非会员 500 美元，申请人必须在下一场考试前 40 天到现场提交申请，以及工作/教育证明和相关费用。

3. 提交专业论文

申请人应提交至少 2500 字的电子副本，该副本必须在考试前提交。如果论文符合特定的技术要求，则可以使用三年内撰写的论文。论文按合格/不合格分级。

4. 通过考试

要成为 CCC/CCE，必须通过认证委员会确定的 7h 考试，并且合格率需要达到 70% 以上。考试内容包括：AACE《认证造价技术入门》；AACE《推荐实施规程 11R-88》（所需的造价工程技能和知识不仅是 AACE 教育和认证发展的指导性文件，也是行业核心竞争力和职业模式发展的优秀参考)；《推荐实施规程 10S-90》；AACE 的《造价工程师技能和知识（第 6 版)》；《全面造价管理框架》，考试时间最多 3h。所以，在美国成为造价工程师的要求，除已经有工程技术知识，还需要掌握工程造价估算和控制方面的专门知识和技能。

AACE 的认证考试包括以下四个方面的知识和技能：

（1）基本知识，如工程经济学、生产率等、统计与概率、预测学、优化理论、价值工程等。

（2）造价估算与控制技能，如项目分解、造价构成、造价和价格的估算概预算方法、造价指数、风险分析和现金流量等。

（3）项目管理知识，如管理学、行为科学、工期计划、资源管理、生产率管理、合同管理、社会和法律等。

（4）经济分析技能，如现金流量、盈利分析等。

三、美国造价工程师的职责

美国造价工程师的主要职责包括以下几个方面：

（1）制订项目期间的项目计划；

（2）识别和量化造价因素，如生产时间，材料和人工费用；

（3）与销售团队合作为客户准备估算和出价；

（4）前往工作现场收集所需材料，所需劳动力和其他因素的信息；

（5）咨询行业专家，讨论估算和解决问题；

（6）使用计算机软件来计算估计值；

（7）评估产品的造价效益或盈利能力；

（8）阅读图纸和技术文件以准备估算；

（9）根据估算与工程师、建筑师、客户和承包商协作；

（10）推荐使产品更具效益或盈利的方法。

第三节　全面造价管理框架（TCMF）

在美国，工程造价管理领域的专业团体主要是 AACE。AACE 在工程造价领域发布的专业性文件和资料，为全美工程造价管理提供了规范化的管理理论、观念和具体的操作方法，为多个行业工程建设共同选择的管理性文件。其中，AACE 于 2006 年发布的《全面造价管理框架》（Total Cost Management Framework，TCMF），规范了在项目管理过程中实施造价管理的标准流程和方法，是在美国被普遍应用的工作手册，针对电力工程，也普遍采用类似的做法。

TCMF 将项目管理与造价控制进行了有效融合，提出了在项目全寿命周期内，开展项目造价控制的有效路径，用于对资源、造价、盈利能力和风险的计划和控制，是在任何企业、设施、项目、产品或服务的整个生命周期内管理造价的系统方法。涵盖了对所有资产和项目的投入的全面管理，这是第一个针对项目、项目群，以及项目组合的整合管理流程。并首次在造价工程领域及其相关领域的实践中，将所有造价工程相关的技能和知识联系在一起，整合为一个流程。

无论是造价工程师、进度计划师、工程预算师、项目经理还是项目管控工程师，都可以在全面造价管理流程中找到相关专业领域的基础要素。AACE 在研发 TCMF 时特别注重于行业普适性，可以适用于建筑业的资产和项目，同样也适用于电力、石油石化、军工，以及 IT 行业。

一、全面造价管理框架概述

（一）全面造价管理框架的定义

AACE 将全面造价管理（Total Cost Management，TCM）定义为："TCM 通过系统的方法有效地运用专业和技术经验在全生命周期策划和控制资源、造价盈利能力和风险。简而言之，这是管理企业、项目群、设施、项目、产品或服务全生命周期造价的系统方法。通过运用造价工程的原理，已获验证的方法以及最新的技术来支持管理流程。"对造价的管理贯穿于企业、设施、项目、产品或服务的整个生命周期。对造价管理的过程是在造价工程和管理原则及一系列行之有效的方法和最新技术等支撑下完成。造价管理是企业用来管理其战略资产组合中全生命周期造价的实践和过程总和。

例如，项目业主会在项目生命周期之内进行建造、维护、翻修和拆除等项工作，而在生命周期的每一个阶段都会进行投入。为了获得更高的投入产出效果，业主会监控建筑运营造价和盈利能力，进行项目比选评估投资机会，进行项目优化、计划和控制以及改进项目。这些活动都在 TCM 过程之内。

TCM 的造价是包括时间、财力、人力和物力等资源在内的一切投资。全面指的是在企业战略资产生命周期中管理总资源投入的综合方法。企业可以是任何商业、政府、团体、个人或其他方拥有、控制或经营战略资产的实体。因而，TCM 首先涵盖了对资产和项目全生命周期所投入的全部企业资源的策划，评估和控制。同时也涵盖了全部的资本和项目类型。

TCM 所涵盖的领域包括造价工程、费用管理、项目管理、项目策划、项目控制、进度管理、项目决策、挣值管理、风险管理、合约管理、经济和财务分析、索赔与争议解决、费用测算、价值工程。

（二）TCM 与其他领域的关系

TCM 是一个集成的过程，它不仅涉及造价工程的实践领域，而且还提供了和项目管理、资源管理以及管理会计实践领域的连接。图 2-1 说明了 TCM 如何在项目管理和项目控制中，对产品和资本造价、项目和运营工作流程以及各种资源进行平衡，即 TCM 关注的所有的投入。

近年来，项目管理的模型被修正提升，以更好地处理项目启动前过程、项目组合以及对整体业务组织策略，比如组织级项目管理成熟度模型（Organizational Project Management Maturity Model，OPM3）的提出

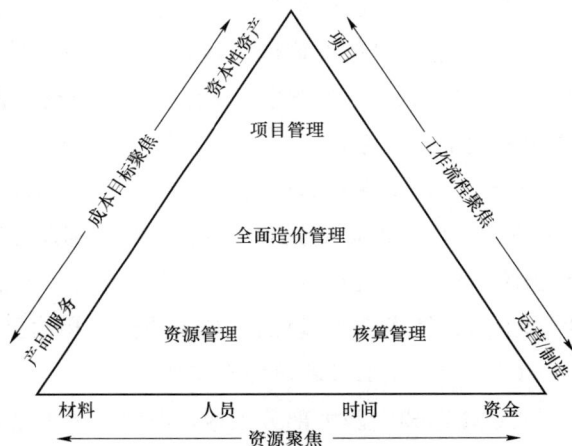

图 2-1 TCM 在造价管理中的地位

等。然而，这些模型仍未涵盖 TCM 生产运营管理和造价。生产运营造价一直是资源管理和管理会计领域的重点。资源管理在企业资源管理（Enterprise Resource Management，ERM）中的发展和管理会计在作业成本核算（Activity-Based-Costing，ABC）中的发展，都是在全面造价管理方面的重大进步。然而与 TCM 不同的是，这些领域侧重于产品造价，通常将资本项目造价作为附带造价（即折旧）。传统上的项目管理始于"项目启动"阶段。项目管理知识体系（Project Management Body of Knowledge，PMBOK）包含了项目管理全过程管理方法。但是，PMBOK 并不涉及项目启动之前发生的事情，即项目是如何产生的，项目是如何识别和决策的，以及企业可以选用的其他操作、维护或投资选项。TCM 则包含了项目管理的启动前流程，将启动之前称为"战略资产管理"，或者更传统的"组合项目或大项目管理"。TCM 流程的一个独特之处在于：它整合了一个组织为部署其业务战略而必须采取的所有步骤，包括监控资产组合中的资产绩效问题，以完成项目，并向企业交付改造项目或新资产项目。也可满足将多个项目作为一个企业资产投资组合或项目投资组合进行管理的需要。

综上所述，TCM 的独特之处在于，它整合了所有主要领域的最佳方法，同时又强调了造价工程的实施和其重要作用。

二、TCM 框架的结构

TCM 框架为项目的造价管理给予一个结构化的注释过程，解释了与其他实践领域（包括相关专业）的关系中造价控制的各个实践内容。提供了如何应用造价工程技能和知识的流程。TCM 框架的一个重要特点是突出和区分了项目管理中主要的造价管理领域，即项目控制和战略资产管理。

项目管理是项目管理领域的一个子集，是项目管理知识的指南。随着项目控制重要性的提高，TCM 框架强化了许多过程。更重要的是，在项目过程的上下游的业务和资本规划、运营和维护以及产品造价管理方面，TCM 框架都涉及战略资产造价管理实践。资产所有者公司将特别重视所强化的领域，如历史数据管理、造价建模、经济和决策分析和价值分析。

TCM 框架对造价管理领域有着非常重要的贡献，它是一个加入了相关领域现有知识的体系。它也与组织以及投资组合的思想相一致，将所有的实践和过程联系起来，再追溯到总体的业务战略和目标。

（一）TCM 框架采用过程管理规范

TCM 是一种质量驱动的过程模型。因此，框架使用过程管理规范。一个过程由输入流和输出流组成，其机制是将输入转换为输出。该框架映射了 TCM 的流程。转换机制或活动被称为工具、技术或子过程。TCM 的输入和输出主要包括数据和信息。

（二）TCM 框架采用标准组织结构

TCM 框架由四大部分组成，每部分之下是其对应的章节内容，章节则是由对应的小节组成。其中框架的四大部分分别是 TCM 的介绍，战略资产管理流程、项目管控流程和 TCM 的支持过程。图 2-2 给出了 TCM 框架。

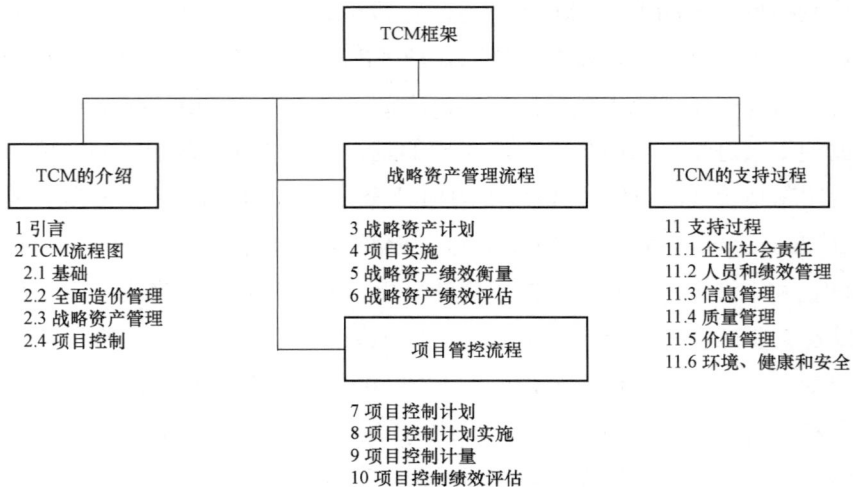

图 2-2　TCM 框架各部分和章节结构

三、TCM 的流程管理

（一）TCM 基于流程管理原则

几十年来，全世界范围的商业管理的推动力在于追求生产率和质量的提高。过程管理和过程重组强调了企业单位识别自身的工作过程并不断改进的必要性。当培育创新和有序改变时，需要有效的过程去支持持续的质量改进。

TCMF 中描述的 TCM 是一个过程图，可以灵活支持持续过程改进。它的意义不在于成为死板的规则或者工作程序。尽管书面上看起来每个 TCM 的子过程图解非常严格，但使用者可以选择着重于那些对他们的状况而言最为关键的过程步骤。当步骤不适用的时候可以跳过该步骤，并且改变信息流以适应企业的需要。如果企业或市场处于扩张期，则重点可以放在资产创建和进度计划方面。另外，如果企业或市场成熟了，重点可以放在资产维持和费用方面。在实际操作中，这些过程非常灵活。

此外，TCM 支持跨功能整合和多技能应用。在动态的环境中，没有几个企业能提供骨干专家。然而，相对期望的任何单一技能而言，复合型技能的代价是较少的经验、技能及知识。单一技能和知识的劣势，促使企业更加依赖像 TCM 这样可信任的、集成的过程。

（二）普遍的 TCM 过程模型——（PDCA）计划、执行、检查与行动

TCM 过程模型是基于 PDCA 管理或控制循环，即戴明循环。PDCA 循环是一种被广泛接受的、由质量驱动、持续改进的管理模型。PDCA 代表了计划、执行、检查和行动，检查一词通常是测量的同义词。行动在采取纠正动作时可用评估这个词代替。PDCA 循环是 TCM 的框架，是经过时间检验并被广泛接受的有效管理模型。首先，通过 PDCA 循环，对每一项全面造价管理流程进行反馈和改进，促进了持续改进；其次，每一项全面造价管理流程都有计划、执行、检查和行动的步骤并与企业战略相连接，促进了项目与企业战略的整合。

TCM 的 PDCA 循环包括以下步骤：

（1）计划——计划资产解决方案或项目活动。

（2）执行——根据计划发起并执行项目或项目活动。

（3）检查（测量）——对资产、项目或活动绩效进行测量。

（4）行动（评估）——从计划中评估绩效差异，并采取行动纠正或改进绩效，使其符合计划或改进计划。

随着活动和时间的推移，这些步骤会不停地重复直到资产或者项目生命周期结束。图 2-3 显示了 PDCA 流程步骤。

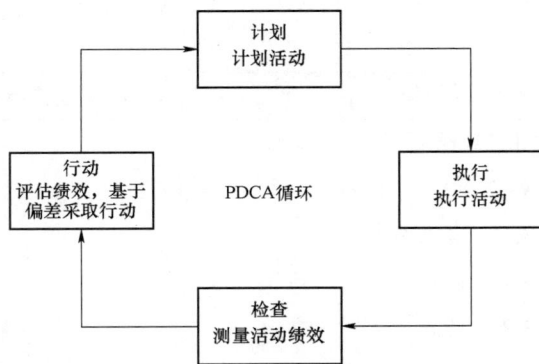

图 2-3　PDCA 循环

PDCA 过程循环和过程管理的两个基本原则是：

（1）你无法控制你没有测量的；

（2）测量的目的是为了持续改进。

PDCA 循环非常重要，因为战略资产和它们所隶属的项目都存在一个固有的生命周期。在资产或项目生命周期的每个阶段，都需要进行造价管理过程的连续迭代。周期的每一次迭代都达到一个新的或改进的资产或项目的性能或进展水平。

（三）TCM 框架的核心流程

TCM 是一个企业在整个生命周期内，管理战略资产组合费用投资的实践和过程的总和。而且，只有当企业的实践活动合理地应用于整合后的过程中，才能实现 TCM 的最大价值。TCM 流程图是对此整合过程的概述。

TCM 流程能够协助管理资产组合，项目群（相关的一系列项目）和单体项目。运用基于TCM 流程的好处在于将最终提升盈利能力（或企业其他的战略目标—大部分情况下是盈利能力）。项目组合中的资产，项目群和每一项目都将整合并协调一致，因为它们都会与同一企业的战略目标相关联。

TCM 框架中最核心的两大流程：一是战略资产管理流程，二是项目控制流程。TCM 的流程基础模型是 PDCA 循环，基于这种 PDCA 循环，战略资产管理流程由战略资产计划、项目实施和战略资产绩效衡量以及战略资产绩效评估四个环节构成，对于每一个环节，以战略资产计划为例，包括了需求获取及分析、资产计划、投资决策三个方面的内容，而每项内容的核心流程同样是以 PDCA 循环为基础的，如需求获取及分析这一个工作模块下包含了需求获取及分析计划、识别需求、分析需求、检查需求、记录和传达需求、开发和维护需求的方法及工具。不仅是战略资产管理流程，项目控制流程也是如此，基于 PDCA 模型的循环，分成了项目控制计划、项目控制计划实施、项目控制计量、项目控制绩效评估四个环节。以项目控制计划为例，项目控制计划包括项目范围和执行战略开发、进度计划和发展、造价估算和预算、资源计划、价值分析和价值工程、风险管理以及采购计划七部分内容，每项内容的核心流程也是以 PDCA 循环为基础展开。TCM 的流程功能模块示例：

TCM 流程功能模块	
II．战略资产管理流程	4.1　项目实施
第 3 章　—策划	第 5 章　—衡量
3.1　需求分析	5.1　资产造价核算
3.2　资产策划	5.2　资产绩效测量
3.3　投资决策	第 6 章　—评估
第 4 章　—项目实施	6.1　资产绩效评估

TCM 战略资产管理流程图见图 2-4。

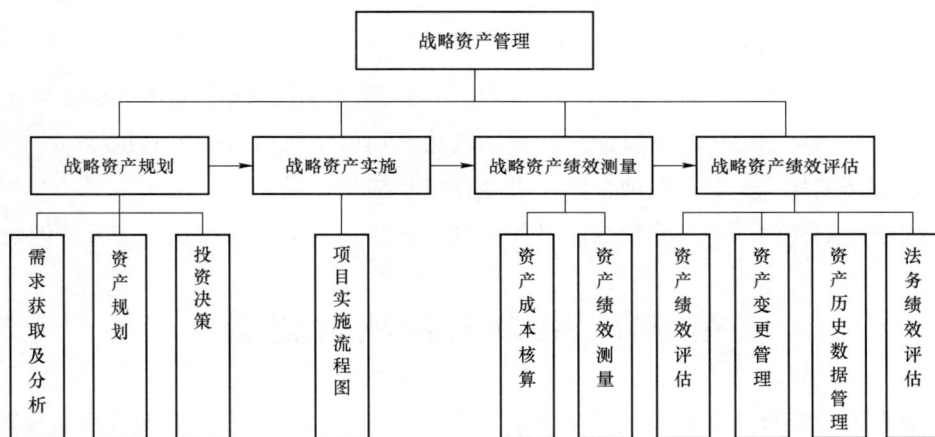

图 2-4 TCM 战略资产管理流程图

战略资产管理过程的 PDCA 步骤包括：

（1）战略资产规划——将资产组合的改进思路纳入资产投资规划。

（2）项目实施——将资产投资计划和需求传达至项目团队并由其执行。项目团队根据需要申请资源并报告绩效情况。

（3）战略资产绩效测量——包括资产测量和项目绩效测量。

（4）战略资产绩效评估——将绩效测量结果与计划对比，采取行动，纠正、减轻或改进。

项目控制是嵌套在战略资产管理流程"实施"步骤中的循环流程。项目是企业为创建、修改、维护或报废资产而进行的临时任务。在项目的生命期内，项目团队将各种资源投放于资产。项目完成时，将一个可以发挥使用功能的或正常运行的资产交付到企业的资产组合中。项目控制流程图见图 2-5。

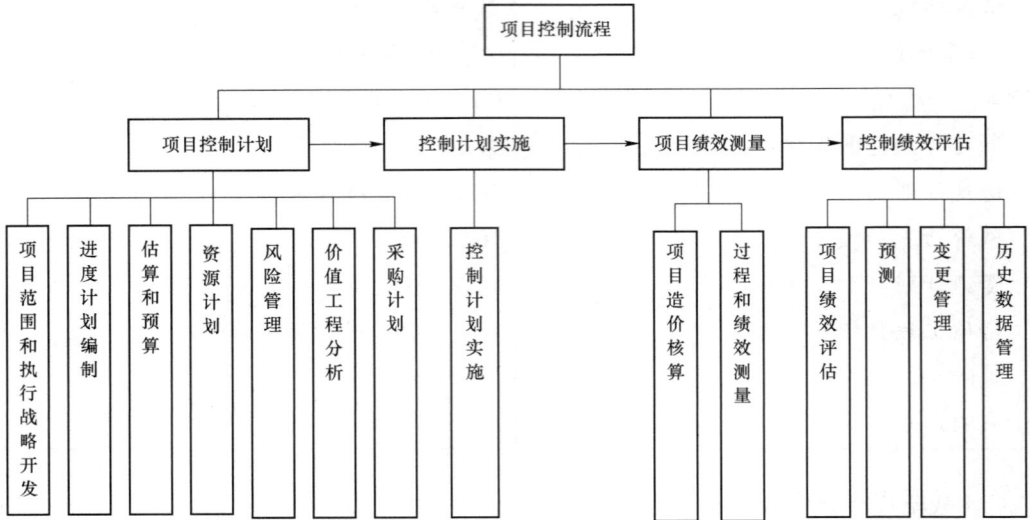

图 2-5　TCM 项目控制流程图

项目控制过程周期的 PDCA 步骤包括：

（1）项目控制计划——将项目需求或者纠偏活动的思路纳入到项目资源投资活动计划中。

（2）控制计划实施——将项目计划和需求传达至项目团队成员并由其执行。

（3）项目绩效测量——包括项目活动进度计量和绩效计量。

（4）控制绩效评估——对比绩效测量与计划，并决定要采取的纠正、减轻或改进行动。

第四节　电力工程项目监管

美国电力监管实行联邦和州两级体制。在联邦一级，负责电力行业经济性监管的机构主要是联邦能源监管委员会（The Federal Energy Regulatory Commission，FERC），监管规则收录在公开发行的《联邦电力监管规定》中，其他监管机构还包括美国核能监管委员会（Nuclear Regulatory Commission，NRC）（主要负责监管核电站及核燃料设施的安全）和联邦环境保护署（U.S. Environmental Protection Agency，EPA）（主要监管发电厂的污染排放）；在州一级，负责电力监管的机构主要是州公用事业监管委员会（Public Utilities Commission，PUC），监管规则收录在各州《公用事业法典》中，以加州为例，负责电力监管的机构主要是加州公用事业监管委员会（California Public Utilities Commission，CPUC）。加州能源委员会主要负责发放火电厂建设许可证和电力应急管理。自然资源委员会则负责火电厂温室气体排放监管。尽管两级监管机构中 FERC 和 PUC 的职能有明确划分，但在实际操作过程中，也存在一些交叉重复。通常联邦监管机构只有在州监管机构不作为时才具体介入。当联邦和州监管机构对某个问题发生意见分歧时，联邦政府具有管理优先权。美国电力工程项目监管体系大致见图 2-6。

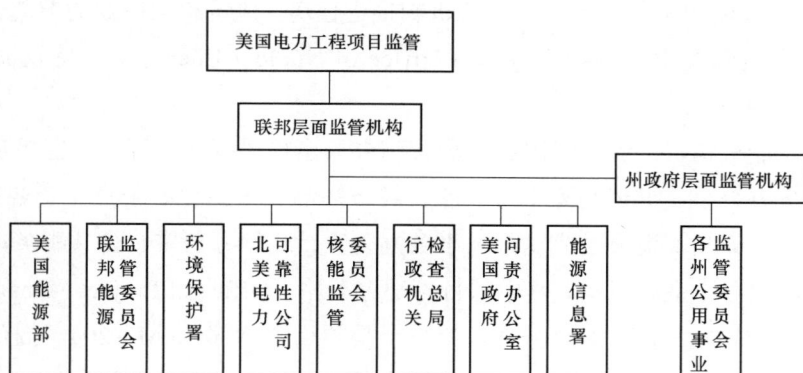

图 2-6　美国电力工程项目监管体系

一、联邦层面监管机构

（一）美国能源部[1]

美国能源部（U.S. Department of Energy，DOE）本质上是一个国家安全机构，负责确保国家的能源安全，包括推动国家能源系统的经济性和提高能源行业的科技水平。能源部的职责包括实施协调统一的国家能源政策，建立和实施统一的节能战略，开发太阳能、地热能和其他可再生能源，确保以最低的合理造价的、充足可靠的能源供应。

1977 年，美国依据《能源部组织法》设立能源部，直接目的是协调全国资源，应对石油禁运所引发的石油危机。能源部成立之前，美国的能源监管几乎分散于所有的内阁部门，能源部成立之后，整合了原联邦能源署、能源研究与开发署、联邦电力署的职能。目前，能源部依据《能源政策法》《能源独立法》和《美国恢复与再投资法》的授权开展相关工作。

能源部部长为美国总统核心内阁成员，3 名副部长分别分管能源、核安全和科技。能源部下设四类主要机构：

第一类是项目机构，能源部内设立了众多项目机构，通过这些项目机构的管理来履行其支持国家安全的职责。其中包括民用核废物管理办公室（Office of Civilian Radioactive Waste Management）、电力供应和能源可靠性办公室（Office of Electricity Delivery & Energy Reliability）、能效和可再生能源办公室（Office of Energy Efficiency & Renewable Energy）、环境管理办公室（Office of Environmental Management）、化石能源办公室（Office of Fossil Energy）、核能办公室（Office of Nuclear Energy）、科学办公室（Office of Science）等机构。

---

[1] 美国能源部网址为：http://www.energy.gov/。

例如，电力供应和能源可靠性办公室（Office of Electricity Delivery & Energy Reliability）负责通过各种技术和政策解决方案，引导国家电网的现代化，增强能源基础设施的安全和可靠性，促进对能源供应中断的应对能力。能效和可再生能源办公室（Office of Energy Efficiency & Renewable Energy）的职责是促进以市场化机制推进住房、建筑和制造业的节能，促进可持续的交通和可再生能源发电。核能办公室（Office of Nuclear Energy）支持发展国家各种核能项目。

第二类是职能机构，负责为能源部的项目和办公室提供行政、管理和监督支持，包括国会与政府间事务办公室、健康与安全办公室、经济影响和多元化办公室、企业评估办公室、总监察办公室、听证和上诉办公室、国际事务办公室、政策办公室、公共事务办公室、管理办公室、项目管理办公室等机构，其中项目管理办公室（Office of Project Management）作为能源部于2015年成立，下设4个分部，第一个是项目评估部（PM-20），提供企业监督，管理领导力，并监督能源部有关项目和项目管理的政策、指令、标准和做法的实施。职能包括：执行绩效基准验证、准备独立的造价估算；进行独立的造价审查；监控项目进度和绩效。第二个是项目控制部门（PM-30），提供企业监督、管理领导力，并对承包商挣值管理系统（Earned Value Management System，EVMS）实施独立监督。职能包括：进行EVMS认证和监督审查；维护项目信息和数据的中央资源库；报告项目进度和实施情况。第三个是专业发展部（PM-40），通过培训、教育、职业管理和专业发展来提供企业监督，管理和监督所有与培训能源部的联邦项目负责人有关的事项。职能包括：培养联邦项目总监（Federal Project Director，FPD）以及开发EVMS培训课程；管理项目管理职业发展计划（Project Management Career Development Program，PMCDP），其中包括职业发展，培训和认证董事部的联邦项目总监等内容；担任认证审核委员会（Certification Review Board，CRB）秘书。最后一个是政策和方案支助司（PM-50），任务包括制定和维护与能源部（包括国家核安全局）收购的资本资产项目有关的计划和项目管理的全部政策、指令、标准、实践和系统。

第三类是国家实验室和技术中心。美联邦政府在基础科学研究方面的管理和资助机构最主要的是能源部，下设24个国家实验室和技术中心。包括太平洋西北国家实验室、阿贡国家实验室、布鲁克海文实验室、劳伦斯伯克利国家能源实验室和国家可再生能源实验室等。

第四类是驻地办事处，包括卡尔斯巴德现场办公室、环境管理洛斯阿拉莫斯现场办公室、金田现场办公室等。

此外，能源部还负责监督管理能源信息所（Energy Information Administration，EIA）、东南、西南、西部、邦纳维尔电力局等联邦所属电力公司。

（二）联邦能源监管委员会[1]

联邦能源监管委员会（The Federal Energy Regulatory Commission，FERC）是一个独立监管机构，设于美国能源部下。FERC 是成立于 1920 年的联邦电力委员会的前身，主要职责是协调联邦水利开发。1935 年，FPC 改组为一个独立的监管机构，负责对水电和跨州的电力进行监管。1938 年《天然气法案》通过，把管理天然气管道和天然气批发业务的权力赋予 FPC。发放天然气设施建设许可证的职能也被赋予 FPC。1954 年，最高法院决定，跨州贸易中的所有天然气井口销售也被划分到 FPC 的职能范围内。1977 年，众议院通过了《能源部组织结构法案》，将能源部与各类与能源有关的机构合并，以减少能源危机。同时，众议院将 FPC 更名为 FERC，并使其独立的监管地位得以保留。该法案还将监管跨州石油管道的职责从州际商业委员会转给了 FERC，但是失去了管辖天然气和电力进出口的权力。1978 年，FERC 被授权协调各州内和跨州市场的天然气井口销售。FERC 还负责加强新的热电联产项目和《1978年公用事业监管政策法案》规定的小型发电项目。1983 年，众议院取消了对天然气井口价格的监管。同时，FERC 承担了加强天然气和电力行业竞争的工作。

FERC 共有员工 1500 多人，其中 70% 的员工从事电力监管业务。FERC 内设 12 个办公室，其中 6 个办公室直接进行电力行业监管，包括：电力可靠性办公室、能源市场监管办公室、能源项目办公室、能源政策与技术创新办公室、能源基础设施安全办公室和监管执法办公室。FERC 组织结构图见图 2-7。

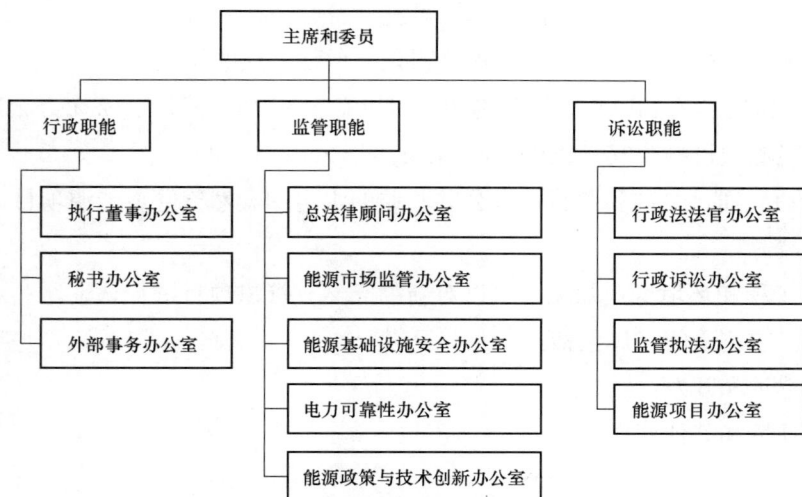

图 2-7　FERC 组织结构图

为了使 FERC 成为一个公正和决策的监管机构，美国总统和国会都不会对 FERC 的决定进行审查。只有联邦法院会复审 FERC 的决定。FERC 实行自筹自支，其每年的运行费用来自受监管企业每年上缴的年费。委员会的主要职责是制定相关的能源监管政策，以及对美国

---

[1]　美国联邦能源监管委员会网址：https://www.ferc.gov/。

的天然气、发电工程和输油管道的州际工程实施监管。具体包括监管跨州的电力销售、批发电价、水电建设许可证、天然气定价和石油管道运输费。还负责批准和许可液化天然气接收站、跨州的天然气管道和非联邦的水电项目，并为私有、市级和州立的水电项目颁发许可并进行监督。其主要职责如下：

（1）对州际贸易中电力的传输和批发销售进行规范。

（2）对某些重大电力公司并购和交易进行审查。

（3）对部分电力传输项目的选址进行审查。

（4）许可和检查私人、市政和国家水电项目。

（5）通过强制性可靠性标准保护高电压州际传输系统的可靠性。

（6）监督和调查能源市场。

（7）通过实施民事处罚和其他方式强制 FERC 监管要求。

（8）监督水电项目的环境问题。

（9）管理会计和财务报告制度和管理公司的行为。

2005 年的《能源政策法案》扩大了 FERC 的权力，以执行有关可靠性的能源资源的规定。FERC 负责协助消费者通过适当的监管和市场手段，以合理的造价获得可靠、高效、可持续的能源服务：

（1）确保公正、合理的利率、条款和条件，避免不适当的歧视或优惠。

（2）建设安全、可靠、高效的能源基础设施，符合公众利益。

（3）合理地利用资源，并使执行过程透明化，增强公众的信任。

另外，从前面提到的 FERC 组织结构图中可以看出 FERC 下设有 12 个办公室，其中重点要提一下的是能源项目办公室（Office of Energy Projects，OEP）。

OEP 的使命：通过批准和监督符合公共利益的水电和天然气管道能源项目，为国家带来经济和环境效益。

OEP 拥有工程和环境专业知识，可以对新的天然气管道项目进行认证，并对水电项目进行授权和监控。它侧重的工作包括：

（1）项目选址和开发；

（2）平衡环境和其他问题；

（3）确保合规；

（4）保护公众利益。

其组织结构见图 2-8。

中心办公室由能源基础设施办公室、管理和运营办公室两大办公室辅助，且下设五个司，分别是管道证书司、燃气环境与工程司、水电许可司、水电管理与合规司以及大坝安全和检查司。

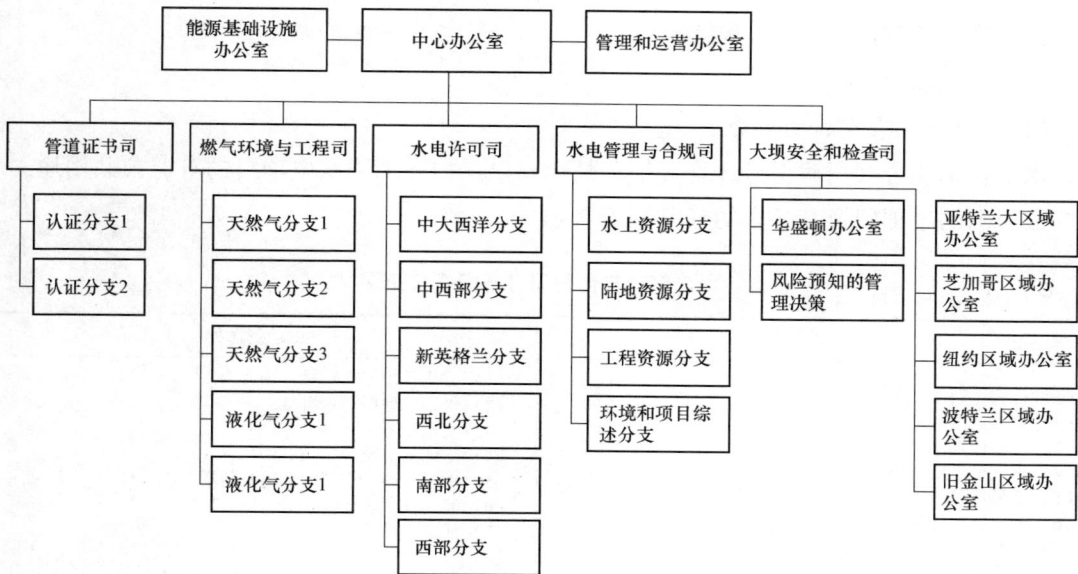

图 2-8　能源项目办公室（OEP）组织结构图

1. 水电许可司（Hydropower Licensing）

水电许可司负责以下水电工作项目：

（1）案件管理和订单准备申请，包括：

1）执照；

2）重新许可；

3）许可证的重大修改；

4）5MW 豁免；

5）许可证放弃建造的项目。

（2）准备 NEPA 文件（环境评估和环境影响陈述）。

（3）预先准备协作工作。

2. 水电管理与合规（Hydropower Administration & Compliance）

水电管理和合规部门负责以下工作项目的案件管理和委员会订单准备：

（1）管道豁免；

（2）宣告令；

（3）许可证修改；

（4）管辖权决定；

（5）联邦土地；

（6）水源收益；

（7）合规（包括审计和环境检查）；

（8）处罚；

（9）许可证获批；

（10）转让许可证；

（11）许可后发布许可问题。

水电管理和合规司确保遵守许可证和豁免，以保护和加强水电项目的有益公共用途。

该司的四个部门及其各自的任务见表 2-1。

表 2-1　　　　　　　　　　　水电管理与合规司分部门责任范围

水产资源处	土地资源处
（1）运营计划 （2）鱼类通道计划 （3）水质计划 （4）水生栖息地计划 （5）鱼类资源计划 （6）濒危物种计划 （7）有害物种计划 （8）湿地计划	（1）文化资源 （2）供娱乐使用的水流量 （3）视觉资源 （4）陆地濒危物种 （5）项目土地和水域的非项目使用 （6）海岸线管理计划 （7）河岸植被计划 （8）野生动物计划 （9）获得所有权和费用/财产权（第5条）
环境和项目审查处	工程资源处
（1）能力相关的修正案 （2）使用 EIS/EA 文件进行 NEPA 分析 （3）环境分析与支持 （4）可再生能源税收抵免指南，根据 2005 年《能源政策法案》 （5）管辖权决定 （6）退保 （7）非经营项目 （8）处罚	（1）计量计划 （2）水库侵蚀 （3）非能力相关的修正案 （4）水源效益 （5）管道豁免 （6）水库水位 （7）采矿/联邦土地评估 （8）许可证展品/项目边界 （9）联邦土地的年度费用

（三）环境保护署❶

美国环境保护署（U.S. Environmental Protection Agency，EPA）是另一个对能源行业有重要影响的联邦监管机构，成立于 1970 年，职责是保护空气、水和土地等涉及人类健康和生存的自然环境。EPA 的监管主要集中在以下 3 个领域：依据国家能源保护法的要求，制定环境保护相关法规，研究制定环境保护标准，并监督政策的执行；组织评审其他联邦机构编制的环境影响报告（Environment Impact Statement，EIS），负责运行维护国家环境评估报告系统，并且每周公开发布需要评估的环评报告；对违反国家环境标准的行为予以制裁。

能源部的主要职责是使得能源供应充分、可靠，环保署的主要职责是避免能源应用对环境造成的不利影响。鉴于能源行业对环境的影响巨大，环保署的监管政策是影响能源生产、开发、运输和分配的重要因素。近年来，环保署特别关注燃煤电厂的排放问题，发布清洁空气法案，大幅提高燃煤电厂的排放标准。

---

❶ 美国环境保护署（EPA）网址为：https://www.epa.gov/。

（四）北美电力可靠性公司❶

北美电力可靠性公司（North American Electric Reliability Corporation's，NERC）成立于2006年3月28日，总部设在佐治亚州亚特兰大市，是一家非营利性公司，前身是北美电力可靠性委员会。目的是促进北美电力系统在大容量电力传输中的可靠性和充分性，确保北美大电力系统的可靠性。NERC负责8个区域可靠性实体和美国、加拿大以及墨西哥部分下加利福尼亚州所有的互联电力系统MISO。NERC是北美的电力可靠性组织（ERO），受联邦能源监管委员会（FERC）和加拿大政府当局的监督。

NERC的主要职责包括制定电力系统运行的标准、监测这些标准是否在强制遵守，每年评估季节性和长期可靠性，通过系统对大容量的电力系统、教育、培训和认证行业人员进行监测，确保电力系统运营商的资质。为了有效预防未来事故，NERC还调查和分析电力系统严重故障产生的原因。其任务是确保有效和高效地降低对电网可靠性和安全性的风险。

（五）核能监管委员会❷

美国核能监管委员会（Nuclear Regulatory Commission，NRC）是1974年由国会成立的一个独立机构，意在保护人类和环境的同时达到安全使用放射性物质以实现有益民用的目的。核能监管委员会通过许可，检查和执行其要求，管理商业核电厂和其他核原料的使用诸如核材料等。全面负责核管制委员会的反应堆项目。核管制委员会的区域办事处在它们负责的州执行这一方案（第一区负责东北部；第二区负责东南部；第三区负责中西部；第四区负责西部和西南部）。反应堆管理还得到核反应堆安全研究计划和反应堆安全保障咨询委员会的独立咨询意见的支持。

（六）行政机关检查总局❸

行政机关检查总局（Office Inspector General，OIG）执行对本行政机关采购活动的审计和调查职能。如联邦总务署的检查总局，负责对总务署业务进行独立、客观的审计和检查，防止和调查总务署业务中的欺诈、浪费和腐败，并对总务署制定的法规、政策提出建议，负责向总务署署长和国会报告总务署工作中存在的问题。检查总局下设审计办公室、调查办公室、律师办公室、内部评估办公室等。

（七）美国政府问责办公室❹

美国政府问责办公室（Government Accountability Office，GAO）是国会的下属机构，负责调查、监督联邦政府的规划和支出，其前身是美国总审计局。审查联邦政府财政决算收支的执行情况、联邦政府各部门和公共机构的各项收入、支出及其经济效果，包括审计其采购和承包工程合同将意见报告国会。

❶ 北美电力可靠性公司（NERC）网址：https://www.nerc.com/Pages/default.aspx。
❷ 美国核能监管委员会（NRC）网址为：https://www.nrc.gov/。
❸ 行政机关检查总局（OIG）网址：https://www.oig.dhs.gov/。
❹ 美国政府问责办公室（GAO）网址：https://www.gao.gov/。

（八）能源信息署

能源信息署（Energy Information Administration，EIA）是能源部的能源信息数据统计和分析机构，是美国的能源数据及其分析预测的主要信息来源，负责实施全面统一的能源数据和信息收集、分析和发布计划，包括能源储备、能源生产、技术、供需预测和相关的经济和统计信息。向公众提供的信息包括能源数据资料、分析、预测及信息产品说明。通过统计调查表向能源生产商、信息使用者、运输者以及其他一些企业收集能源数据资料。

二、州政府层面监管机构[1]

美国的联邦政府与州政府在各自法律规定的范围内行使能源监管权，各州公用事业监管委员会（Public Utility Commission，PUC）通过市场准入监管和价格监管、受理业务申请和处理举报投诉、行使行政执法和行政处罚权力等监管手段，实施对资源、产业、市场的有效监管。

州政府负责完全位于一州境内的工程项目管理工作，此外，以下事务也主要由各州 PUC 负责：监管零售的电力和天然气；批准发电、输配电项目的实体建设；负责除水电站和一些位于"国家电力传输走廊"的电力传输项目；对市政电力系统、田纳西流域管理委员会等联邦电力营销机构的行为进行监管；发放各州水质证书；监督石油管道的建设；石油设施的退役；石油企业的并购；穿越或位于外大陆架的管道安全或管道运输；监管地方天然气配送管道；开发和运营天然气车辆等。

以加州为例，负责电力监管的机构主要是加州公用事业监管委员会（CPUC）。加州能源委员会（主要负责发放火电厂建设许可证和电力应急管理）、自然资源委员会（负责火电厂温室气体排放监管）、加州独立系统调度机构 ISO（负责批发市场现场监控）也参与部分电力监管。

CPUC 负责整个加州的电讯、电力、天然气和供水监管。委员会现由 5 位委员组成，委员由州长提名，州参议院任命，任期六年。州长在委员中指定一名委员担任主席，主席主持决策会议和其他正式会议，向成员分派个案，并且指导工作人员。5 位委员集体作出政策和程序方面的所有最终决策。

CPUC 的 9 个业务部门中，与电力监管相关的有 7 个部门：办公室、能源处、法律处、行政法官办公室、消费者保护与安全监管处、消费者服务与信息处、纳税人保护处。CPUC 总部位于旧金山，另外在洛杉矶、圣地亚哥设有两个分支机构（各有 40 多人）。另外管理着 10 多亿美元的能效和需求侧管理等项目。

CPUC 的电力监管职能主要有：监管配电业务及电力零售市场的价格及服务；颁发输电设施建设许可证；监管购售电合同；监管电力普遍服务；监管可再生电力的收购；监管加州

[1] 白玫，何爱民，美国电力市场监管体系与监控机制，价格理论与实践，2017（4）.

能源法案及能源政策的实施；组织实施能源效率和需求侧管理项目。

正如前述所说，尽管美国联邦和州两级监管机构的监管职能有明确划分，但在实际操作过程中，也存在一些交叉重复。联邦和州监管机构常就一些电力政策问题产生矛盾，比如对电力批发市场建设就有不同看法。但最后，基本上是联邦政府的意见占据主导地位。通常协调联邦能源监管委员会与州公用事业监管委员会意见的具体办法，第一是划清联邦和州的管理界限，明确分工；第二是请求法院就某个具体有分歧的事务进行听证和判决。

三、监管对象、内容及手段

（一）监管对象

美国电力市场具有发电和售电领域的市场化、输电领域公用化的特征，其电力市场主要由四类企业构成：私营的公用电力公司、独立发电商、地方政府拥有的市政电力公司和农民拥有的合作性质的电力公司以及联邦政府拥有的 6 个电力（水电）管理局。电力监管主要是针对私营的公用电力公司和独立发电商，其他两类电力企业不受监管。

（二）监管内容

美国对电力市场的监管内容包括三个方面：

一是对电力市场准入的监管。在美国联邦和各州的电力及能源法中，对电力市场的准入做了详细规定：除非得到监管机构的许可，任何个人或机构都不得建设新的电站或扩建老电站，不得新建、扩建、改造电网项目，或者中止现有电网的运行。火电项目、配电网的建设和配电、零售业务的许可由各州监管机构批准，水电和核电项目、提供跨州输电业务以及从事电力批发业务的许可由联邦能源监管委员会批准。除了对电力业务实行准入管理外，调度交易机构的设立和收费标准，电力企业的兼并、重组和证券发行，发电厂与公用电力公司签订的长期购电合同以及从事相关电力交易的资格等，都要得到监管机构的审查批准。

二是对电力企业的价格监管。凡是跨州的输电业务和电力批发业务，其电价核定由联邦能源监管委员会负责；凡是提供配电及州内电力零售业务，电价核定由各州公用事业监管委员会负责。未经核定的电价，一律不合法。根据美国法律规定，任何电力公司在提供服务前120 天，必须向联邦能源监管委员会提交资费表并告知公众。当联邦能源监管委员会认为资费表不符合公众利益时，有权对电力公司的资费表进行调整和修改。未获批准的资费表一律不合法，获得批准的资费表不得擅自改动，纳入资费表管制的业务不得擅自取消。得到批准的资费表，既是电力业务的价格公告，也是对电力公司进行价格监管的主要依据，还是电力公司与用户之间的买卖合同。

三是对电力企业的利润管制。美国电力产业中的 75%为私人所有，在政府的严格监管下，电力供应价格一向较欧洲国家低（但比中国等发展中国家高），且轻易不得提价，输电的利润率十分有限，各电力公司的准许回报率通常都在 10%以内。

（三）监管手段[1]

1. 制定和监督各种规章

无论是联邦能源监管委员会，还是各州公用事业监管委员会，其对电力行业的监管都是通过一系列的规章制度实现的。这些规则既是被监管对象行为规范的基本准则，也是监管机构行使监管职能的主要依据。任何团体和个人均可以依据这些规则举报、投诉电力市场违法违规行为，维护自身的合法权益。联邦能源监管委员会的规则全部收录在公开发行的《联邦电力监管规定》中，各州公用事业监管委员会的规则全部收录在各州《公用事业法典》中。这些规则详细规定了电力市场的准入、许可证的申请、价格制定、企业兼并重组、互联谈判、普遍服务、电网开放、服务质量、市场行为、会计和可靠性标准等各个方面。监督被监管企业符合这些规定的要求，构成了电力监管的主要内容。

2. 市场准入和价格监管

市场准入监管和价格监管是最主要的监管权力和手段。在美国联邦和各州的电力及能源法中，对电力市场的准入作了详细规定：除非得到监管机构的许可，任何个人或机构都不得建设新的电站或扩建老电站，不得新建、扩建、改造电网项目，或者中止现有电网的运行。火电项目、配电网的建设和配电、零售业务的许可由各州监管机构批准，水电和核电项目、提供跨州输电业务以及从事电力批发业务的许可由联邦能源监管委员会批准。除了对电力业务实行准入管理外，调度交易机构（RTO 或 ISO）的设立和收费标准，电力企业的兼并、重组和证券发行，发电厂与公用电力公司签订的长期购电合同，从事相关电力交易的资格等，都要得到监管机构的审查批准。

核定电价是联邦能源监管委员会和各州公用事业监管委员会管理公共电力公司的另一个主要手段。凡是跨州的输电业务和电力批发业务，其电价核定由联邦能源监管委员会负责，凡是提供配电及州内电力零售业务，其电价核定由各州公用事业监管委员会负责。根据联邦电力法的规定，任何电力公司在提供服务前 120 天，必须向 FERC 提交资费表并告知公众。当 FERC 认为资费表不符合公众利益时，有权对电力公司的资费表进行调整和修改。未获批准的资费表一律不合法，获得批准的资费表不得擅自改动，纳入资费表管制的业务不得擅自取消。得到批准的资费表，既是电力业务的价格公告，也是对电力公司进行价格监管的主要依据，还是电力公司与用户之间的买卖合同。

3. 受理业务申请和举报投诉

联邦能源监管委员会和各州公用事业监管委员会对电力市场的监管主要是通过受理业务申请和处理举报投诉这两种形式实现的。电力企业要办理电力业务许可事项，要更改电力价格或者服务条款，要求监管机构对纠纷进行裁决，或者消费者要求相关的电力公司进行赔偿等事项，都需要向监管机构提交文字申请材料。监管机构接到申请材料后，档案室负责进行

---

[1] 俞燕山，美国电力监管的主要手段，中国电力报，2006（12）.

编号和登记。登记后的申请材料变成一个个的提案，由各监管机构的秘书处按提案的性质进行初步分类，一般分成三类：一是有关申诉、纠纷等需要执行的裁决类提案；二是有关要求核定和调整价格的价格核定和调整类提案；三是有关要求修改或制定新的规则的准立法类提案。分类后的申请提案由委员会主席和首席律师分派给特定的委员和部门进行处理。对这些提案办理的责任、时限、程序、处理结果等，监管条例中都有详细规定。

经过数十年的积累，联邦能源监管委员会和各州公用事业监管委员会建立了非常完善的投诉举报机制。投诉举报的方式主要有热线电话和书面举报两种。FERC 的热线电话设在执行局，加州 PUC 的热线电话设在消费者保护处。对电网接入、互联纠纷、供电服务质量、电费账单等的投诉举报案件，90%以上基本通过非正式的程序进行解决。以用户投诉供电服务质量为例，监管机构接到投诉举报后，一般先由工作人员与电力公司进行协调，多数问题都能通过协调解决。如果非正式协调不能解决，则进入监管机构的正式程序，通常由监管机构的行政法官进行听证和裁决，直至最终上诉到法院判决。对于电力市场违法违规行为，例如，电网企业不向购电企业提供公平的输电服务或者收取过高的过网费等，受到损害的购电企业通常要向 FERC 进行举报，FERC 接到举报后，将展开核实和调查。在美国，绝大多数市场违规行为都是通过利益相关方的举报而被发现的。

4. 强有力的执行和处罚手段

联邦能源监管委员会和各州公用事业监管委员会，除了拥有市场准入的审批权和定价权以外，还拥有强大的执法队伍和行政处罚权力。联邦能源监管委员会的执行局有 140 多人，加州公用事业监管委员会的执法部门（CSPD）有 190 多人，这些人员统称为调查人员，具有警察身份，类似于我国的森林警察和铁路警察。此外，监管机构还有一大批专门从事行政裁决的行政法官，FERC 的行政法官办公室有 46 名行政法官，加州 PUC 有 79 名行政法官。根据 2005 年颁布的《能源政策法》，联邦能源监管委员会可以对每件市场违规案件处以每天 100 万美元的罚款，对恶意操纵市场的企业负责人处以 5 年的监禁。

第五节　电力工程项目的管理流程

美国对政府投资工程与对私人投资工程的管理方式和管理内容有很大的不同。对私人工程，政府主要监管规划、安全、技术标准、环保、消防等方面，而不会干预工程决策、投资数额和建设方式。对于政府投资工程则进行全面、严格的管理。

一、政府投资项目的管理流程

美国政府投资工程项目的涉及面较广，主要包括水利、交通、军事和国防设施以及政府办公设施等。联邦政府设有住房和城市规划部、高速公路管理局、拓垦局、田纳西流域管理局、国家公园管理局、联邦总务署等部门，分别负责联邦政府投资工程项目的建设管理。

联邦总务署负责管理和建设联邦政府投资的公共建筑工程，具体负责部门是该署的公共建筑服务部（PBS-Public Building Service）。一项由联邦政府投资的公共建筑工程，从立项到竣工后的管理程序见图2-9。

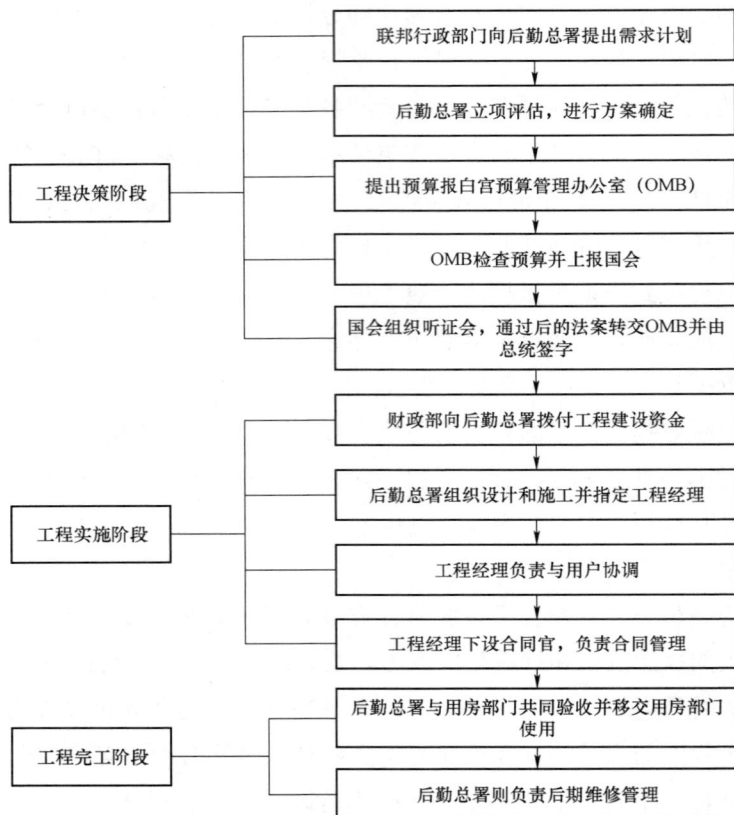

图2-9　政府投资工程管理程序图——以办公用房为例

首先是联邦行政部门向后勤总署提出用房需求计划，后勤总署进行立项评估。确定方案后，后勤总署与用房部门协商，根据政府办公用房的总体情况提出预算报白宫预算管理办公室（Office of Management and Budget，OMB）审核，OMB对预算明细及依据进行检查并上报国会；国会组织听证会，征求国会议员意见后决定是否批准；国会通过后提出相应的法案转交OMB，经总统签字后法案生效；自此，项目开始进入建设实施阶段。在OMB和国会审议预算的过程中，需要反复调整多次并且时间周期漫长。尤其针对复杂项目，必须具备非常清楚的预算明细，白宫与国会才可能会批准。

在工程建设过程中，财政部根据总统签字法案向后勤总署拨付工程建设资金，后勤总署组织设计和施工（用房部门参与设计审定），并指定工程经理，对工程的设计、施工进行管理。工程经理监督预算、标准等不超过要求，并执行政府有关环保的规定。工程经理之下设有合同官（Contracting Officers），负责与承包商签订合同，并监督工程的投资、质量、工期是否符合合同要求。工程完工时，后勤总署与用房部门共同验收后，移交用房部门使用，后勤总署则负责后期维修管理。在执行中如需追加预算，必须经过国会，通过立法修正案程序解决。

（一）电力工程项目审批流程

美国电力工程项目审批流程见图2-10。

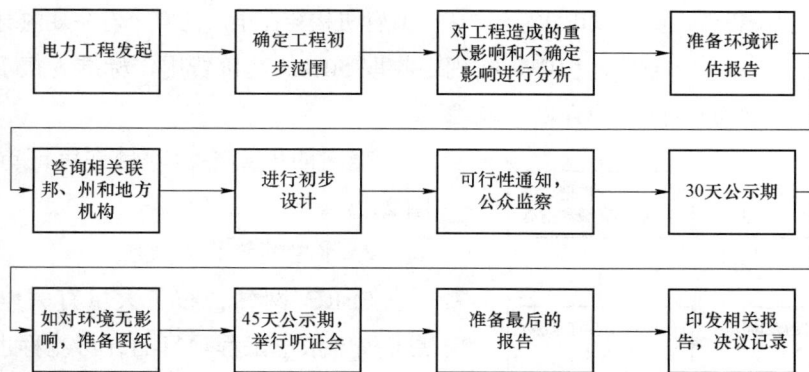

图2-10　美国电力工程项目审批流程

（二）电厂建设许可证的发放程序

1. 火电建设许可证[1]

美国电力法规定，任何个人或团体均可以投资火电项目。以加州为例，加州没有电源规划（但加州有详细的电源点位置图，主要反映的是已建造电厂和正在建设的电厂位置情况，属于事后的描述），投资者需要自己选址。通常投资人在决定投资电站项目之前，会与配电公司签订长期合同（没有长期合同，投资人不会贸然建设电厂，银行也不会给项目发放贷款）。这些工作完成后，对于5万kW以上的火电项目（5万kW以下的火电项目免于许可），投资人需要向州监管机构提交建设电厂的申请，获得相应的许可证。

许可的过程是，监管机构接到投资者的申请后，主管项目审批的处室要进行初步审查。若资料完整，就正式接收申请，并进入监管机构正式审批程序。首先由工作人员对申请者所提供的数据进行逐项核实，同时进行实地考察。核实的主要内容是项目是否符合法律法规和各种技术环保标准的规定，是否符合环境和工程技术方面的要求，是否照顾了受影响的个人或团体的利益，是否有其他的替代方案等。但许可不涉及是否符合电力规划、建设地点、建设时间、投资规模、发电小时和上网价格等经济事项。在评估的过程中，工作人员会与地方政府，州政府的野生动物部门、水资源部门及有害物质控制部门，联邦政府环境保护署，美国军事工程协会，美国野生动物保护机构等进行密切合作。

上述评估完成后，监管机构通过网站向社会公示项目要建造的地点。在公示期内，如有个人或团体提出反对意见，监管机构还要视情况举行相关的听证。最后向监管委员会提交是否批准该项目的建议。

[1] 美国是怎样管电价的，国家能源局福建监管办公室，网址：http://fjb.nea.gov.cn/news_view.aspx?id=15790。

委员会的五位委员开会进行听证决策。会议地点和时间事先公布，任何人都可以参加，也可以通过视频系统参加会议，发表意见。决策会议由委员会主席主持，通常先听取申请单位的陈述，接着听取工作人员的评估建议，公众和有关方面可以提出异议，委员会的工作人员进行解答。会议由五位委员进行表决，三票通过就通过许可申请。

拿到许可证后，投资人就可以正式建设电厂。监管机构会在电厂的整个寿命期内对其进行监控。

监管机构在发放许可证的过程中，按规定收取50%的造价费用，标准为每千千瓦一万美元。发电许可证审批的时间一般在两年左右。

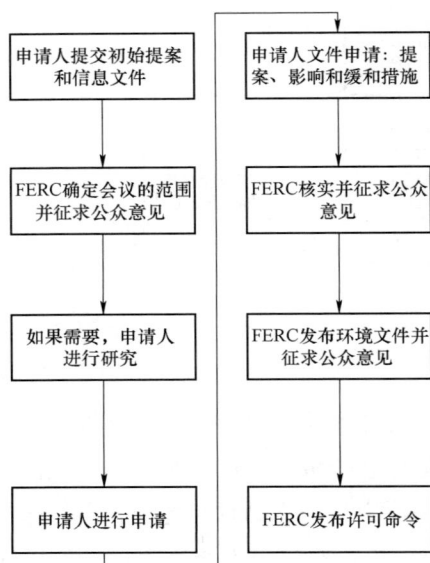

图2-11 美国的电力工程项目许可证审批流程图

美国的电力工程项目许可证审批流程图见图2-11。

2. 水电建设许可流程

FERC网站公布了大量有关电力监管的信息，关于水电工程项目的许可流程也做了详细的介绍。

水电许可流程包括与利益相关方协商，通过范围确定环境问题，以及准备环境文件，如环境评估或环境影响报告等工作。许可证是由委员会发布。水电工程项目共分为传统许可流程、替代许可流程以及综合许可流程三种。

在传统许可流程中，在向委员会提交许可申请后，通过范围确定环境问题。

（1）传统的许可流程分为两部分，即申请人预备程序（Applicants Pre-Filing Process）和FERC申请流程（FERC Application Process）。

替代许可流程允许在向委员会提交申请之前确定环境问题的范围。申请人提交了初步的环境审查文件草案以及许可申请。

（2）替代许可流程包括两个部分，即申请人预备程序（Applicants Pre-Filing Process）和FERC申请流程（FERC Application Process）。

（3）综合许可流程包括两个部分，即预申请活动Pre-Application Activity和后期归档活动Post-Filing Activity。

综合许可程序旨在通过提供可预测、有效和及时的许可程序来简化委员会的许可程序，继续确保充分的资源保护。预计通过综合许可流程实现的效率基于三个基本原则：

● 早期发现问题和解决研究需要填补信息空白，避免提交后的研究；

● 整合其他利益相关者许可流程需求；

● 建立时间框架，以完成包括委员会在内的所有利益攸关方的流程步骤。

自2005年7月23日起，集成许可流程（ILP）是提交原始、新许可证或后续许可证（18CFR

第 5 部分）的默认流程。需要委员会批准才能使用传统或替代许可流程。本书给出了三种类型许可的流程图，见图 2－12～图 2－15。

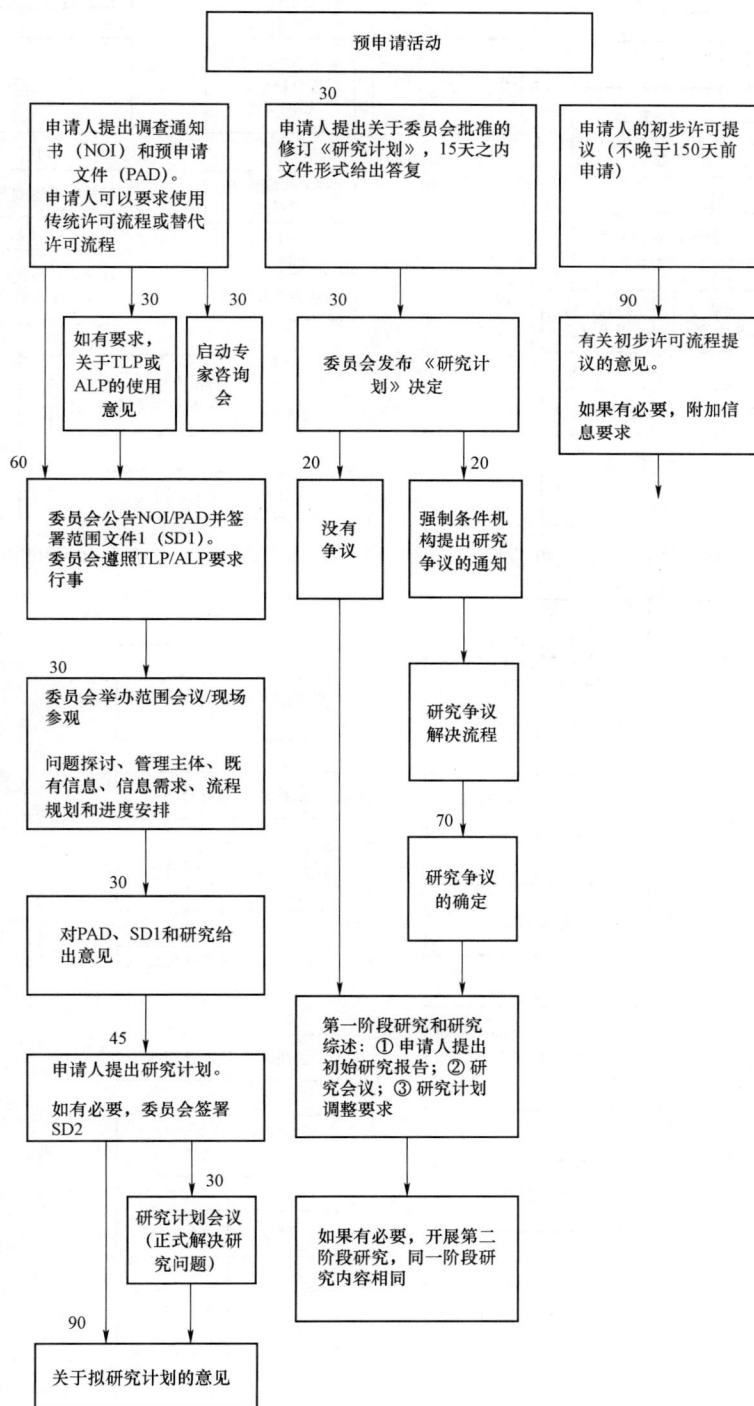

图 2－12　水电许可的综合许可流程——预申请活动（图中数字代表各步骤间隔的天数）

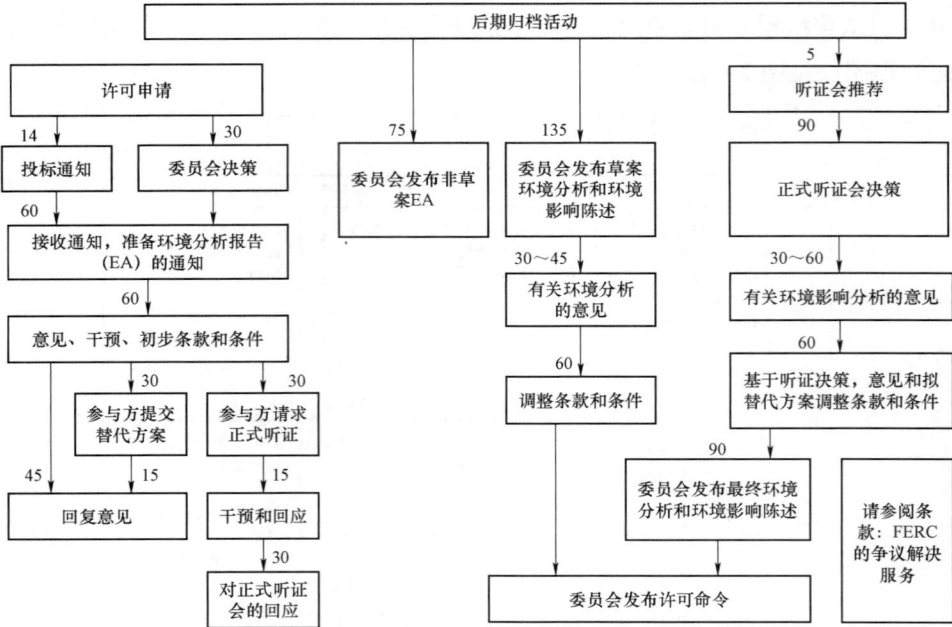

图 2-13 水电许可的综合许可流程——后期归档活动（图中数字代表各步骤间隔的天数）

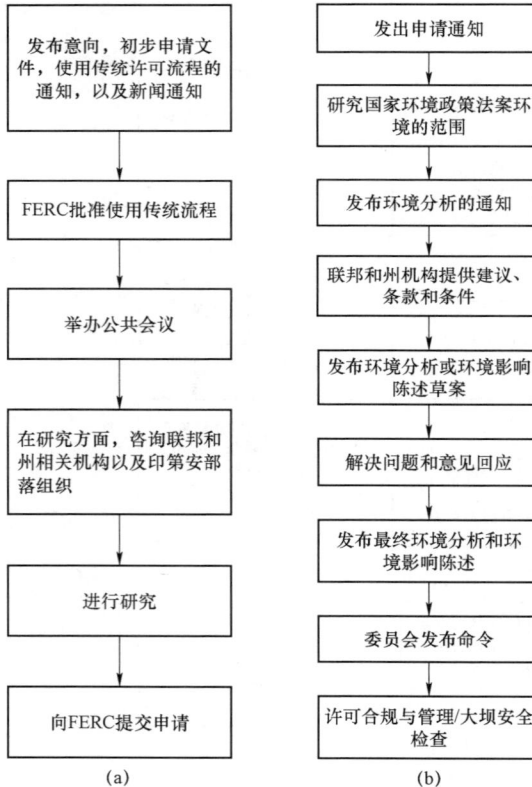

(a)　　　　　　　(b)

图 2-14 水电许可的传统许可流程

（a）申请人预备程序；（b）FERC 申请流程

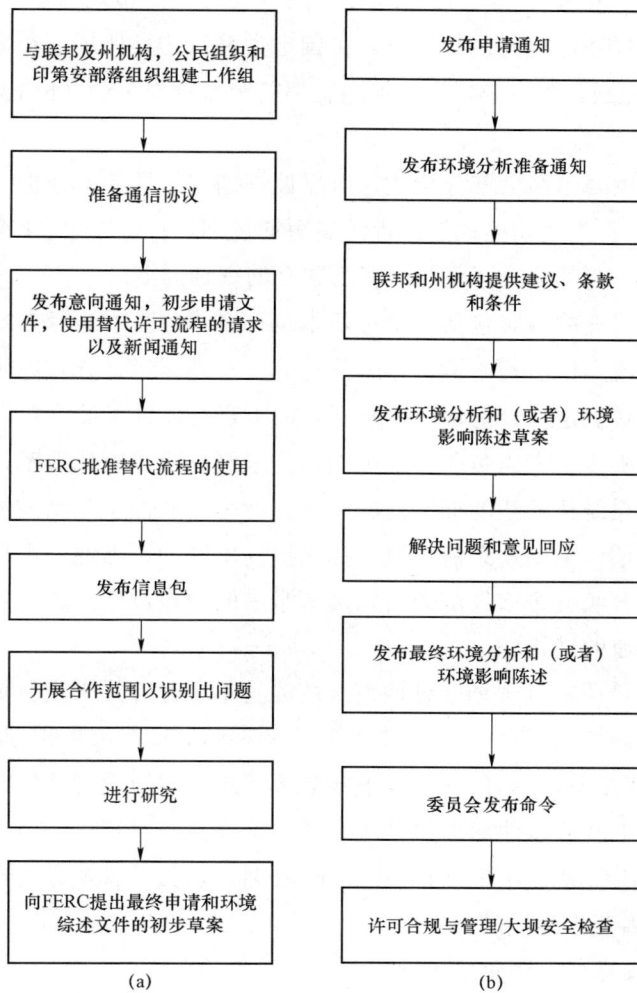

图 2-15 水电许可的替代许可流程

（a）申请人预备程序；（b）FERC 申请流程

（三）电网规划流程

美国电力公司自上而下有四层组织架构，分别为北美电力可靠性公司 NERC、联邦能源监管委员会（FERC）、区域传输组织/独立系统运营商（RTO/ISO）和盈利性实体公司。在美国，输电项目的资本投入、施工、运行维护通常是由盈利性实体公司（一般为上市公司）来完成。电网规划也由上市公司与区域传输组织（RTO）共同制定完成。

在盈利性实体公司（简称为实体公司）和 RTO 内部分别成立输电规划部，共同对电网存在的问题进行识别、对于近期电网运行的越限数据进行研究。由实体公司的输电规划者对于电网潜在问题提出可能的解决方案，这些解决方案汇总后由实体公司输电规划部经理审查并汇报给 RTO 的规划部。项目经会议审查后，最终由 RTO 的董事会决议。

美国的电网规划目标是增强电力系统可靠性，同时提高市场效率；电网规划的依据是 NERC 可靠性要求与 NERC 电网规划准则。美国电力系统的具体规划和运行由各区域传输组织（RTO/ISO）主导完成，如 PJM 等。美国联邦能源监管委员会（FERC）负责监管电网规划的流程。

美国的电网规划主要由两大部分构成，可靠性规划和市场效率分析，均采取周期规划的方式进行，制定 12 个月为周期的规划流程满足短期规划项目，制定 24 个月为周期的规划流程满足长期规划项目。两部分分开进行，有其独立的规划周期。

（1）可靠性规划研究的内容包括：确定基本运行方式、基本运行方式可靠性分析、短期可靠性审查、建立潮流实例、基本运行方式热稳分析、基本运行方式电压分析、负荷供应能力分析、基本运行方式稳定性分析、可靠性规划的审查与项目审批等。

（2）市场效率分析需要考虑负荷、发电侧、需求侧响应、能耗效率、电网拓扑等相关信息，目的是解决电力系统传输线的拥塞问题，研究增强可靠性所带来的经济效益。由于美国的负荷已经进入稳定期，电网规划的主要目标为提高电网的可靠性。市场效率分析的目的就在于确定哪些可靠性升级会带来经济效益以及所带来的效益额度。将量化的指标作为输入，经过仿真得出经济效益的结论。

短期项目规划和长期项目规划通过调整系统的基本运行方式来交替更新，从而达到最为经济和有效的效果。两个交替进行的以 12 个月为周期的短期可靠性规划具体实施办法如下：在上一年 12 月至本年 2 月由 RTO 输电发展规划部门进行发展设想并建立第 5 年的基本运行方式，作为后期进行电网可靠性规划的参考准则；3～7 月进行第 5～7 年的可靠性准则分析；5～10 月识别和评估各项解决方案；10 月中旬至 12 月选出最佳解决方案经由输电网咨询委员会（TEAC）审核并由董事会批准。

（四）美国政府投资项目的管理模式

1. 工程组织实施程序

联邦及各州的政府投资工程组织程序十分严密，而且参与项目建设的各有关部门均要参与。在项目的决策阶段项目要经过同级财政部门和议会的严格审查，在项目的设计阶段项目的设计最终要经过用户的审定。项目的预算要经过管理与预算办公室的审定，还需经国会批准后方可继续执行，在项目的实施阶段则由项目的执行机关严格按照规定程序以及有关合同对项目进行严格的管理，建设所需资金则由财政部集中支付。

2. 工程采购方式

政府投资工程在采购中必须严格遵守联邦政府采购法，采购方式一般以公开招标方式为主，但允许在一定条件下采用竞争性谈判和单一来源采购方式。采用招投标方式时原则上实行最低价格中标原则，但合同官员要确认承包商的"负责任性"，即不能低于造价，美国联邦政府机关在授予合同时要对承包商的资质进行审查。

3. 工程建设管理

美国政府投资工程在建设时一般是业主分别与设计单位和承包商签订设计和施工合同，业主直接对设计和施工工作进行管理。政府投资项目施工合同内除常规内容外，还有一些规定政府部门特权的特殊条款，如承包商在履行政府投资项目的合同过程中，如果政府确认承包商违约，在合同执行过程中延期严重，或是违反了合同时，政府可以单方面中止合同，政府还有权力可以在认为"符合政府利益"的任何时间中止合同。同时，合同对保护承包商合法利益方面也采取了相应的措施，政府投资工程的合同管理一般由政府部门委派一名合同官员实施管理，在发生变更事项时，一般采用友好协商和调解的方式解决分歧，无法达成一致时申请仲裁或提起上诉。

二、非政府投资项目的管理流程

美国各州政府投资工程的管理体制与联邦政府大体相同，例如密苏里州，政府投资工程主要由州运输局和州政府设计建设处负责管理。州运输局负责管理本州公路系统的设计、建设和维护等，负责开发和改造机场、铁路设施、港口和运输系统。州政府设计建设处负责州运输局所管设施以外的州公共设施的设计、建设、更新和维护工作。

第六节　电力工程建设各阶段造价管理内容

在美国，对于工程建设项目的工程造价有相对规范的管理流程，尤其是对于政府投资项目，拥有具体的管理流程。作为美国工程造价管理的专业协会，AACE 出台了《Total Cost Management》，规范了在项目管理过程中实施造价管理的流程和方法，这是在美国被普遍应用的工作手册。联邦运输部和能源部是政府投资项目管理较为集中的部门，这些部门都会推荐造价管理方面的手册，例如能源部发布的《Cost Estimating Guide》，对项目的造价进行从始至终、详尽的管理过程描述，来达到计价的可靠、精准、依据充分和综合性，以满足能源部和美国政府问责办公室（原审计署）的要求。美国政府问责办公室也发布了详细的手册《GAO Cost Estimating and Assessment Guide》，来对政府投资项目进行有效的造价管理监督。上述手册，在造价管理的内容、步骤和方法上均表现为高度的一致性，反映了美国工程项目管理较为标准化的过程，具体的不同表现在美国能源部（DOE）发布的《工程估算指南》不是法令性的、强制性的造价估算要求，只是建议性文件，作为最佳实践指南以供工程承包商参考。而政府问责办公室（GAO）发布的《造价估算和评估指南》则是强制性的内容，对工程的计价步骤及其每一步的相关工作做出了详细的介绍。本文对两个机构出版的估算指南中与估价相关的内容都做出了详细的介绍，本章先着重对能源部建议使用的估价模型以及工程计价的分类与特征做出介绍，下章再着重介绍美国政府问责办公室要求的工程计价步骤。

美国对项目的造价估算过程分为概念性估算、初步估算和详细估算三个阶段。在项目的概念性估算阶段（初步设想阶段），有部分草图、没有图纸或者图纸非常有限的情况下，对项目有一些模糊的口头或者书面描述，承包商会建立一个概念性的估算。在设计阶段，承包商基于当前的设计成果进行估算，形成初步估算。在设计阶段完成后，承包商可以进行详细估算。

一、估价流程

电力工程归属的政府管理部门是联邦能源部，能源部关于工程估价的建议流程：一般在造价估算时，需要先收集输入数据，通过开发造价估算，然后生成数据进行输出。图 2-16 是成本估算的过程模型，这个模型阐述了项目生命周期不同阶段的成本估算过程。工作范围、进度、风险管理计划以及行业内专家的评审共同作用影响整个成本估算的流程并被用来开发输出结果的技术。而输入、流程（工具和技术）以及输出这三者的相互作用被项目管理协会和其他一些机构用来描述成本估算各步骤间的信息转移过程。

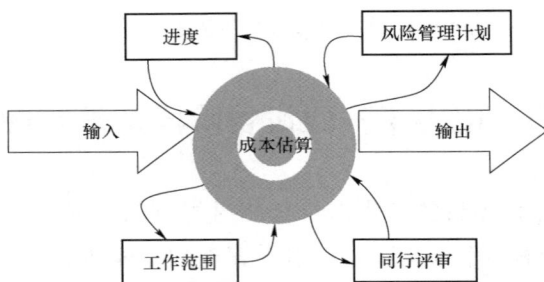

图 2-16 成本估算流程模型

二、造价估算要求

在合同中，对每个项目都可能有更详细、具体的要求。例如美国《国家环境政策法案》（National Environmental Policy Act，NEPA）、安全和健康、现场安全需求以及当地的一些具体要求等。这些都是通过美国能源部在年度预算制定和实行过程中实现的，并且可能会增加项目的投资。能源部对投资项目造价估算的主要要求来自于能源部出版的编码为 DOE O 413.3B 的《投资项目和程序的收购管理》文件。在项目的整个生命周期里，在不同的决策、评审以及年度预算的制定和执行过程中，需要各种造价估算和相关支持性文件，具体见图 2-17。

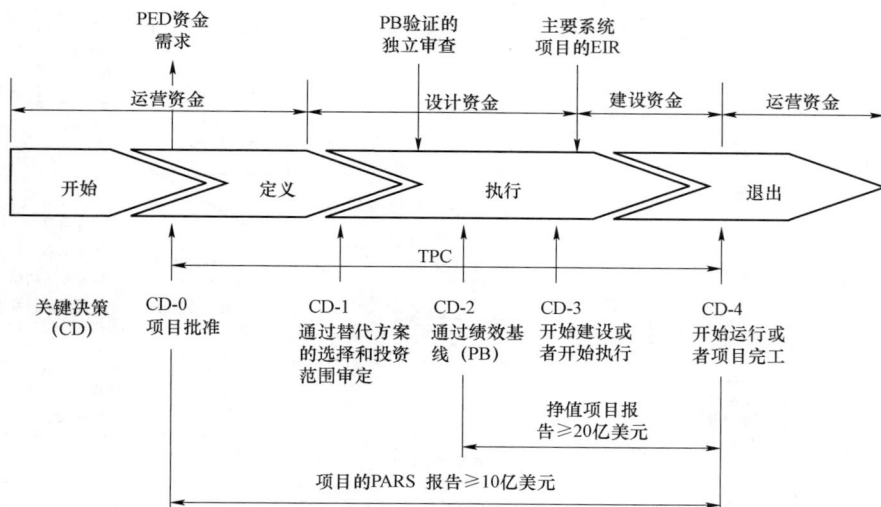

图 2-17 典型的美国能源部投资项目管理

注：CD—关键决策，Critical Decision；

EIR—外部独立审查，External Independent Review；

PARS—项目评估和报告系统，Project Assessment and Reporting System；

PB—绩效基线，Performance Baseline；

PED—项目工程设计，Project Engineering and Design；

TPC—项目总造价，Total Project Cost。

三、计价文件需求

工程计价是能源部项目生命周期投资管理的重要因素，在全生命周期内各个环节工程计价工作必须得到开发、更新和管理，并形成符合要求的计价文件，计价文件的需求见图 2-18。

从图 2-18 看出，项目管理和估价的关键决策包括以下阶段：

（1）关键决策 CD-0，批准项目的需要——项目决策阶段的造价估算主要是确定造价核算的大致范围。通常可用于造价估算的详细资料会很少，主要利用项目团队所定义的假设条件来确定项目的范围和造价，并一定程度上结合对主要潜在风险的分析进行估算。

（2）关键决策 CD-1，批准备选方案和造价范围——这个阶段包括三个造价估算：

1）基于初步设计的造价估算。在 CD-1 通过前，项目团队针对初步设计进行造价估算，以明确项目设计阶段的投资需求。

2）备选方案的全生命周期造价（Life Cycle Cost，LCC）。作为 CD-1 必要的部分，项目团队应该对最可能的备选方案进行分析，完成备选方案的 LCC。在考虑 LCC 估算调整时，应对每一种可能的备选方案进行风险分析，以确保政府投资的最佳造价/效益比。

3）项目总造价（TPC）。在选择了最符合要求的备选方案后，项目团队开始编制整个项目的投资估算（TPC），包括整体额度、里程碑计划、年度投资额，估算中要包括各种风险、不确定性因素以及保证项目顺利实施的资源投入。TPC 也有助于确定关键决策的临界值。

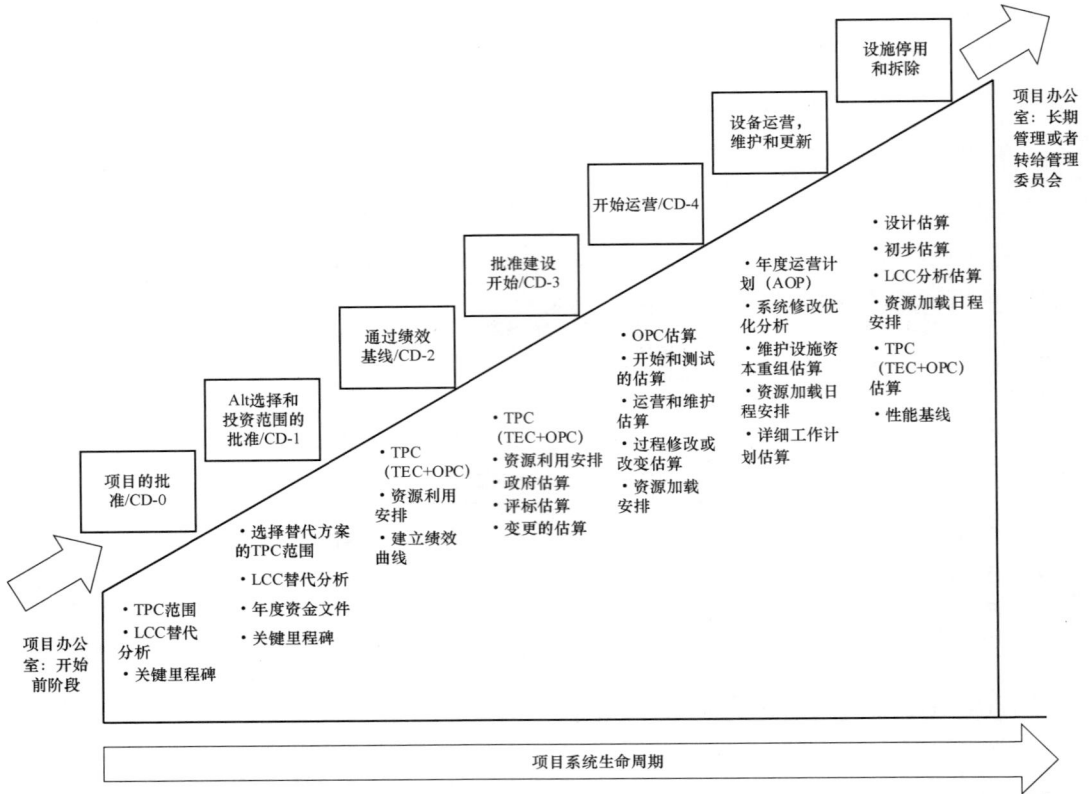

图2-18 投资项目生命周期工程计价工作及主要里程碑

（3）关键决策 CD-2，通过绩效基线——这个阶段需要更准确的造价估算。由于可用的信息更加充足，因此造价范围估计会具体到每个点估计，单个造价估价将代替整个项目估价。利用当前的范围和相关的设计参数，估价要包括适当的风险和不确定性修正、管理储备金及偶然开支。这阶段的造价估算是进行项目绩效基线确定的基础，适用于总价值超过2000万美元的项目。

（4）关键决策 CD-3，批准开始施工——基于最终设计的造价估算可能包含了一些来自承包商的实际投标价格，来满足项目施工和运行阶段的需求。建设和运营阶段需要的其他资产项目被最终明确。

（5）关键决策 CD-4，批准项目开始运营或项目完工。完成最终的估价（EAC），并提供最终的项目造价和WBS的分解报告。

四、工程计价的分类和特征❶

工程计价的分类可以被用在任何类型的传统或非传统项目中，并且还可能考虑到：项目所处阶段、造价估算级别（可用的信息数量）、造价估算技术（如参数的和确定的）、时间和

---

❶ 闫玉山，费用估算分类标准研究，炼油技术与工程，2009.3.

其他变量约束等。通常随着项目或者工作的推进，进行造价估算的进程也变得更加明确。工程计价分类是为了确保估算质量的恰当性。根据项目的定义深度、估算最终用途、估算方法、估算精度等特征，AACE 的《费用估算分类推荐导则 18R—97》将造价估算分为五级。从五级到一级，项目定义逐渐深化，工程量、计划、执行策略、造价数据等愈发明确清晰，估算精度也越来越高，是美国社会普遍应用的造价分类标准。

1. 五级估算（Class5）

也称为数量级估算、系数估算或经验法则等。类似于国内项目的机会研究概略估算。鉴于其精度差的固有特性，有些机构的估算分类体系不包括五级估算。

定义深度：项目定义最多完成 2%，或尚未定义。在编制估算时，常常只知道项目的类型、位置和规模。

用途：用于各种商业战略规划，如市场研究、可生存能力评估、项目筛选、长期投资规划等。管理机构将其作为筛选项目机会的决策依据之一。

估算方法：常采用数理统计方法，如费用曲线和系数、操作比例系数及其他数理模型技术。

期望精度：负偏差 $-20\% \sim -50\%$，正偏差 $+30\% \sim +100\%$。

2. 四级估算（Class4）

又称为研究估算、可行性估算、系数估算、前期估算等。类似于国内项目的预可行性研究估算。

定义深度：项目定义至多完成 15%，或仅为 1%。在编制时，通常具备项目的能力或规模、方块图、示意性布置、主要工艺流程图、初步工程化的设备清单等资料。

用途：常用于详细战略规划、商业开发、项目筛选、可行性研究、概念评估等。

估算方法：常采用随机估算方法如设备系数法、单位能力法及其他数理模型技术。

期望精度：由于基于有限的信息，精度范围比较宽泛。负偏差 $-15\% \sim -30\%$，正偏差 $+20\% \sim +50\%$。

3. 三级估算（Class3）

又称为初步估算、预算、综合估算、初步控制估算、基础设计估算等。类似于国内项目的可行性研究估算。

定义深度：项目定义完成 10%～40%，在编制时，通常具备项目的工艺流程图、公用工程流程图、初步的配管仪表图、初步的平面布置图、初步的设备布置图、基本完整的工艺设备工程设计清单等资料。

用途：主要用于项目融资。作为项目的第一个预算，在编制出更加详细的预算之前，一直是项目的控制基准。三级估算可能是业主要求的最终估算，成为费用/进度控制的唯一基准。

估算方法：常采用确定性估算方法，较少采用随机性估算方法。三级估算经常采用精度高的综合单价。对于重要性低的部分，可能也会采用系数法和其他随机性方法。

期望精度：负偏差 -10%～-20%，正偏差 +10%～+30%。类似术语或同义词。

4. 二级估算（Class2）

又称为确定性预算、详细控制估算、执行阶段估算、投标报价估算等。类似于国内项目的基础工程设计概算，拨款预算。

定义深度：整个项目定义完成 30%～70%。在编制时，通常具备项目的工艺及公用工程流程图、配管仪表图、热平衡和物料平衡、平面布置图、设备布置图、所有工艺设备的工程设计清单、电气单线图、用电设备和电机表、供应商报价、项目详细执行计划、资源和人力计划等。

用途：用于形成项目的详细控制基准，检测项目的费用和进度。对于承包商来说，二级估算常常作为投标报价，以此为基础形成合同价格。

估算方法：总是采用确定性估算方法。估算内容翔实，经常包括成千上万条单价信息。对于项目尚未定义的部分，也会采用估计的工程量估算，而不再依靠系数法。

期望精度：负偏差 -5%～-15%，正偏差 +5%～+20%。

5. 一级估算（Class1）

又称为详细估算、执行阶段估算、标底估算、投标报价估算、合同变更估算等。类似于国内项目的详细工程设计预算。

定义深度：项目定义完成 50%～100%，在编制时，通常具备项目的所有的设计文件，完整的项目执行计划。

用途：用于形成项目的控制预算基准，监测项目的费用和进度。也可用于评估投标报价，支持供货商/承包商谈判，或用于索赔评估和解决争议。

估算方法：一般用于编制项目的某些部分的估算，而不用于项目整体估算。采用确定性估算方法，需要大量的时间和花费。估算内容非常翔实，因此一般只应用于项目的最为重要或关键部分。基于实际的工程量，编制所有的估算项目，且一般以单价表示。

期望精度：负偏差 -3%～-10%，正偏差 +3%～+15%。

美国能源部对项目的管理，也采用了 AACE 的造价估算分类标准，具体见表 2-2。针对不同的工程，在计价时会选择更为适宜的方法，表 2-3 列举了能源部对于流程工业项目所应用的计价分类和方法。这些方法与能源部对项目的关键决策是相对应的，表 2-4 提供了针对每个关键决策的工程计价类型。一般规则是，在项目开发的早期阶段，要使用综合性强的估价方法以获取全部的投入造价的估价。估价人员应使用 Class1，在不久的将来项目实施时使用。Class3 常用于规划阶段，但没有明确的定义；数量级估算（Class5）常用于对未来尚未明确工作的估价。随着项目的进一步深入（起始、定义、执行和过渡/收尾阶段），项目的生命周期造价估算变得更加明确。这可能被称为"滚动波"计划，未来明确的工作被作为造价增量，或随着项目的进展造价不断波动。

表 2-2　　　　　　　　　　　美国能源部项目工程计价分类和特征

估算等级	确定程度	造价估算描述（技术）
Class 5	0%~2%	随机，大部分参数，判断（参数，具体类比，专家意见，趋势分析）
Class 4	1%~15%	变化的，更多的参数（参数，具体类比，专家意见，趋势分析）
Class 3	10%~40%	变化的，包括组合（详细、单位造价或基于作业的；参数法；类比、专家法、趋势分析）
Class 2	30%~70%	变化的，更明确的（详细、单位造价或基于作业的，专家法；学习曲线）
Class 1	50%~100%	确定性，最明确的（详细、单位造价或基于作业的，专家法；学习曲线）

表 2-3　　　　　　　　　　　美国能源部流程工业项目工程计价分类及特征

估算等级	初级特征	二级特征		
	项目确定程度	估算目的	方法	精确度
Class 5	0%~2%	投资机会分析	能力系数、参数模型、判断分析	L：−20%~50% H：30%~100%
Class 4	1%~15%	研究和可行性	设备因子或参数模型	L：−15%~30% H：20%~50%
Class 3	10%~40%	预估、预算批复	较详细的单位造价用行项目进行适当组合	L：−10%~20% H：10%~30%
Class 2	30%~70%	控制或招投标	详细单位造价用强制详尽测量法	L：−5%~15% H：5%~20%
Class 1	50%~100%	核定造价和招投标	详细单位造价用详尽测量法	L：−3%~10% H：3%~15%

表 2-4　　　　　　　　　　　美国能源部的关键决策建议的估算类型

关键决策	建议估算	AACE 的估算等级
CD-0	造价估算范围 在 CD-1 之前的造价估算	Class 5 Class 3
CD-1	估算近期初步设计造价 能被考虑的全寿命期造价 TPC 范围	Class 3 Class 5 Class 4
CD-2	用单一点估价代表整个项目 低风险项目 高风险项目	Class 5 Class 4
CD-3	基于施工图的造价估算 低风险及设计完工 低风险及设计未最终完成 高风险（设计完工、未完工）	Class 1 Class 2 Class 2
CD-4		N/A

第三章　美国电力工程费用构成

美国没有政府统一发布的工程项目造价构成规范，但是在费用构成方面有广为业界认同的认识，比如，AACE、CSI、DOE、GAO 发布的规范性文件在项目费用构成方面都达成了一致。具体到电力工程，美国电力工程的管理相对比较复杂，虽然美国能源部有三个部门或办公室负责电力工程监管，但是实际的电力司法解释权在联邦能源管理委员会，实际决定输电线路建设的是州公共事务委员会。因而，在电力工程造价管理方面，细节要求会有所不同，但是在费用整体构成方面，也是基本相同的。本章以 AACE 的工程费用构成为例，介绍美国电力工程费用的整体构成。

第一节　通用费用架构

尽管美国电力工程管理相对比较宽泛。但是各类工程整体的造价构成是基本相同的，基本包含了以下两大部分：

（1）软费用（Soft Costs）：指业主经营所需费用。具体包括：资金筹措，设备购置及储备资金、土地征购及动迁补偿、财务费用、税金及其他各种前期费用。

（2）硬费用（Hard Costs）：指由业主委托设计咨询公司或者总承包公司实施建安工程建设费用。具体包括：施工所需的人、材、机消耗使用费、分包费、现场业主代表及施工管理人员工资、办公和其他杂项费用，承包商现场的生活及生产设施费用，承包商总部管理费，各种保险、税金、不可预见费及其利润等。按照费用属性，可以分为直接费用和间接费用两种类型，具体见图 3-1。

图 3-1 中，电力工程建设费用分为直接费用和间接费用两部分。直接费用包括了人工费、材料费、设备费及分包合同费四大类；间接费用包括税费、通用费用、风险/回报、管理费、利润及不可预见费用六类❶。

一、直接费用（Direct Costs）

直接费用是指用于完成活动或资产的资源消耗。换言之："完成一个特定的最终造价目标

---

❶ AACEI.Skills & Knowledge of Cost engineering.6th edition，2015.

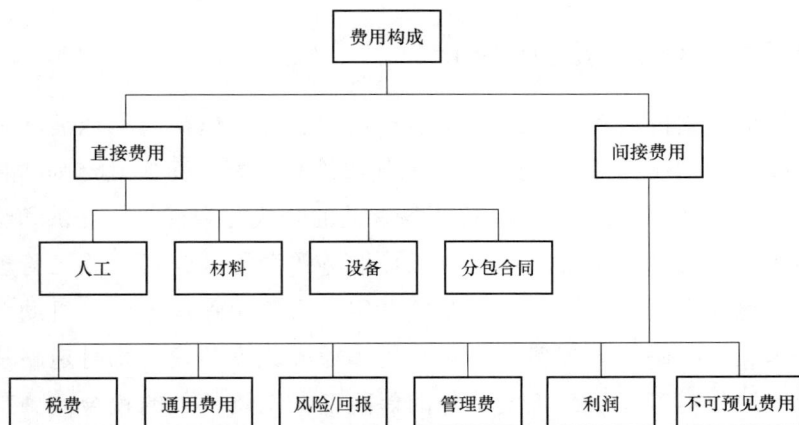

图 3-1 电力工程建设费用构成图

花费的造价，但不仅限于作为材料、设备或劳动力纳入最终产品的造价"。直接费用包括工资和附加的有关费用、工程材料费、施工设备费（机械费）和分包合同费。

1. 人工费

指施工人员和领班的基本工资，工资外的相关补贴及税金、施工人员的保险费、社会救济费等；上述费用大多没有统一的标准，基本数据主要从劳务市场信息中获得。而管理人员和其他人员的工资不能计入其中。

2. 材料费

指构成工程实体的材料和有助于构成工程实体的材料。包括工程材料的采购原值、包装费、销售税、使用税、水运费、水运保险费、码头费、关税以及利用不同运输方式运至工地现场的费用。另外，还包括完成工程所需的各类消耗品和辅助材料的费用。消耗品也是完成工程实体的一部分，应被包含在工程直接费中。辅助材料包括燃料、润滑油、石油制品、设备维修用所需零部件等，以及电力、电缆、锯条、轮胎、混凝土模板工程中所用的木料和模板等。

3. 设备费

指工程施工中所需工具、仪器、机械等机械设备的费用及工地加工厂的费用。加工厂是指混凝土加工厂、骨料加工厂、输送系统以及其他加工工厂，这些加工厂都是在工地现场的。施工设备指的是便携或移动的施工设备，包括小型手工工具、拖拉机、起重机和卡车等。为了估算目的，加工厂和设备的费用被统称设备费。设备费用的分摊，是以比例摊销的，不能一次计入某个工程，所以报价前应对建筑设备的摊销比例进行具体的确定。

4. 分包合同费

分包商的全部合同费用。总包商对工程的承包，都有与其长期合作的专业分包商用于分包专业技术工程，这部分费用应全部计入分包费用。

二、间接费用（Indirect Costs）

间接费用是指为支持活动或资产而需要支出的资源，但也与其他活动和资产相关。换言之："任何造价都不能直接确定为单一的最终造价目标，而应确定为两种或两种以上更多的造价目标。"间接费用包括与经营业务有关的一般行政活动、提供和维护现场设备或制造设施的费用以及公用事业、税收、法律服务等费用。包括：施工管理部门的人员工资、保险费；退休人员的工资；机动车辆费用；人工短途运输费；机动车辆牌照和许可证费；其他施工费；临时工程费；一般公用事业设施安装费；临时道路费；工地临时房屋建设费；工地住房管理费；工资单外的保险费；工资单外的税金；施工流动资金贷款利息（财务费的一部分）；合同保证金；施工管理费；总部管理费用；不可预见费和利润等。

第二节 详细费用构成

1. 人工费

人工费是工程估算中重要组成部分，需要根据雇用工人的数量，工资，工时等来确定。具体而言，包括直接性和间接性人工费两种类型，直接性人工费主要指按照产出率计算的基本工资，以及基本工作时间外工作、差旅补贴、生活费补贴及其他补贴或绩效工资；间接性工资主要包括养老基金、假期基金、总部保险费、健康和福利、实习和培训费、工人补偿保险、失业保险、社会保障费以及其他自愿缴纳的费用和工资税。

2. 材料费

材料费指构成工程实体的材料和有助于构成工程实体的材料。材料分为两大类，一类是构成永久工程的材料，另一类是用于施工但并不会构成到工程实体上，如混凝土模板。这两种类型都被视为材料，除非两者采用了不同税率才会被分别计算。具体而言，材料费包括以下内容：

（1）材料原价。材料和消耗品价格可以从各种价格服务、造价手册、价格目录、报价单和历史数据记录中获得。

（2）运杂费。材料和用品运达工地的运输费和其他杂费。

（3）损耗。指材料和用品在运输和工地现场搬运和储存期间发生的损耗。

（4）搬运存储费。指承包商在工地现场搬运和储存材料和用品所需的费用。

（5）税金。指联邦政府和州政府对材料或用品征收的销售税。

（6）现场制造或生产费。在工地现场加工生产或制造材料或用品，则相应的费用也应包括在材料费中。

3. 施工机械费

施工机械费指工程施工中所需工具、仪器、机械等机械设备的费用及工地加工厂的费用。加工厂是指工地现场的混凝土加工厂、骨料加工厂、输送系统以及其他加工工厂费用。施工机械费可以分为直接性的和间接性的。直接性的分为所有权费用和运行费用；间接性施工机械费指为保证设备正常运行所花费的成本，这部分费用无法分配给专门的特定设备。

直接性设备费用中的所有权费用主要包括设备折旧、利息、设备基础（某些大型设备需要）、设备运费、调试费、保险、税收、安装费用和设备改进费等。运行费用主要包括燃料、润滑剂、过滤设备、修理费、轮胎及操作人员工资等。

（1）折旧费。设备从使用开始便在折价，在计价中考虑折旧部分是非常必要的。关于折旧费的计算方式并没有统一的标准，可以以年为计算单位，也可以以小时来计算折旧。具体计算方式参照当地标准。设备原值主要指设备所有权造价。

（2）利息。利息的产生源自贷款，一般来说没有借贷款便不需要考虑利息问题。在工程中一般会采用贷款的方式购买或租用设备，由此产生的费用计算公式如下：利息＝（贷款总额×利息率×贷款期限）/2。

（3）设备运行费。设备运行费是设备费中重要的组成部分。计价时以机时为单位，需要考虑燃油、润滑油、油料、电、其他物资及维修费用。

（4）设备租金。一般来说，当施工地点远离施工单位或是缺乏所需的设备时，比起新买设备，一个更加经济的方式是租赁设备。关于租赁费用分为短期和长期两种，一般会有相关的合同明确此部分费用。

（5）工地加工厂费用。加工厂是指工地现场的混凝土加工厂、骨料加工厂、输送系统以及其他加工厂费用，包括了加工厂的建设、运营、维护等工程费用。视专用化程度计入某一特定工程或在多个工程中摊销。

（6）小型工具费。工程所需的小工具，如独轮车、铲车、铁橇、锤子、软管、水桶、软绳等。每个施工单位都有会这样的小工具，但是每个工程施工中都会有一些特有的工具，是在其他工程中没有用到的，需要购买并在计价时单独列出。

4. 分包费

分包费指分包工程的费用。分包费用包括直接人工、材料和用品、设备、二级分包合同、调动和遣返、运输、安装以及管理费用和利润。分包费用总额被视为主要承包商的直接造价。

5. 管理费用

管理费是承包商的经营管理费用。一般承包商的费用与项目的建设无关，但对承包商的业务运作至关重要。这些费用包括固定费用（联邦和国家失业费用、社会保障税、建筑工人风险保险和公共责任费用）和可变费用（工人补偿保险、主要办公室开销等）。许多已发布的数据库"裸造价"表格中不包括这些造价；一些出版物中，管理费用包括在清单中，包括了分包商的间接费用和利润。管理费通常分为两类：现场管理费（Job Office Overhead，JOOH）和总部管理费（General and Administrative，G&A）。

现场管理费一般包括：

（1）工作监督和办公室人员；

（2）工程图纸/调查；

（3）现场安保；

（4）临时设施、项目办公室；

（5）临时物资储存；

（6）临时公用事业；

（7）筹备工作和实验室测试；

（8）运输车辆；

（9）供应和维修设施；

（10）临时保护与职业安全和健康管理；

（11）电话和通信；

（12）许可证和执照；

（13）保险（项目层面）；

（14）时间表和报告；

（15）质量控制；

（16）清理；

（17）税；

（18）难以被分摊到具体任务上的设备费用；

（19）临时工地现场设施的运营和维护。

总部管理费是承包商在整个经营管理中所需费用，与总部所有费用有关。总部管理费被分配到各个项目中，作为管理费的一部分。总部管理费主要包括：

（1）主要办公大楼、家具、设备；

（2）管理和办公室工作人员薪金和费用；

（3）公用事业；

（4）一般通信和旅行；

（5）用品；

（6）公司车辆；

（7）一般商业保险；

（8）税；

（9）维持费用项目。

6. 其他费用

其他费用是在详细造价估算时需要考虑的、不包括在上述费用构成中的费用。其他费用包括建设管理费用、施工图纸准备费、各种保证和保函费用、通货膨胀费用、风险费用、不可预见支出等。不可预见费用主要用于弥补未知、无法预见的不确定性和/或未预料到的条件变化而准备的资金。通常，不可预见费用用于：

（1）估价中的错误和遗漏；

（2）与量化相关的可变性；

（3）在估算准备时，设计文件的不完整性；

（4）没有被精确量化的估价内容；

（5）由影响因素和概念性方法估算出的需要量化的费用项目；

（6）劳动生产率的变化；

（7）劳动力的可用性、技能和生产力与假定的不同；

（8）在费用估算时按照平均数计算的一些费用项目；

（9）预计影响劳动生产率的天气因素的变化；

（10）工资率变化；

（11）通货膨胀、工人小组的构成、劳动力的可获得性、市场状况等变化导致的工资变化；

（12）通货膨胀原因和市场条件变化导致的材料和设备价格的变化；

（13）某些估价中假定的材料被替换；

（14）实际数量的变化可能会引起折扣改变；

但是，不可预见费用并不包括：

（1）工程范围的重大变化；

（2）重大意外停工（罢工等）；

（3）灾难（飓风、龙卷风等）；

（4）超出意想的极其严重的通货膨胀；

（5）出乎意料的严重的货币汇率波动。

7. 利润

指投资回报，是承包商高效工作的动力。

8. 详细费用分解和汇总计算的模式

从计价流程的角度，在编制详细估价时，电力工程费用可按下述步骤计算：

（1）编制项目估算基础和进度计划；

（2）准备直接性现场费用的估算；

（3）准备间接性现场费用的估算；

（4）编制总部管理费（临时）估算；

（5）编制销售税/关税估算；

（6）编制通货膨胀费用估算；

（7）编制项目费用估算（承包商）；

（8）编制造价风险分析、应急费用估算；

（9）检查、验证估算。

因而，费用的估算首先要尽早确定造价计算的工作分解计划（Work Breakdown Structure，WBS），这是项目造价积累的模式，并构成了造价估算的基础。随着项目的深入，WBS 的建立是一个反复细化和更新的过程，WBS 中每个工作都被赋予一个编码，称为造价核算与造价工程（估计和造价控制）之间的纽带。WBS 应针对每个项目进行制定，通常围绕项目的地理和功能分区组织的。

例如，图 3-2 展示了一个流程工厂的典型造价或估算结构。从这个图中，能够看出美国工程造价核算的分解和汇总模式。

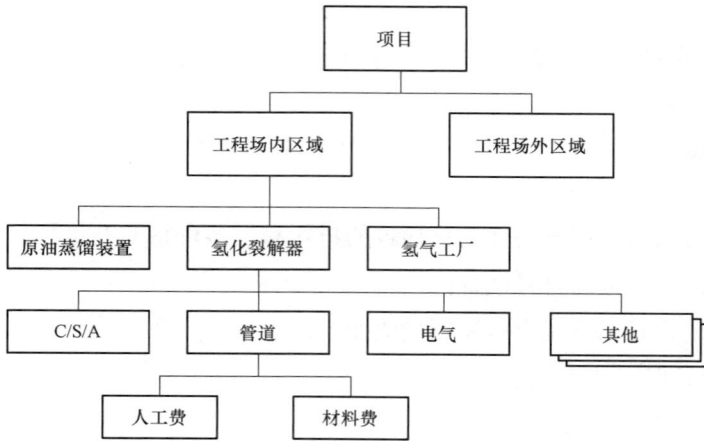

图 3-2 工程造价结构示例图

图 3-2 中，首先将费用按照工程现场内、外进行分解，针对工程现场内部分，再按照工程类别层层向下分解，到每个最小造价汇总单元，计算完成各个造价单元所需的人工费、材料费等直接性费用。

第三节 电力工程费用构成案例

本节以石油太平洋燃气与电力公司某项目为例，介绍电力工程费用构成的具体应用。另外，附录 A 和附录 B 也是美国电力工程的投资估算的案例，从中能够看到美国电力工程的费用构成和计价方法。

石油太平洋燃气与电力公司（PG&E）的此项目开始于 2009 年，是一个 500MW 光伏太阳能电力工程项目。该项目分为两个 250MW 的子项目，一个是机构自营，另一个是合营。

（一）自营部分

自营部分的 250MW 光伏太阳能工程位于 PG&E 服务区内，分为五期，2010 年完成一期 25MW，2011、2012 和 2013 年各完成二、三、四期建设，各 50MW，2014 年完成五期 75MW。在施工阶段，每一期工程按照 1～20MW 大小分标段。每标段建设期不超过 6 个月。

整个工程经历了加州公共事业委员会（CPUC）申请阶段，2MW 试验申请阶段，2MW 试运营阶段，CPUC 申请通过阶段，土地选择、收购及许可阶段，建设阶段六个阶段。采用 EPC 合同模式。

（二）合营部分

合营部分项目预计分为五期，每期 50MW。合同依照 PG&E2009 年购电协议（Power Purchase Agreement，PPA），不可变更。运营期间销售商将获得 20 年固定价格销售的权益，预算标准参照自营部分。2010 年预期价格为 246 美元/MWh。合营部分由于缺乏相应数据，暂时不做费用构成分解。

（三）费用构成

1. 预算阶段

总的来说，整个自营部分的费用分为 5MW 每标段的建设费用、土地费用、区域费用以及每年下降率为 0.89%的费用（25 年折合 80%的产品费用/标准服务）。具体来看整个工程的预算费用分类如下：

（1）光伏系统合同费用包括交钥匙捆绑费用、设计费、EPC 合同费用。其中 EPC 合同费用包括：

1）设备费依照 2008 年光伏供应商提供的标准。

2）建筑费用依照现行工资标准。

3）设备包括光伏控制板、安装支柱、逆变器、变压器、合路器盒子、熔丝盒、直流电连线、交流电系统连线及一套性能监控系统。

（2）土地获取、站点准备及许可费用包括：

1）土地购买标准参照近期农业用地标准。

2）准备及许可费用依照初判结果。

（3）电网联入费用包括：

1）接入费用需要考虑分局的机构、支线、接入点及项目规模。

2）PG&E 在预算时会假定接入涉及多个机构的情况。

（4）安全及数据采集与监视控制系统费用包括：

1）依照内部预算标准。

2）预算需考虑太阳能场的规模、位置以及相关数据。

（5）太平洋燃气与电力公司劳力监督和咨询包括：

1）服务包括土地获取，环境调查及许可，站点准备与设计，采购及建筑。

2）另包括佣金，许可费以及履行许可条件的费用。

（6）其他应急储备费用。各项储备费用比例为 10%交钥匙太阳能场；33%土地获取与许可；20%电网接入；18%安全及数据采集与监视控制系统；15%站点准备。

预算阶段费用具体见表 3-1。

表 3-1

主 要 投 资 预 算 表

造价估算-公用事业光伏项目

2009 美元/kW 直流电（a）

序号	项目造价项	2010 年	2011 年	2012 年	2013 年	2014 年	加权平均
1	光伏系统合同费用	3605	3334	3108	2943	2884	3103
2	土地获取，站点准备及许可费用	270	268	266	262	259	264
3	电网职入费用	238	234	229	224	219	227
4	安全及数据采集与监视控制系统费用	161	158	156	152	149	154
5	太平洋燃气与电力公司劳力监督和咨询	174	87	87	87	48	84
6	小计	4448	4081	3834	3667	3559	3831
7	其他应急储备费用	499	470	445	427	419	444
总　　计		4947	4551	4288	4094	3979	4275

注：造价在 2009 年以美元提交。

2. 实际费用

本项目实际总费用为 14.5 亿美金。具体费用项分为 2009 年直流电费用，应急费用，2009 年直流电目标费用、增容费用、票面电价费用、直流交流转换费用、票面交流电费用、日常管理费用、票面交流电费用、产能，见表 3-2。

表 3-2

项 目 实 际 费 用 表

编号	费 用 项	年　份				
		2010	2011	2012	2013	2014
1.1	2009 年直流电费用（美元/kW）	4448	4081	3834	3667	3559
1.2	应急费用（美元）	499	470	445	427	419
1.3 = 1.1 + 1.2	2009 年直流电目标费用（美元/kW）	4947	4551	4288	4094	3979
1.4	增容费用（美元）	77	159	251	333	411
1.5 = 1.3 + 1.4	票面电价（美元/kW）	5024	4710	4539	4426	4389
1.6	直流/交流转换费用（美元）	1103	1034	996	972	963

续表

编号	费 用 项	年 份				
		2010	2011	2012	2013	2014
1.7 = 1.5 + 1.6	票面交流电费用（美元/kW）	6128	5744	5535	5389	5353
1.8	日常管理费用（美元）	300	270	261	255	249
1.9 = 1.7 + 1.8	票面交流电费用（美元/kW）	6428	6014	5796	5635	5601
2.0	产能（MW）	25	50	50	50	75
2.1 = 1.9 × 2.0	总资本支出（a）	160 700	300 712	289 824	281 665	420 094
合　计		1 453 979				

注：以千美元计。

美国没有政府颁布的统一的工料测量方法和工程量清单。建筑工程的招标项目单（Bid Item List）中，政府和私营项目有所区别。政府的工程合约受到相关各种法律和规定的限制，以保证正确的财务核算和对政府的公共资金支出的监督。政府部门在合同文件中列有招标项目单并对每一项目给予严格的定义。合同实施中工程项目单用以作为支付和进行现金流量分析的依据。私营业主则不受与公共资金相关的规定的限制。因此，私营业主常省却招标项目单，采用总价合同形式（Lump-Sum Contract）。

美国的一些行业协会和较大的工程顾问公司，如美国建筑标准协会（Construction Specification Institute，CSI）和 R.S.Means 公司等，推出的规则对工程领域影响较大，多数从业人员采用他们制定的规则进行工程分解和费用计算。自 20 世纪 70 年代起，美国建筑业开始使用 CSI 编制的两种工程分类编码体系：UniFormat（部位单价格式编码体系）和MasterFormat（标准格式编码体系），近年来，OmniClass（简称 OCCS）作为一种综合编码体系也开始推广使用，一定程度上，可以看作是一种工程量清单结构。本章主要介绍以上三种工程分类和编码体系，供读者了解美国电力工程的清单结构。

第一节　美国建设工程分类和编码体系类别[1]

建筑信息分类体系早在 20 世纪 20 年代就已经出现，随着建筑业的发展，各国逐渐建立起各种建筑信息分类方法，分别满足工程造价、建筑规范、项目管理、进度控制等需要，美国的建设工程分类和编码体系包括 MasterFormat、UniFormat 及 OmniClass 等，由 CSI 颁布。

一、MasterFormat 工程分解和编码体系[2][3]

（一）MasterFormat 体系概述

MasterFormat 工程分解和编码体系起源于 1961 年，从 1964 年起定名为"The CSI Format

---

[1] 金维兴，丁大勇，李培，建设项目分解结构与编码体系的研究，土木工程学报，2003（9）.

[2] 侯永春，建设项目集成化信息分类体系研究，东南大学硕士论文，2003.

[3] 美国在工程量清单计价方面的相关做法，中国招标，2012（28）.

for Construction Specifications"，正式确定为 16 个 Divisions。此后该体系随着新产品、新工艺的应用而不断更新，1978 年，CSI 和加拿大建设规范协会（Construction Specifications Canada，CSC）共同制定，并将其正式命名为"MasterFormat"（Master List of Numbers and Titles for the Construction Industry）。MasterFormat 工程分解和编码体系是由美国建筑标准协会 CSI 和加拿大建筑标准学会 CSC 在 1963 年首次发布，是美加两国八个工业协会和专业学会共同倡导和努力的结果，在北美地区具有深远影响，历史悠久，应用广泛。该体系每 7 年修正一次，现行版本是 MasterFormat2018。原 16 个分部已经使用了 50 余年，目前的版本改为 50 个分部。

MasterFormat 起初只用于北美地区的房屋建筑项目，它通过分部标题（Divisions Titles）和章节编码（Sections numbers）来组织建设要求、产品和活动的数据，并作为建筑师、承包商和分包商供应商之间的沟通平台，帮助其实现业主的要求、工期目标和造价控制要求，以及建设合同里的施工组织设计的编排。

（二）MasterFormat 体系分类方法及用途

MasterFormat 的分类方法主要采用面向工种/材料分类对建设项目进行项目分解和编码的标准体系，更倾向于符合建筑工程分工组织实施的方式，并以此来组织设计要求、组织招标和合同要求、图纸说明、成本数据以及施工文档等信息和数据。

MasterFormat 主要用于工程造价分析、组织建筑规范和建筑产品信息、编制项目手册等，这种建筑信息的分解和组织更加符合工程建造阶段的信息处理习惯，适用于设计和施工阶段。MasterFormat 尤其着眼于施工结果，直接描述工程施工的方法和材料，并关联施工造价数据，从造价计算的角度看，一种特定的建材只在 MasterFormat 中出现一次，便于统计和计算，这一点非常像国内的概预算体系。作为一种美国通用的招标设计说明编码体系，被许多美国工程师采用用于编制设计说明和招标。

（三）MasterFormat 体系工程子目划分

MasterFormat 编码体系由采购和合同要求组、专业工程组（Group）两部分组成，其中专业工程组又分为总体要求、建筑工程、服务设施、场地和基础结构、流程设备五个子组（Subgroup）。每个子组又由若干个分部（Division）组成，比如建筑工程子组下又包括既有施工条件、混凝土工程、砌筑工程、金属结构工程、木作工程和塑料制作过程、保温和防水工程、门窗工程、装饰工程等 18 个分部。

MasterFormat 采用 6 位数字编码，三个层次（个别项目分为 4 级，8 位数），其中每两位为一个层次，第一个层次代表分部，类似于我国的分部工程，第二个层次代表施工所在部位，第三个层次类似于我国的分项工程，第四层可由用户根据自身的需要自行编制。以分部混凝土为例，见图 4-1。

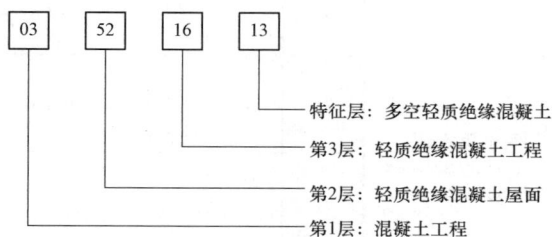

特征层：多空轻质绝缘混凝土
第3层：轻质绝缘混凝土工程
第2层：轻质绝缘混凝土屋面
第1层：混凝土工程

图 4-1　MasterFormat 编码体系示例

MasterFormat 的子目增加到 49 个，增加了土木工程、机电工程等领域，其子目的划分见表 4-1。

表 4-1 MasterFormat 项目划分

专业工程子组	代码	项目名称	专业工程子组	代码	项目名称
需求组（Requirements Group）	00	招投标与合同需求（Procurement and Contracting Requirements）	配套服务子组（Facility Services Subgroup）	23	暖通工程（Heating，Ventilating，and Air Conditioning）
通用需求子组（General Requirements Subgroup）	01	通用需求（General Requirements）		24	预留项目（Reserved）
设施建设子组（Facility Construction Subgroup）	02	现场条件（Existing Conditions）		25	集成自动化（Integrated Automation）
	03	混凝土工程（Concrete）		26	电气工程（Electrical）
	04	砌筑工程（Masonry）		27	通信工程（Communications）
	05	金属结构工程（Metals）		28	电子安全与防护（Electronic Safety and Security）
	06	木材、塑料及复合材料工程（Wood，Plastics，and Composites）		29	预留项目（Reserved）
	07	保温和防水工程（Thermal and Moisture Protection）	场地和基础设施子组（Site and Infrastructure Subgroup）	30	预留项目（Reserved）
	08	门窗工程（Openings）		31	土石方工程（Earthwork）
	09	装饰工程（Finishes）		32	外观改善（Exterior Improvements）
	10	特殊配件（Specialties）		33	公共事业（Utilities）
	11	设备（Equipment）		34	交通运输（Transportation）
	12	装饰材料（Furnishings）		35	水路和码头工程（Waterway and Marine Construction）
	13	特殊施工（Special Construction）		36～39	预留项目（Reserved）
	14	运输设备（Conveying Equipment）	工艺设备子组（Process Equipment Subgroup）	40	过程互联（Process Interconnections）
	15～20	预留项目（Reserved）		41	材料加工和处理设备（Material Processing and Handling Equipment）
配套服务子组（Facility Services Subgroup）	21	消防工程（Fire Suppression）		42	工艺加热，冷却和干燥设备（Process Heating，Cooling，and Drying Equipment）
	22	水暖工程（Plumbing）		43	过程气体和液体处理，净化和储存设备（Process Gas and Liquid Handling，Purification and Storage Equipment）

专业工程子组	代码	项目名称	专业工程子组	代码	项目名称
工艺设备子组（Process Equipment Subgroup）	44	污染和废物控制设备（Pollution and Waste Control Equipment）	工艺设备子组（Process Equipment Subgroup）	47	预留项目（Reserved）
	45	工业制造设备（Industry-Specific Manufacturing Equipment）		48	发电工程（Electrical Power Generation）
	46	水和废水处理设备（Water and Wastewater Equipment）		49	预留项目（Reserved）

注：预留项目表示某些编码预留用于未来进行扩展。

在 MasterFormat 编码体系中，涉及了各种类型的工程项目的分解结构，例如，对电力工程，其分部 48 就为发电工程给定了工作分解结构和编码，用户在使用时，可在此基础上根据具体工程的情况进一步进行扩展。

48 00 00 发电工程

48 01 00 发电运行和维护

  48 01 10 发电设备的运行和维护

  48 01 70 电力发电测试的运行和维护

48 05 00 发电的共同工作成果

  48 05 05 电力发电选择性拆除

48 06 00 发电时间表

  48 06 10 发电设备附表

  48 06 70 发电测试时间表

48 08 00 发电调试

48 09 00 电力发电仪表与控制

48 10 00 发电设备

48 11 00 化石燃料电厂发电设备

  48 11 13 化石燃料电厂锅炉

  48 11 16 化石燃料电厂冷凝器

  48 11 19 化石燃料电厂蒸汽轮机

  48 11 23 化石燃料电厂燃气轮机

  48 11 26 化石燃料电厂发电机

48 12 00 核燃料电厂发电设备

  48 12 13 核燃料反应堆

    48 12 13.13 核燃料裂变反应堆

    48 12 13.16 核燃料聚变反应堆

48 12 23 核燃料电厂蒸汽发生器

48 12 26 核燃料电厂冷凝器

48 12 29 核燃料电厂涡轮机

48 12 33 核燃料电力发电机

48 13 00 水电站发电设备

48 13 13 水力发电厂水轮机

48 13 16 水力发电厂电力发电机

48 14 00 太阳能发电设备

48 14 13 太阳能收集器

48 14 13.13 非晶太阳能收集器

48 14 13.16 板式太阳能集热器

48 14 13.19 真空管太阳能收集器

48 15 00 风能发电设备

48 15 13 风车

48 15 16 风力发电机组

48 16 00 地热能发电设备

48 16 13 地热能热泵

48 16 16 地热能冷凝器

48 16 19 地热能汽轮机

48 16 23 地热能电力发电机

48 17 00 电化学能源发电设备

48 17 13 发电电池

48 18 00 燃料电池发电设备

48 18 13 发电燃料电池

48 18 16 氢控制设备

48 19 00 电力控制设备

48 19 13 发电电池充电设备

48 19 16 发电逆变器

48 19 19 发电太阳能跟踪设备

48 19 23 发电变压器

48 19 26 电力发电电压调节器

48 30 00 热电联产

48 31 00 燃烧热电联产

48 31 13 天然气燃料热电联产

48 31 16 生物质燃料热电联产

48 70 00 发电测试

48 71 00 发电测试设备

48 71 13 电力发电电晕测试设备

48 71 16 发电电流测试设备

48 71 19 发电电力试验设备

48 71 23 发电电阻测试设备

48 71 26 发电电压试验设备

二、UniFormat 工程分解和编码体系[1]

（一）UniFormat 体系概述

1973 年，UniFormat 由美国建筑师协会 AIA 和美国通用事业管理局 GSA 联合开发，它是在美国使用的最基础的工程分解格式，然而，Uniformat 从来没有获得标准的专业地位；1989年，美国材料试验协会 ASTM 基于 UniFormat 制定了 ASTM E1557-05 分类标准，名称为UniFormat Ⅱ。1993 年正式发行标准的 UniFormat Ⅱ 体系。1995 年，美国建筑标准协会（CSI）和加拿大建筑标准协会（CSC）开始对 UniFormat Ⅱ 进行修订，最新的一版出版于 2010 年。UniFormat Ⅱ 和 UniFormat 2010 有许多相似的地方，UniFormat 2010 版本更多地侧重于项目列表，而且用户可以从中挑选适合自身项目的划分题。

UniFormat 是用于描述、造价分析和工程管理的建筑信息分类标准，是一种根据建筑物的物理组件或者"元素"按照功能排列建筑信息的方法，这些元素是大多数建筑都有的主要组成部位，这些部位履行某种特定的功能，并将具有相同功能的部分组成在一起，这种方法不考虑完成这些组件所使用的设计方法、材料和施工方法，这些功能性元素通常被称作"组合件"或者"系统"。

（二）UniFormat 体系分类方法及用途

UniFormat 是美国用于对建筑构件及相关场地工程进行分类的体系，UniFormat 的分类方法是采用层级式的建筑工程系统构成元素划分，更倾向于再现工程元素的物理构成方式，并以此来组织设计要求、造价数据以及建造方法等信息和数据。

UniFormat 最初用于建筑工程的估价、概算，即通过对房屋建筑构件的历史造价数据进行积累而形成构件的造价指标（不考虑构件的实施方法、使用材料等），在项目的估算和概算过程中使用这些数据，计算汇总新建项目的造价。后来 UniFormat 开始作为建设项目前期阶段（主要是计划和设计阶段）各种说明书的编写格式，以其提供的框架，逐级描述建筑物各组成构件的功能要求和性能要求。

---

[1] AACEI: Certified Cost Consultant / Certified Cost Engineer （CCC/CCE） AACE International Certification A MARK OF DISTINCTION.

UniFormat 体系具有多年与美国的大型政府机构（如美国总务署）、加拿大（如艾伯塔省基础设施）和其他地方合作的优势。

（三）UniFormat 体系工程子目划分

UniFormat 最主要的目的，是在工程项目不同时期以及在若干项目之间确保项目经济估价一致性与提高项目整个寿命周期的执行效率。编码体系（NISTIR6399）共设置五位，四个层次。第一层次为主要元素组（Major Group Elements），分别是：下部结构（A），外部结构（B），内部结构 （C），服务设施（D），设备和装潢（E），特殊构筑物和拆除（F），现场工作（G）；第二层次为元素组（Group Elements），共 22 个条目；第三层次为单独元素（Individual Elements），共 79 个条目；第四层次称作子元素（SubElements），是对第三层次的进一步细分。前三个层次可以被用于大多数的项目描述和初步造价估算。第四个层次对于功能性构件提供了一个更详细的分解，且在第四层次之下的详细表单还为设计、施工或者技术方案的选择提供了设计构件的检查表，这使得UniFormat 体系更加的综合和完整。

表 4－2 举例说明 UniFormatⅡ体系层次结构的划分。

表 4－2 UniFormatⅡ体系层次结构划分表

Level1 主要元素组	Level2 元素组	Level3 单独元素	Level4 子元素	
A 基础	A10 基础	A1010 一般基础	A1010100	柱地基和桩帽
			A1010200	墙体基础
			A1010300	周围排水
			A1010400	周围隔离
		A1020 特殊基础	A1020100	桩地基
			A1020200	地基梁
			A1020300	沉箱
			A1020400	托换基础
			A1020500	降水
			A1020600	筏式基础
			A1020700	软土区加强地基
			A1020900	其他特殊情况
		A1030 底板	A1030100	一般底板
			A1030200	结构底板
			A1030300	斜面底板
			A1030400	沟渠、深坑
			A1030500	底板下排水及防水

续表

Level1 主要元素组	Level2 元素组	Level3 单独元素	Level4 子元素	
A 基础	A20 地下室	A2010 地下室施工	A2010100	地下室开挖
			A2010200	结构回填土及压实
			A2010300	支护
		A2020 地下室墙体	A2020100	地下室墙体施工
			A2020101	防潮
			A2020102	地下室墙体隔热
			A2020103	内墙抹灰

以上为 UniFormatⅡ 体系的介绍，表 4-3 是 UniFormat 2010 的项目划分：

表 4-3　　　　　　　　　　　　　　UniFormat 项目划分

代码	项目名称	代码	项目名称
	简介（INTRODUTION）	E	设备和装潢（EQUIPMENT AND FURNISHINGS）
A	下部结构（SUBSTRUCTURE）	F	特殊构筑物和拆除（SPECIAL CONSTRUCTION AND DEMOLITION）
B	外部结构（SHELL）	G	现场工作（BUILDING SITEWORK）
C	内部结构（INTERIORS）	Z	总则（GENERAL）
D	服务设施（SERVICES）		

上述九个基本类别可用于准备项目的初步描述、造价信息、BIM 构件、设施管理信息和组织图纸细节。

第一类简介（Introduction）的字母和标题是固定不变的，并且在实际应用时不能改变。可以看到，第一类简介并没有一个给定的字母。它之所以出现在分类清单的第一个，是为了和其他的标题区分。简介中的内容并不是关于建筑体系分类的，而是一个基本信息的介绍，允许读者在阅读其他章节关于建筑构件细节信息之前，能够对项目的基本信息有一个大体的了解，简介包含采购和承包要求，允许 UniFormat 被用于一个建筑项目独立的承包结构，尤其是设计—施工模式下的应用。值得注意的是，UniFormat 这部分是参照 MasterFormat 体系编制的。

同样，Z 类总则中的内容也不是关于建筑体系分类的，它的编号是由字母表的最后一个字母指定，目的是在对 UniFormat 体系进一步扩展时确保该总则始终保持在体系的最后一章。

第四层次以下的详细的列表提供了层次四的子类设计方案，可以识别特定的材料（如混凝土和钢）目的是区分出不同的特定解决方案。在当前 UniFormat 体系中，并没有标准的字母和数字分配给这些子类，不过这一子类层次（即第五层次）可能会由用户自己指定。用户指定的编号应带有层次四的字母数字标识，以及附加字符，例如两位数字，字母数字指示符等。编码层次表见表 4-4（附加在下面的"CF"是给在层次四的基础上扩展出子类层次即第五层次的编号方式的举例）。

表 4-4   编 码 层 次 表

编码	名称	层次级别
A	下部结构	第一层次
A10	基础	第二层次
A1010	一般基础	第三层次
A1010.10	墙体基础	第四层次
A1010.10.CF	连续基础	第五层次

  UniFormatⅡ具体层次结构以 A 基础为例见表 4-5。

表 4-5   UniFormatⅡ具体层次结构表示例

Level1 主要元素组	Level2 元素组	Level3 单独元素	Level4 子元素	
A 基础	A10 基础	A1010 一般基础	A1010.10	墙体基础
			A1010.30	柱基础
			A1010.90	标准基础补充构件
		A1020 特殊基础	A1020.10	打入桩
			A1020.15	钻孔灌注桩
			A1020.20	沉箱
			A1020.30	特殊基础墙
			A1020.40	基础地脚
			A1020.50	托换基础
			A1020.60	筏式基础
			A1020.70	承台
			A1020.80	地梁
	A20 地下室	A2010 地下室墙体	A2010.10	地下室墙体施工
			A2010.20	地下室内墙抹灰
			A2010.90	地下室墙体补充构件

续表

Level1 主要元素组	Level2 元素组	Level3 单独元素	Level4 子元素	
A 基础	A40 底板	A4010 一般底板		
		A4020 结构底板		
		A4030 沟渠		
		A4040 坑和基地		
		A4090 底板补充构件	A4090.10	隔热
			A4090.20	蒸汽缓凝剂
			A4090.30	防水工程
			A4090.50	泥板
			A4090.60	基层
	A60	……	……	……
	A90	……	……	……

三、OmniClass 工程分解和编码体系

OmniClass（称为 OmniClass™或 OCCS）是美国建设行业从 2000 年开始制定的分类系统。它仍由 CSI 发起，由各成员组织志愿参与开发的体系，旨在满足建筑领域各个相关专业、有关各方及建设项目全寿命期各阶段对信息的需求，实现建筑信息内容上和组织上的标准化、集成化。

OmniClass 可用于许多领域，从组织图书馆资料、产品文献和项目信息到为电子数据库提供分类结构。OmniClass 旨在为从北美建筑、设计和施工（the North American Architectural, Engineering and Construction，AEC）行业创建和使用的信息提供一个标准化的基础，使其贯穿整个设施的生命周期，从概念构思到项目的拆除或再利用，并涵盖所有不同类型的建筑构成建筑环境。OmniClass 旨在成为组织，排序和检索信息以及推导关系计算机应用程序的手段。OmniClass 对于构建信息建模（BIM）领域中的许多应用程序具有重要意义，它从组织报表和对象库中提供了一种通过数据进行滚动或钻取的方法来获取需要的信息。OmniClass 从现有的其他系统中汲取了各种形式的基础，以便在可能的情况下形成其表的基础—用于工作成果、元素的非物质化，以及产品的电子产品信息合作。

OmniClass 由 15 个层次表组成，每个表代表了构造信息的不同方面。每个表都可以独立地用于分类特定类型的信息，或者它的条目可以与其他表中的条目相结合，以分类更复杂的主题。

其中 OmniClass 编码体系的 15 个分类表及其用途见表 4-6。

表 4－6 OmniClass 编码体系分类表

分类表	用　途
表 11 按功能分类的建筑实体 Construction Entities by Function	按照功能对建筑设施、综合体和建筑单体进行分类描述，适用于各个阶段中对于建筑物的整体描述
表 12 按形式分类的建筑实体 Construction Entities by Form	按照形式对建筑单体进行分类描述，适用于各个工程阶段对于建筑物的整体性描述
表 13 按功能定义的空间 Spaces by Function	按照功能对建筑内部及外部空间进行分类，主要用于建筑工程的研究和设计阶段
表 14 按形式定义的空间 Spaces by Form	按照围合程度和形状样式对建筑内部及外部空间进行分类，主要用于建筑工程的研究和设计阶段
表 21 构件 Elements	按照主要功能对建筑单体的物理组成部分进行分类，主要用于设计阶段，描述单体的各个组成部分和功能
表 22 工作成果 Work Results	对建设过程中各项施工活动的结果进行分类，以使用的建筑产品，材料物质和生产活动为其特征，主要用于对于施工过程的描述，工程量统计和概预算编制
表 23 产品 Products	对施工过程中要用到的各种原料、建材、家具设备等进行分类。用于施工图设计，施工过程管理，材料采购管理，造价统计等方面
表 31 阶段 Phases	对建筑全寿命周期和建设过程的各个阶段和流程进行分类，用于建设项目的各个阶段和建设项目管理等方面
表 32 服务 Services	对建设活动各个阶段所需要的服务进行分类，用于建设项目的各个阶段
表 33 专业 Disciplines	对建设活动所涉及的各个专业、领域进行分类，用于建设项目的各个阶段和建设项目管理等方面
表 34 组织角色 Organizational Roles	对建设活动中所有参与机构和人员进行分类，用于建设项目的各个阶段
表 35 工具 Tools	对建设过程中利用的辅助作业资源进行分类，用于设计、施工、工程造价定额计算等方面
表 36 信息 Information	对建设过程中所参考使用的各类信息数据资源进行分类，用于建设活动各阶段的信息使用、归档、传递等信息
表 41 材料 Materials	对材料的各种化学元素和化合物组成进行分类，用于描述建设活动中所使用到的建材的基本材质属性
表 49 属性 Properties	对工程项目、构件、产品等的属性特征进行分类，Omniclass 中并未对此进行具体分类，应根据实际需要组织各类属性表

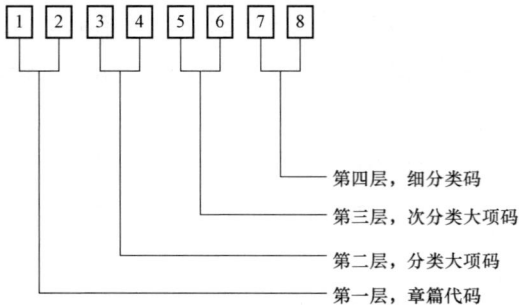

图 4－2　OmniClass 编码体系示例

OmniClass 的资料分类方式是将物件的特性以多层次做描述，由上而下进行编码，其编码以两个数字为一对，再将多组数字组成阶层，其基本分为四层：第一层"章篇代码"为编码的第一、第二码；第二层是根据第一层细分的"分类大项码"，为编码的第三、第四码；第三层再根据第二层细分为"次分类大项码"，为编码的第五、第六码；第四层"细分类码"又再根据第三层进行细分，为编码的第七、第八码。然后可根据需求扩充层级，详见图 4-2。

四、三种建设工程分类和编码体系的对比

（一）起源

UniFormat 最早由美国 AIA 与 GSA 联合开发，美国 ASTM 基于 UniFormat 制定了 ASTM E 1557-05 分类标准，名称为 UniformatⅡ。MasterFormat 由美国建筑标准学会 CSI 和加拿大建筑标准学会 CSC 最早在 1972 年颁布，在北美地区影响深远，应用广泛。OmniClass 于 2001 年首次由 CSI 出版，其编制的基础是 UniFormatⅡ以及 MasterFormat 体系。

（二）目标

UniFormat 的定位是全生命周期，尤其使用在设计阶段，是用于描述、造价分析和工程管理的建筑信息分类标准。

MatserFormat 的定位是工程项目实施阶段信息、数据的组织和管理编码体系，同时提供工作成果的详细造价数据。

OmniClass 的定位是全生命周期，其开发的目的是将多个主题的多个现有分类系统组合成一个统一的系统，该系统基于 ISO 12006-2 的《建设工程信息组织 第 2 部分：信息分类框架》。

（三）分类

UniFormat 的分类方法是采用层级式的建筑工程系统构成元素划分，他更倾向于再现工程元素的物理构成方式，并以此来组织设计要求、造价数据以及建造方法等信息和数据。这种建筑信息的分解和组织更加符合设计组织（AIA）和管理组织（GSA）的习惯。

MasterFormat 的分类方法是采用工种/材料分类，更倾向于符合建筑工程分工组织实施的方式，并以此来组织设计要求、造价数据以及施工文档等信息和数据。这种建筑信息的分解和组织更加符合工程建造阶段的信息处理习惯。而作为一种映射的造价编码体系，在性质上也更接近我国的工程造价计量体系；作为一种美国通用的招标设计说明编码体系，被许多美国工程师采用用于编制设计说明和招标。

OmniClass 的分类方式是将构件的特性做多层次描述，由上而下进行编码，其编码以两个数字为一对，再将多组数字组成阶层，基本分为四层。

（四）用途

UniFormat 着眼于功能元素，主要以描述和反映工程实体的功能构成，进而关联设计造价数据。以此分析设计方案、价值工程、工程进度等策划、设计因素。在造价计算上，由于没有明确的施工方案，精度偏弱；如果达到同样的精度，其数据体量及其冗余度都较大。但其长项是价值工程这类与功能和构建类型相关的造价分析和投资控制，而非工程计量。

MasterFormat 着眼于施工结果，可以直接阐述工程施工的方法和材料，进而关联施工造价数据。在造价计算的角度看，一种特定的建材只在 MasterFormat 中出现一次，便于统计和

计算，所以 MasterFormat 更多地用于施工图设计阶段或者最终招标阶段。

OmniClass 是建筑行业的分类系统，其特点是"对建筑环境进行分类的策略"。OmniClass 对于组织信息有用的许多应用程序非常有用。最值得注意的是它在建筑规范中的应用，以及它在国家 BIM 标准—美国™中的重要性。OmniClass 将其他分类系统作为其表格的基础，描述了构建环境和相关过程。

第二节　电力工程工程量清单结构示例

美国的电力工程大都采用 EPC 承包模式，由于项目发包时仅有工程的设计说明或草图，故无法形成详细的以供发包的工程量清单。因为各个电力公司不同、涉及的电力项目类别也不同，所以在电力工程发包时，基本上没有通用的、标准的工程量清单，发包人在招标文件中包括的工程量清单只是大致包括了几部分涉及的费用，承包人则会针对此，组织专业人员对投标费用进行较为详细的分解，编制报价，表 4-7 是某投标商对某电厂项目的投标清单。

表 4-7　　　　　　　　　　某电厂承包项目投标清单

一级清单项	二级清单项
Fixed Costs 固定费用	0101 Fixed Cost 固定费用
	0102 Subcontract Administration Fee 分包管理费
	0103 OT / Extra Work 其他额外工作费用
Craft Labor-Piping 人工费—管道工程	2100 Piping Install. Labor 管道安装人工费
	2105 Pipe Engineer 管道工程师
	2191 Pipe Material Handling 管道材料安装
Craft Labor-Equipment Erection 人工费—设备安装	2200 Equipment Installation Labor 设备安装人工费
Craft Labor-Electrical 人工费—电气工程	2300 Electrical Labor 电气工程人工费
	2399 Electrical Field Engineer 电气人工工时费
Craft Labor-Civil/Structural 人工费—土木/结构	2400 Craft Labor-Civil/Structural 土木/结构费
	2401 Layout 设计费
	2402 Minor Foundations 基础费
	2403 Craft Facility Building Erection 人工建筑设施安装费
	2410 Foundation Excavation/Backfill 基础挖掘及回填费
	2420 Final Site Grading & Asphalt 最后铺设沥青费用
	2440 Utility Bridge Erection 公共桥梁搭架费
	2450 Shearing Steel Piping 钢管切割费

续表

一级清单项	二级清单项
Craft Labor-Other 人工费—其他	2510 Road Sweeping 道路清扫费
	2520 Equipment Operators 设备运行费
	2525 Oilers & Mechanics 加油器/机械费
	2535 Material Handling 材料处理费
	2540 Tool Room 工具安置费
	2545 Laborers 人工工时费
	2570 Labor Management Corporate Trust 人工管理费
	2585 Storm water Pollution Prevention Program Upkeep 污染防治管理费
	2595 Show-up Time 入场费
	2596 Safety Orientation – Craft Labor 安全定向—人工费
	2650 Insulation – Piping 管道安装
	2652 Insulation – Equipment 设备安装
	2656 Insulation Matl Distribution 物料分拣器安装
	2658 Insulation – Removable Covers 活动盖安装
Subcontracts-Piping 分包费—管道工程	2801 Owner Work Orders – Labor 业主工作指令—人工费
	2802 Subcontractor 1 Back Charge-Labor 分包商 1 反向收费（人工）
	2803 Subcontractor 2 Back Charge 分包商 2 反向收费
	2805 Document Control 文档管理
	2810 Quality Inspectors 质检员费用
	2815 Safety Inspector 安全检察员费用
	2820 Craft Supervision 监督费
	2821 Catalyst-EWO 300 – Superintendnt Catalyst-EWO 300 负责人费用
	2825 Field Procurement 现场采购费
	2830 Clerical 文员费
	2843 Change in Sales Tax Method 更换销售税费计算方式费
	2860 Quantity Tracking 数量监测费
	2883 Labor-Filtered Water Pipe Coating 过滤水管涂层人工费
	2884 Factory Rework 工厂返工费
	2887 Performance Mechanical BackChg 机械性能反向收费
	2888 Insulation Truck Stuck 绝缘卡车费
	2889 Chemical Spill 化学品溢出费
	3105 Fire Protection 防火费
	3120 Non-Destructive Test – X-ray X 光无损测试费
	3121 Stress Relieve / Preheat 应力消除/预热费

续表

一级清单项	二级清单项
Subcontracts-Piping 分包费—管道工程	3123 Orbital Welding 环缝自动导轨焊接费
	3125 HRSG Boiler Blow Down HRSG 锅炉排污费
	3130 Hexavalent Chromium Sampling 六价铬抽样费
	3140 Leak Detection 泄漏检测费
	3150 Machining Services 加工服务费
	3160 Fuel Gas Meter Station 气体燃料流量计费
Subcontracts-Equipment Erection 分包费—设备安装	3231 Equipment Transport; Hvy Setting (Crane) 设备运输费（重型）
	3232 Equipment Transport 设备运输费
	3233 Geotechnical Exploration for Rail Spur 电线杆架设岩土勘探费
	3234 Soil Stabilization for Rail Gantry Crane 轨道龙门吊地基费
	3235 Rail spur Removal 电线杆移除费
	3240 STG Scaffold Tower Erect STG 脚手架安装费
	3245 Scaffold Erection 脚手架架设费
	3255 Field Erect Tks 工地架设费
	3256 Stack Erection 堆栈安装费
	3274 HRSG Inspection HRSG 检验费
Subcontracts–Electrical 分包费—电力工程	3302 Generator Step-Up & Auxiliary Transformer Assembly and Test 发电机升压和辅助变压器装配及测试费
	3312 Substation Erection 变电站安装费
	3313 Med Volt Cable Terminations 地中海伏电缆终端费
	3317 Lightning Protection 照明保护费
	3320 ACC Electrical ACC 电费
	3335 Cathodic Protection 阴极保护费
	3340 Fire Alarm & Detection 火警及检测费
	3345 Security & Paging 安全及传呼费
	3360 Fiber Optic Cable Terminations 光纤电缆终端费
	3370 Alt Source Power Poles 电源极费用
	3380 Inspect GSU Transformers 发电机升压变压器检查费
Subcontracts–Other 分包费—其他	3401 Laydown / Drainage / Bulk Excavation / Erosion Control 喷绘费、离岸安装费、劳务顾问费
	3402 Install Perimeter Fence 围栏安装费
	3403 Find Excavation/Backfill/Compact 基础挖掘/回填/合同费
	3404 Install Perimeter Silt Barrier 防淤栏安装费
	3405 Final Site Grading 最终评级费
	3406 Geotech Exploration for Canal 运河地质勘探

续表

一级清单项	二级清单项
	3407 More Barbwire Fence/Gates 更多铁丝网/门费
	3408 Creek Bridge Imp 桥梁安装费
	3409 Geotech Services Geotech 地质服务费
	3410 Special Inspections 特别检测费
	3411 On and Off Site Roads 进出场道路费
	3412 Creek Bridge Paving 桥梁铺砌费
	3413 Site Access Sub-base Paving 进场垫板铺砌费
	3414 Temp Bridge Foundation Removal 临时桥梁基础清除费
	3415 Site/Switchyard Fence 场站/调车场围栏费
	3417 Surveyor (for Foundations) 测量员（基础）费
	3418 Site Perimeter Final Fencing 场站最终围栏费
	3419 Major Foundation Construction 主要基础施工费
	3420 Minor Foundation Construction 小基础施工费
	3421 Rebar/Bolt Installation 钢筋/螺栓安装费
	3426 Excavation-Foundation/Trench 基础/沟挖掘费
	3427 Earthwork Sub Labor 土木工程主要人工费
Subcontracts–Other 分包费—其他	3430 Misc. Setup/Decks 杂项安装/板子费
	3435 Pre-Eng. Bldgs – admin 桥梁预制件管理费
	3440 Utility Rack Erection 工具架安装费
	3450 Temp Building Concrete 临时建筑混凝土费
	3460 Gas Line Crossing 跨越油气管线费
	3010 Engineering 建造费
	3110 Insulation 绝缘费
	3416 Surveying 工程测量费
	3524 Silica Testing 硅土测试费
	3525 Canal Water Test 运河水测试费
	3526 Tank Hydro Water Sample Test Tank Hydro 水样本测试费
	3527 Scheduling/Controls-Temp 临时安排与控制费
	3574 Offshore Inspection 离岸检测费
	3575 Spreader Bar Inspection 平压机检测费
	3580 Painting 喷涂费
	3590 Punch List-Construction 施工剩余工作量清单
	3615 Labor Consultant 人力顾问费
	3625 Contract Electrical Engineer 电力工程师合同费

一级清单项	二级清单项
Subcontracts–Other 分包费—其他	3640 Site Security 场站安全费
	3650 Metallurgical Lab Testing 冶金实验室测试费
	3660 Testing Facility 测试设施费
	3690 Pest Control 害虫防治费
	3801 SPX Bolt Fix Back Charge 标准螺栓固定费
	3802 Reaming Bolt Holes 铰孔螺栓孔
	3804 Monitor Glenn/Col Bridge Glenn 监视器/坳桥
	3805 Weld Qualification/Material Weld 焊接资格及材料费
Materials–Mechanical 材料费—机械工程	4102 Alloy Pipe & Fittings (HP/HRH) （HP/HRH）合金管及配件
	4105 Under Ground Piping & Fittings 地下管线及配件
	4110 Balance of Plant Pipings & Fit 电厂配套管道及配件
	4111 Alloy Pipe Fabrication 合金管生产费
	4112 BOP Pipe Fabrication & Furnish 电站配套管道生产及安装费
	4113 Instrument Tubing & Fittings 仪器管及配件费
	4114 Fabricated Small Bore Pipe 小口径管道生产费
	4116 Fire Hydrants 消防栓
	4121 Control Valves 控制阀
	4124 HP Small Bore Valves HP 小口径控制阀
	4126 Gates/Globes & Checks 三通
	4129 Safety & Relief Valves 安全泄压阀
	4130 Ball Valves 球阀
	4133 Butterfly Valves 蝶形阀
	4135 ACC Spray Curtain Nozzles 喷雾帘喷嘴
	4140 Standard Hanger Materials 标准吊架材料
	4143 Anchor Bolts BOP Piping EWO143 Anchor Bolts 电站配套管（EWO143）
	4152 Nuts/Bolts/Gaskets 密闭性测试
	4156 Leak Detection 管泵撬
	4157 Canal Pump Skid 铅制材料
	4160 Plumbing Materials 管道材料
	4601 Welding Materials 焊接材料
	4602 Welding Materials-Stack 焊接材料（堆）
	4610 Welding Gas 焊接气体费
Materials-Civil/Structural 材料费—土木/结构工程	4301 Underground Cable 地下电缆费
	4307 Temporary Power Materials 照明灯具费

续表

一级清单项	二级清单项
Materials-Civil/Structural 材料费—土木/结构工程	4310 Under Ground Conduit & Fitting 接地材料费
	4311 Above Ground Conduit & Fitting 额外沉降材料费
	4330 Misc. Power Panels & Switches 其他电源板及开关
	4333 Misc. Dry Type Transformers 其他干式变压器
	4340 Lighting Fixtures 照明器材
	4350 Cable Materials 电缆材料
	4351 Cable Termination Material 电缆终端材料
	4352 Grounding Materials 接地材料
	4353 Grounding Material Transformer and Fence 接地材料变压器及围栏
	4354 Heat Trace Materials 热跟踪材料
	4360 Devices/Plates 设备/板材
	4380 Precast Trench 预制槽
	4381 Cable Tray & Fittings 电缆槽及设备
	4385 Elect Pull Boxes/Precast Vaults 电动拉箱/预制金库
	4412 Additional Laydown Material 额外沉积材料
	4413 Erosion Control Materials Erosion 侵蚀控制材料
	4414 Asphalt & Stone Materials 沥青及石材
	4420 Concrete Materials 混凝土材料
	4421 Rebar Materials 钢筋材料
	4422 Grounding Materials 接地材料
	4423 Concrete Embedments 混凝土嵌入件
	4424 Concrete Pumping 混凝土泵送
	4425 Duct Bank Rebar-WP revision 管道组钢筋－WP 修订
	4440 Utility Rack Structural Steel 工具架钢结构
	4441 Misc. Turbine Platforms 其他涡轮机平台
Materials-Other 材料费—其他	4502 Instrumentation Gauges 仪器仪表费
	4504 Instrumentation Switches 仪表开关费
	4505 Filtered Water Silica Analyzer 过滤水硅分析仪
	4515 Instrumentation Transmitters 仪表信号传送器
	4516 Instrumentation Flow Meters 仪表流量计
	4522 Instrumentation Monitors/Decto 仪表显示器/信号提取器
	4530 Instrumentation Enclosure/Soft 仪表外壳/软壳
	4650 Insulation Materials 隔热材料
	4801 Purchase Missing Nuts at ACC ACC 设备购买费

一级清单项	二级清单项
Materials-Other 材料费—其他	4803 Waste Water Replacement Valves 废水更换阀门费
	4805 GE BC – Cal Northern Demurrage GE 公司加拿大不列颠哥伦比亚至加州北部滞期费
	4806 Crossbar Ind. Bearing Heater 横梁轴承加热器
	4807 SPX Missing Nuts/Bolts – EWO 38 SPX 掉落螺栓/螺母费 EWO38
	4808 Sole Plates for HRSG 余热锅炉独立板
	4809 GE Bolts/Nuts/Washers EWO 077 GE 螺栓/螺母/垫圈费 EWO 077
	4810 GE Terminal Fasteners FCR #90 GE 终端紧固件 FCR #90
	4811 Ahearn Oval Pipe Issues 椭圆形管道
	4812 Hand Hole Covers WP EWO #79 手孔井盖 WP EWO #79
	4813 LEEDS Admin Bldg Piping Mat'l LEEDS 主桥梁管道材料费
	4814 Toe Plate Material-EWO 129 趾板材料 – EWO 129
	4815 GE Materials EWOs 104 & 109 GE 材料费 EWO 104&109
	4816 BOP Rework to WP-EWO 154 防喷器返工费 EWO 154
	4817 Replace Bolts EWO167 CalvertBC 更换螺栓 EWO167 Calvert BC
	4818 BOP Pipe Supports EWO 131 – PSL 防喷器管 EWO131 – PSL
	4819 WP – Moving Catch Basin EWO 154 WP 移动集水池 EWO154
	4820 U-Bolts & Saddles EWO 177 – PSL U 型螺栓及鞍 EWO177 – PSL
	4821 Aquatech Back Charge Materials Aquatech 回收材料
	4883 Filtered WaterPipe Coating – WP WP 过滤给水管涂层
	4901 Freight/Trucking 运输费
	4902 Scrap Sales 残料收入
Equipment 设备费	5010 Heat Recovery Steam Generators 余热锅炉费
	5011 Aux Boiler Package 奥克斯热水器套装费
	5015 Fin Fan Cooler 鳍风扇冷却器
	5018 Aux. Cooler for Fin Fan 奥克斯鳍风扇冷却器
	5022 Ammonia Forwarding Sys w/o tan 氨转发系统
	5032 PRV/Filter/Dew Point Heating 拟就/过滤器/露点加热
	5050 Air Cooled Condenser 空气冷凝器
	5090 Filtered/Demineralize Water & ZLD Pk 过滤/软化水和 ZLD 包装费
	5091 Hoists 起重机
	5092 CEMS 烟气排放连续监测系统
	5121 Dump Valves & Tubes 转储阀门及管线
	5130 Engineered Hangers 特制架子
	5150 Safety Showers (9) 安全淋浴器

续表

一级清单项	二级清单项
Equipment 设备费	5162 Boiler Feed Water Pumps HP/IP 热水器上下水管道
	5163 Condensate Pumps 凝结水泵
	5168 Misc. Water & Sump Pumps 其他供水泵及油池泵
	5171 Fire Pump House 消防泵房
	5182 Steam & Water Sampling System 蒸汽及水样系统
	5184 Chemical Feed System 化学药物供料系统
	5185 Air Compressors 空气压缩机
	5201 Main Step-up Transformers 主升压变压器
	5202 Auxiliary Transformers 辅助变压器
	5207 Generator Breakers 发电机断路器
	5208 5kV non-seg Bus 5kV 封闭式非隔相母线槽
	5211 Relay & Metering 继电器及计量设备
	5213 High Voltage Brks (4) & Disconnect 高压变压器（4）及断开器
	5216 4.16kV & 480V Switchgear & Transformers 4.16kV－480V 变压器及开关
	5217 SUS Transformers SUS 变压器
	5218 Pot Trans/Surge Arrestor Cabinet 锅反式/避雷器内阁
	5219 4.16kV & 480V MCC's w/ PDC's 4.16kV－480V 电动机控制中心/主域控制器
	5220 Switchyard Equip & Struc Steel 变电设备及板钢
	5224 Automic Generation Control 全自动生成控制
	5230 DC Power & UPS System w/ Batte 直流电源/不间断电源系统或电池费
	5235 DCS 数据传输系统
	5240 Diesel Generator 柴油发电机
	5375 Oily Water Separator 油水分离器
	5380 Chem Safety Storage Building 化学品安全存放设施
	5395 Shop Fab/Metal Tanks 工厂店/金属存储
	5396 Shop Fab/Fiberglass Tanks 工厂店/玻璃纤维存储
	5801 Potable Water Equip－Trailers 饮用水装备一运输
	5802 Temporary Canal Pumping Skid 临时运河橇装泵
General Costs 管理费	6130 Utility Charges 公用事业设施费
	6210 Gasoline Charges 汽油费用
	6211 Equipment Repairs/Maintenance 设备维修费
	6310 Site Communications 场站通讯费
	6320 Telephone & Internet Expense 电话及网络费用
	6325 Western Weather Forecasting 西方天气预报费

一级清单项	二级清单项
General Costs 管理费	6340 Computer Equipment 电脑设备费
	6350 Photographs 拍摄费
	6360 Drawing Reproduction 复印图纸费
	6400 Office Expenses 办公室费用
	6410 Office Supplies 办公用品费
	6411 US Postage 美国邮费
	6412 Overnight Mail 次日达邮件费
	6413 Office Furniture 办公室家具费
	6414 Copier & Fax 复印及传真费用
	6420 Office Trailer Rentals 办公室拖车租赁费
	6456 Freight-Tools/Equip/Connexes 工具/设备/制造设备运输费
	6457 Local Office/Storage Facilities 办公室及存储设备费
	6460 Craft Facilities 工艺设施费
	6461 Dust Control; Site Mat Handling 防尘降尘费/场站垫处理费
	6462 Ice & Water 冰与水费
	6463 Disposal / Dumpster 处理/垃圾站费
	6464 Universal Waste Disposal 普通废料处理费
	6466 Temp Sanitary Facilities 临时卫浴设施费
	6469 Temp Heating / Fuel 临时加热/燃料费
	6472 Temp Hooks Ups 临时挂钩费
	6475 Medical Safety Program 医疗安全体系费
	6478 Drug Testing 药物测试费
	6481 Safety Incentive Materials 安全激励材料费
	6484 Mobilization / Demobilization 动员/复员费
	6500 Expenses General 日用开支
	6501 Meals 餐饮费
	6550 Mileage 英里数（路程费）
	6560 Team Building 团队建设费
	6590 Site Trailer Cleaning 场站拖车清理费
	6601 Building Permits & Fees 建筑许可费用
	6650 Performance Bond 履约保证书费
	6652 Other Bonds 其他债券费
	6810 Community Donations 社区捐献
	6900 Legal 律师费

一级清单项	二级清单项
Start-Up-Labor 试运营人工费	7100 Start-up Labor Craft 启动劳力工艺费
	7120 Training 培训费
	7130 Start-Up Technicians 启动技术工人费
Start-Up-Subcontr-actors 试运营分包商费	7232 Cleaning 4" Pipe 清理 4"管道费
	7240 Electrical Testing 电力测验费
	7250 Commissioning Techs 试运行技术费
	7254 CTG Fire Protection Commission CTG 防火系统费
	7255 T&M Start-up & Commission T&M 启动与许可费
	7260 Emissions Testing 排放测试费
	7270 Noise Testing on site Eq Only 现场噪声测试（仅设备）
	7280 AquaTech Training AquaTech 培训费
	7290 Lube Oil Flush 润滑油泵费
Start-Up-Other 试运营其他费用	7304 First Fills 初次填充费
	7306 Start-up Office Supplies 办公室供应启动费
	7307 Start-up Consumables 启动耗材费
	7308 Spare/Replacement Parts 配件更换费
	7319 Temp Piping 临时管道费
	7320 HRSG Hydro testing 余热锅炉水力测试费
Tools 工具费	8200 Large Tool Purchases/Assets 大型工具购买/安装
	8300 Consumables 消耗品费用
Rentals 租金费	9200 Outside Rentals 外部租金
	9250 Scaffolding Rentals 脚手架租金
	9500 Crane Rentals 吊车租金
	9801 Crane Trunnion 起重机耳轴
	9802 Manlift Trunnion 人力提升耳轴费
Allowance 许可费	A249 Labor – Road Allow 人工—道路许可费
	A346 Sub – Country Road Maintenance 次级国家公路维护费
	A347 Sub-Geotec Expl GC Canal 次级土木工程（挖掘 GC 运河）
	A348 Sub – Geotech – Road Allow 次级道路工程许可
	A349 Subcontracts – Road Allow 分包商道路许可
	A350 GC Canal Bridge Foundation GC 运河架桥许可
	A449 Materials – Road Allow 道路许可（材料）费
	A450 Dust Control offsite 扬尘处理许可
	A920 Rentals – Road Allow 租赁道路许可
	A950 Crane Rentals – Road Allow 吊车租赁道路许可

续表

一级清单项	二级清单项
Taxes 税费	T100 Taxes-Consumables & Rentals 耗材与租金产生的税费
	T400 Taxes Non-Consumables 非耗材产生的税费
	T500 Taxes-Subcontractor Reimburse 分包商偿还产生的税费
	T800 Taxes on Billings 账单上的税费
Unallocated Expense 准备金	U001 Unallocated Expense 准备金
	U002 Unallocated Exp-Labor Pool 人员损失准备金

从表 4-7 可以看出，电力工程量清单中的费用与第三章介绍的费用构成基本一致，是按照发电厂项目的具体工程进行了分解，逐级汇总到各个费用项下再形成总报价。

美国没有全国统一的工料测量方法和计价依据、标准等。工程计价主要由承包商结合自身所掌握的工时、设备价格、人工单价、材料费用等信息来完成。承包商的各种价格信息大多是自身的经验数据，一般不向社会公开。许多承包商都有自己的造价估算系统，同时配合较完善的合同管理体系和承包商信誉体系，多方面保证造价工作的顺利开展。对于工程计价的步骤和方法，美国联邦政府和州政府、行业机构和协会也会出台相关的指导手册和指南，供工程项目管理方借鉴。例如，美国政府问责办公室 GAO 出版的《造价估算和评估指南》等。本章参考此指南介绍美国电力工程计价步骤和计价方法，同时介绍一些电力工程项目计价用到的计价依据，包括建筑标准，编码体系等，供读者了解美国电力工程计价的方法和依据。

第一节　电力工程计价步骤和方法

一、计价的步骤

美国问责办公室（GAO）公布了工程计价的 12 个步骤，是政府投资项目通常参照使用的，具体见图 5-1。这些步骤与能源部发布的估价指南中涉及的步骤基本一致，但更加细致，本书以此为准，介绍电力工程计价的详细步骤。

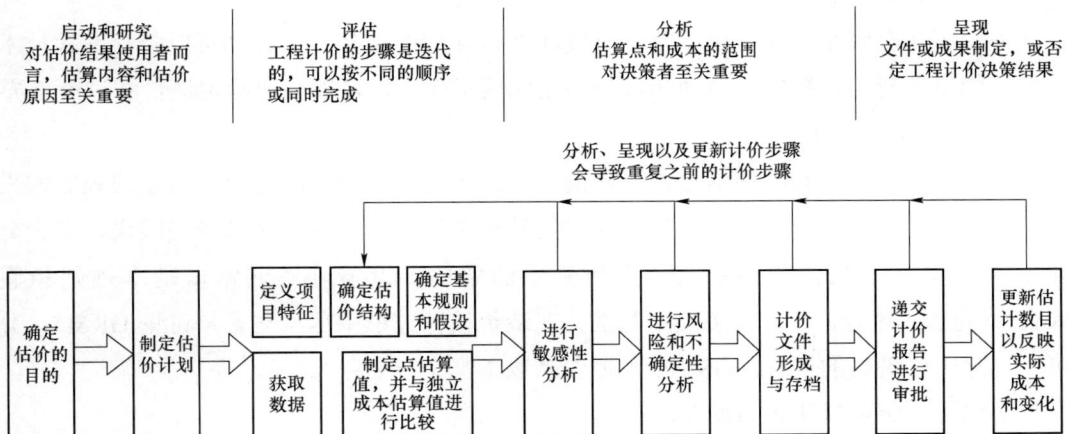

图 5-1　美国的工程计价流程

1．确定估价目的

造价估算的目的由其预期用途决定，其用途决定其范围和细节。造价估算一般有两个目的：帮助管理人员评估计划的可行性和绩效，以及选择替代系统和解决方案；通过提供估算来支持预算过程。

2．编制估价计划

编制估算计划首先要确定造价估算的范围，为了确定估算的范围，造价估算人员必须明确客户需求，同时确定估算是法律要求、政策要求还是其他要求。

在适当的情况下，项目经理和造价估算小组共同努力确定造价估算的范围，范围将取决于所涉及的时间段，需要估计的工作要素及精度等。

造价估算人员制定估价计划，其范围及数据可用性与估计的最终用途相符。对于使用参数和因素估算的造价计划，估算范围可能处于 WBS 的较高水平。随着该项目进入到施工阶段，估算的范围会深入到 WBS 的底层。在估算过程中，造价分析人员应及时与管理层进行沟通，就估算方法的选用、估算的结果等进行协商。

3．确定项目特征

制定估算的关键是确定项目特征，即充分了解的采购策略，技术定义，特征，系统设计特征以及包含在其设计中的技术。造价估算器可以使用这些信息识别影响造价估算的技术参数。收集的信息量直接影响估算的整体质量和灵活性。信息越少意味着必须做出更多假设，增加与估算相关的风险。

4．确定估价结构

估价结构是以工作分解结构的形式呈现的，工作分解结构是每个计划的基石，它详细定义了完成计划目标所必需的工作。例如，一个典型的工作分解结构反映了需求以及开发一个计划必须完成的工作，并为确定计划造价估算的资源和任务提供了基础。

WBS 是必不可少的计划管理工具，因为它为各种相关活动提供了一个基本框架，如估算造价，制定计划，确定资源以及确定可能发生的风险。

此外，工作分解结构还提供了制定进度和造价计划的框架，该计划可以轻松跟踪技术成就，就计划所花费的资源以及活动和任务的完成情况而言，可以快速确定造价和进度差异。

5．确定基本规则和假设

造价估算通常基于有限的信息，因此需要受到一些未知条件的约束。这些约束通常采用约束估算范围的假设的形式，从而建立估算的基础条件。由于存在许多未知因素，造价分析人员必须创建一系列声明来定义估算所基于的条件。这些陈述通常以基本规则和假设（GR&A）的形式进行。通过审查技术基准并在造价估算过程中尽早与客户讨论 GR&A，分析师可以消除一些潜在的误解。GR&A 主要包括以下几个方面：

（1）满足关键项目决策点的要求；

（2）回答监督小组的详细和探讨问题；

（3）有助于估计的完整化和专业化；

（4）为可能持怀疑态度的人提供令人信服的图片；

（5）为其他造价估算人员提供有用的估算数据和技术；

（6）在原始估计量不可用时提供重新估计；

（7）为造价估算提供一个基础，以记录潜在风险领域需要解决的问题。

6. 数据收集

数据是每个造价估算的基础。数据的好坏如何影响估计的总体可信度。估算范围也会随着数据质量的不同而发生变化。估计人员通常不是从头开始，而是通过依靠已有的计划数据来为新计划制定估计。因此，收集有效和有用的历史数据是制定合理造价估算的关键步骤。这样做的挑战是获取最适用的历史数据，以确保新的估计尽可能准确。确保数据适用的一种方法是执行合理性检查以查看结果是否相似。

执行质量检查需要时间并需要访问大量数据。这通常是造价估算中最困难，最耗时且最昂贵的活动。但是，通过收集足够的数据，造价估算人员可以分析各种相关计划的造价趋势，从而深入了解可用于开发参数化模型的造价估算关系。

在收集数据之前，估算人员必须充分了解需要估算的内容。这种理解来自估算的目的和范围，技术基线描述，WBS 以及基本规则和假设。一旦确定了估计的边界，下一步就是确定将使用什么估算方法，只有在完成这些任务后，估算人员才能开始制定初始数据收集计划。

7. 制定点估计值，并与独立造价估算值进行比较

步骤 7 将所有信息汇总在一起，以得出估计值。高质量的造价估算通常在可能的造价范围内，这个估算值处于最佳和最差情况之间。

8. 敏感性分析

敏感性分析应纳入所有造价估算中，因为它考察了变化假设和基本规则的影响。由于不确定性无法避免，因此有必要确定代表最大风险的造价要素，并且如果可能的话，造价估算人员应对风险进行量化。这可以通过敏感性分析和不确定性分析来完成。

敏感性分析有助于决策者选择替代方案。为了敏感性分析在做出明智决策时有用，仔细评估潜在风险和支持数据是必要的。通过应用主观正负百分比来简单地改变造价动因是没有用的，并不构成有效的敏感性分析。当主观百分比没有有效基础或不基于历史数据时就是这种情况。为了使敏感性分析揭示造价估算如何受到单一假设变化的影响，造价估算人员必须一次性检查改变一个假设或造价动因的影响，同时保持所有其他变量不变。通过这样做，更容易理解哪个变量对造价估算影响最大。在某些情况下，可以进行敏感性分析以检查与特定情景相关的多个假设变化的影响。

无论分析是在单一情景中仅执行一个造价动因还是多个执行，灵敏度分析与风险或不确定性分析之间的差异在于敏感性分析试图分离一次更改一个变量的影响，而风险或不确定性分析检查了多个变量一次性改变的影响。

通常在高造价要素上执行，敏感性分析检查造价估算值如何受造价动因值变化的影响。例如，它可以评估维护人员的数量如何随着系统可靠性值的不同假设而变化，或者系统制造人工和材料造价如何随着额外的系统重量增长而变化。

敏感性分析涉及重新计算所选输入值或参数的不同量化值的造价估算值，以便将结果与原始估算值进行比较。如果造价要素的参数或假设的价值发生微小变化会导致总体造价估算发生较大变化，则结果被认为对该参数或假设很敏感。因此，敏感性分析可以为系统设计人员提供有用的信息，因为它突出了对造价敏感的元素。通过这种方式，敏感性分析可用于确定更多设计研究可能导致生产造价更低的领域，或者在不大幅增加造价的情况下实现更高的性能。这种类型的分析通常称为假设分析，通常用于优化造价估算参数。

9. 进行风险和不确定性分析

除了敏感性分析之外，还应进行不确定性分析以捕捉其他风险的累积影响。

由于造价估算可预测未来的计划造价，因此不确定性总是与它们相关。此外，造价估算通常由许多较低级别的 WBS 元素组成，每个元素都有自己的错误来源。一旦将这些要素加在一起，所产生的造价估算就会包含很多不确定性。

10. 估算文件的形成和存档

存档工作全面回顾了整体计价步骤，以供项目之外的人来了解，同时，它也可以作为未来项目估算的参考。

由于多种原因，有据可查的造价估算被认为是高质量造价估算：

（1）详尽的文件对造价估算的验证和维护至关重要。也就是说，有记录的估价可以为估价的有效性提供令人信服的论点，并且可以解答决策者和监督团体的质疑。

（2）详细记录的估算，提供了足够的信息，有助于不熟悉项目的人重新创建或更新估算。

（3）好的文件有助于分析计划造价的变化，并有助于收集可用于支持未来造价估算的造价和技术数据。

（4）最后，如果有效的独立审查确保其有效性和可信度，那么有据可查的造价估算是必不可少的。它还支持将差异与独立造价估算进行对比，提高对造价要素及其差异的了解，以便决策者可以更好地了解情况。

应记录估算结果以显示用于开发造价估算的所有参数、假设、说明、方法和计算。最佳做法是同时使用叙述表和造价表来描述估算的基础，重点是用于推导估算的方法和计算。采用这种标准方法，文件清楚地了解了造价估算的构建方式。此外，造价估算文件应该解释为什么选择了特定的方法和数据集以及为什么这些选择是合理的。它还应该揭示每种方法的优缺点。最后，应该有足够的细节，以便文档可以作为备份数据、方法和结果的审计跟踪，从而在程序的各个生命周期阶段中清晰地跟踪程序的造价。

11. 递交估算到管理层进行审批

在管理层批准之前，造价估算是无效的。由于许多造价估算是为了支持预算请求或在相互竞争的替代方案之间作出决定而制定的，管理层必须了解估算的开发方式，包括与基础数据和方法相关的风险。因此，造价估算人员应该为管理层提供足够的详细信息，以便通过显示其准确性、完整性和高质量来维护此估算。简报应向记录在案的 LCCE 提供对该项目技术和基线的解释。

简报应该清晰完整，使不熟悉估计的人也能够轻松理解。简报应侧重于以合乎逻辑的方式向管理层说明最大的造价驱动因素是什么。最佳做法是以一致的格式提供简报，以便管理层了解造价估算的完整性及其质量。此外，熟悉标准简报格式的决策者应更好地专注于简报的内容和造价估算，而不是专注于格式本身。

12. 更新估计数以反映实际造价和变化

应通过将计划和实际绩效与批准的计划基准进行比较，持续监测计划的造价效益。此外，造价估算应根据实际造价进行更新。随着计划的成熟，不断更新造价估算不仅可以带来更高质量的估算，而且还有机会吸取经验教训。未来的估计可以从新的变化中受益。例如，应始终彻底记录因错误假设导致的造价或进度差异，以免重复历史记录。最后，实际造价和技术及历史进度数据应存档在数据库中，以用于支持未来的估算。

大多数计划，特别是那些正在开发的计划，都不会保持不变，制定造价估算不应该是一次性事件，而是一个经常性的过程。但是，在批准变更之前，应检查它们对计划造价的优势和影响。如果认为是有价值的变化，则应对其进行管理和控制，有效的计划和造价控制要求在完成时不断修订造价估算、预算和预计估算。

上述对工程项目计价的 12 个步骤及其每一步的重要性和关键点做了详细介绍，表 5-1 更清楚的列出了与每一步相关的具体工作内容：

表 5-1 高质量造价估算过程的 12 个步骤

步骤	名称	相 关 任 务
1	确定估价目的	（1）确定估价的目的，详略程度和估价范围； （2）确定谁将有权使用计价报告
2	编制估价计划	（1）确定工程计价团队和总体计价计划； （2）确定由谁做独立估价； （3）概述造价估算的方法； （4）编制估算时间表
3	确定项目特征	（1）在一个基础的描述性文件中，确定项目目的、项目系统和性能特征及系统配置； （2）潜在的技术的影响； （3）项目采购计划和采购策略； （4）与其他现有系统的关系，包括之前已有的或类似的旧系统； （5）支持（人力、培训等）、安全需求和风险项目； （6）系统开发、测试和产出的数量； （7）部署和维护计划
4	确定估价结构	（1）定义工作分解结构（WBS）并描述 WBS 中的每个元素（一个主要的自动化信息系统可能只有一个造价要素结构）； （2）为每个 WBS 元素选择最佳的估算方法； （3）识别潜在的影响造价和进度的因素并反复检验； （4）编制造价估算清单

步骤	名称	相 关 任 务
5	确定基本规则和假设	（1）明确定义估算中包括和不包括的内容； （2）确定并制定假设，如估算的基准年，包括时间阶段和生命周期； （3）根据项目的采购策略和阶段划分确定项目进度信息； （4）明确时间或造价的影响因素，通货膨胀和增长的费用； （5）详细说明政府需要安装的设备以及对既有设施的使用或改造； （6）确定主承包商和主要分包商； （7）确定技术更新周期、技术假设和新技术开发； （8）确定遗留系统的共性并假设遗留资产； （9）描述新经营方式的影响
6	数据收集	（1）设计一个数据收集计划，重点收集当前状态下的相关技术，程序、造价和风险数据； （2）调查可能的数据源； （3）收集数据并将其标准化，以便进行造价核算，计算，学习和数量调整； （4）分析驱动造价的数据、发展趋势和异常值，并根据以往经验和历史数据得出的标准因子对结果进行比较； （5）调查数据来源和记录所有相关信息，包括对数据可靠性和准确性的评估； （6）存储数据以供将来估算
7	制定点估计值，并与独立造价估算值进行比较	（1）开发造价模型，估算每个 WBS 元素的造价，根据收集到的数据及所有的估价假设中选择最佳的方法； （2）用实际美元价值来表示造价价格； （3）根据项目进度计划，制定造价的年度使用计划； （4）汇总所有 WBS 要素的造价以制定总体点估计值； （5）通过查找重复计算和漏算等错误来验证估算值； （6）将估算值与独立造价估算值进行比较，并检查存在差异的地点和原因； （7）对造价动因执行交叉检查，以看看结果是否相似； （8）当可获得更多的数据或更新模型时，与先前的估计结果进行比较
8	敏感性分析	（1）在估算的输入值和关键假设发生变化时，检验造价要素的灵敏度； （2）明确变更项目进度或数量来对总估算的影响
9	进行风险和不确定性分析	（1）与技术专家讨论并确定每个 WBS 要素的造价，进度和技术风险水平； （2）分析每个风险的严重程度和概率； （3）确定每个风险要素最小，最可能和最大范围； （4）确定风险分布的类型及其使用原因； （5）确保风险相关； （6）使用可接受的统计分析方法（如蒙特卡罗模拟）来建立围绕点估计的置信区间； （7）确定点估计的可信度； （8）确定应急资金的数额，并将其加到点估算中，以确定风险调整后的造价估算； （9）建议项目或计划办公室制定风险管理计划以跟踪和降低风险
10	估算文件的形成和存档	（1）记录用于编制估算的所有步骤，以便不熟悉程序的造价分析师也可以快速创建并产生相同的结果； （2）记录估算的目的，准备的团队，批准估算的人员以及日期； （3）描述用于创建项目于估算的进度计划和技术基准； （4）介绍该项目的分阶段生命周期造价； （5）讨论所有基本规则和假设； （6）对包括可审计和可追溯的数据源在内的所有数据源的每个造价要素和文档进行规范化； （7）详细描述用于推导每个 WBS 要素造价的估算方法和基本原理； （8）描述风险不确定性分析和敏感性分析的结果以及是否确定了任何应急资金； （9）记录估算与资金情况的比较； （10）持续跟踪此估算值与过去估算值的对比情况

步骤	名称	相 关 任 务
11	递交估算到管理层进行审批	（1）编制文档性的全生命周期造价估算； （2）包括对技术和方案基准和不确定性信息的解释； （3）将估算与独立造价估算（ICE）进行比较，并解释两者之间的差异； （4）将估算［生命周期造价估算（LCCE）］或独立造价估算与预算进行更多细节上的比较，以便通过展示其准确性、完整性和高质量来捍卫预算的地位； （5）以合理的方式关注最重要的造价要素和造价动因； （6）使内容清晰完整，以便不熟悉内容的人也能够理解估算结果的基础； （7）备份幻灯片以便于未来探索更多的问题； （8）采取行动并记录管理层的反馈意见； （9）请求接受估算
12	更新估计数以反映实际造价和变化	（1）更新估计数以反映技术或进度计划的变化，或者随着进度节点通过新阶段或里程碑，保持最新状态； （2）将挣值管理（Earned Value Management，EVM），完成时估算（Estimate at Completion，EAC）的估算值和完成后的独立估算值（Estimate after Completion，EAC）替换为集成的EVM系统； （3）报告会议费用和进度估算的进展情况； （4）对实际造价或实际进度与估算造价和进度不同的要素进行剖析并总结经验； （5）记录对程序的所有更改以及它们如何影响造价估算

二、计价的方法

估价方法分为随机性方法（在推测的造价关系和统计分析的基础上）和确定性方法（在最后的、确定的造价关系的基础上）。在有些情况下，也可能是两种方法的结合。在工程估价条目中，随机的方法时常被叫作参数估价，确定的方法时常被叫作详细单位造价。从表2-2和表2-3中可以看出，随着项目定义的不断明确，估价方法趋向于从随机性向确定性方法过渡。

一般来讲，业主与承包商的估价过程有很大不同。业主的计价一般在研究和决策阶段进行，当业主进行一个新工艺的可行性研究时，需要考虑工艺技术及应用风险、投资策略、场地选择、市场影响、实施、后勤及合同管理策略等一系列的问题，都会对造价造成影响，因而造价具有较大的不确定性，一般采用参数法估算。相对业主来讲，承包商在项目的中期和后期开始介入，此时业主的意图已经清晰，已经对多个方案进行了研究，并对其进行了较为充分的比较、选择，项目的范围一般已很清晰。承包商需根据业主给定的条件来设计、建设项目，采用的计价方法一般为详细单位造价。

1. 详细估算（Detailed Estimating Method）

详细估算包括确定的工程数量和完成项目所需的一切资源，包括材料、人工、施工机械、保险、资金成本、其他开销以及利润。完成此类估计，承包商必须要有完整的合同文件。这种方法首先需要按照 WBS 结构，将项目分解成多个层级，形成工作包，落实工作任务，从而对每个估算单位分别估价。此外，对塔吊、脚手架等措施项目应明确提供支持的主体。这种基于活动的详细造价估算意味着活动、任务的工作包是定义好的、可量化的，并处于监控中，以准确反映实际情况。详细的估算建立在估计所需材料、劳动时间、机械设备时间等基础上，以所需的开销和每个项目的造价和利润的比例基础上，并且要同时权衡造价和进度。

以流程工业项目为例，编制详细估算所需的工程和设计数据至少包括工艺流程图、管道仪表图、设备数据表、电机清单、电气单线图、管道等距图（用于合金和大直径管道）、设备和管道布局图、绘图和工程规范等。定价数据应包括供应商报价、最近采购订单的当前价格信息、当前劳动费率、分包合同报价、项目进度信息和施工计划（以确定劳动生产率和其他调整）。

在详细估算中，会详细列出所有费用，包括场外直接费用、场外间接费用、现场管理费用、场内界区费用（Inside Battery Limits，ISBL）、场外设施费用（Outside Battery Limit Facilities，OSBL）的所有其他杂项费用。详细估算的一种变形是半详细估计，其中考虑了 ISBL 工艺设施的费用，并详细说明了 OSBL 设施的费用。另一种变化的方法是半详细估算方法，用在设计信息不完整的情况下。通常，详细估算中，详细的完工数量是结合初步设计图纸和设计信息计算完成。

编制详细估算的工作包括：

（1）准备项目估算的依据和进度计划。

（2）现场直接费用（DFC）估算。

（3）现场间接费用（IFC）估算。

（4）现场办公费用（HOC）估算。

（5）销售税/税款估算。

（6）估算通胀费。

（7）编制项目费用估算（主承包商的费用估算）。

（8）进行风险分析，估算应急费用。

（9）审核检查估算书。

编制现场直接费用是详细估算最费力的工作。首先，要审查和进一步明确项目的范围，将所有的工程交付物进行组合。大型工程中，提交工程图纸和技术信息用于进度计划的估计。其次，按照费用估算的准则编制估算，涉及所有物料和人工的数量估算，估算过程中应注意确保所有数量都被核算，并且不能重算。结合材料数量和可以获取的最合适的价格信息计算材料费用。将工人的工时分配到任务中，按劳动生产率调整，用适用的工资率计算人工费，计算中包括各种津贴。业主提供的材料或其他业主成本也要核算。

现场间接费用的估算中，人工工时是计算间接费用的基础，首先确定所需要的人员总数。其次，结合现场间接费的构成，分别测算间接工资率和员工的劳动生产率，计算过程中考虑各项津贴。项目经理要参与到现场间接费用的估算审查中。现场办公费用的编制，需要提供各种项目行政管理和工程管理所需要的工时，用工时数结合工资率再确定办公开销和其他相关费用。

其他杂项活动和费用的估算中，销售税需要根据当地销售税率来估计。如果要进口材料，则需要计算关税。应根据项目时间表估计通货膨胀费用。最后，应进行成本风险分析研究，并将适当的应急措施纳入估计数。

2. 参数估算（Parametric Estimating Techniques）

在项目早期估价时，缺少技术数据或可交付的工程的更详细的基础数据，参数模型是一种很有用的估算工具。参数估算包括造价估算关系和功能及其他造价估算变量，如设计参数、物理特性和造价、依赖变量等。生产能力估价和设备因素是参数估计的简单例子，但是复杂的参数模型通常涉及多个独立变量或造价驱动因素。参数估价依赖于对以前项目造价数据的收集和分析，以便进行造价估算。表 5-2 是参数估算法示例。

表 5-2 参 数 估 算 法 示 例

项 目 属 性	结 论
网站激活 SA（Site Activity）的 CERs（Cost Estimating Relationships）是工作站数量 NW（Number of Workstations）的函数	SA = 82 800 美元 +（26 500 美元 × NW）
CER 的数据范围	基于 11 个数据点的 7~47 工作站
有 40 个工作站的网站激活	82 800 美元 +（26 500 美元 × 40）= 1 142 800 美元

参数估算法具有以下优点：如果数据是可用的，无论是主系统还是子系统，都可以在任何水平派生出参数关系，而且随着设计的更改，可以通过造价关系（CERs）快速地修改和假设基于设计方案的条件，简单地输入参数和记录结果，通过灵敏度分析可以得到造价的变化。数据来源于统计分析，一般都是客观有效的。CERs 来源于历史数据，结果客观，增加了估价的可靠性。

参数估算法具有以下缺点：要求底层数据库必须是一致可靠的，数据的规范化或确定性要求高，特别是确定团队外的 CERs 是耗时的；CERs 必须被及时更新以便用来捕捉最新的造价、技术和项目数据。CERs 范围外使用数据可能会导致估价错误，因为在应用范围外 CERs 将失去预测能力；CERs 如果具有复杂的关系，也会使使用者很难理解独立变量之间的关系。

（1）造价估算关系（Cost Estimating Relationships，CERs）。造价估算关系也被称为造价估算模型，是根据历史上相似的系统或者子系统的数据开发的方法。造价估算关系是通过与独立变量建立关系来估算特定的造价或价格的，这种关系在数学上可能是简单的（比如一个比例），也可能是一个复杂的方程。造价估算关系通常被用于概念估算和造价检查中。要明确对造价估算关系的使用限制，需要完全理解这种关系是如何发展的，以及在什么时候、怎么使用间接造价、管理费用和考虑紧急事件。参数估算法最适合用在第三、四、五类的造价估算中。

（2）最终产品单元法（End Products Unit Method）。根据具体工作的能力，当有足够的已完相似工程的历史数据时，就可以使用这种方法。该方法没有考虑到规模经济、地理位置和工程时间等因素。仅是单纯用历史造价乘以建设数量而估算。例如，估算建造停车场造价，在之前的工程中，100 个停车位总造价是 15 万美元，即每个车位平均造价是 1500 美元。新建停车场共有 225 个停车位，则其建造造价为 1500 美元/车位×225 车位，总价为 337 500 美元。

（3）实际尺寸法（Physical Dimension Method）。实际尺寸法用于已掌握的相似工程的工作区域或者工作量的历史数据很充足的情况下。该方法是只考虑使用已有工程的实际尺寸与新工程的实际尺寸的关系，没有考虑到规模经济、地理位置或者建设时间等因素。例如，上例中一个 3000 平方英尺的停车场总造价为 15 万美元，新停车场的面积是 7000 平方英尺，因此新停车场的造价为：15 万美元/3000 平方英尺×7000 平方英尺=35 万美元。

（4）规模因子法（Capacity Factor Method）。当已完工程的容量与新工程相似，而且历史数据丰富时，可以使用这种方法。该方法使用的是已完工程与新工程之间的规模关系。描述的是规模经济，而没有考虑到地理位置和建设时间。例如，已知发电厂的发电能力是 250MWh，建设造价是 15 000 万美元。新发电厂的发电能力是 300MWh，从历史数据上看，合适的容量因素是 0.75，新电厂造价 = 15 000 ×（300/250）^0.75 = 17 200 万美元（e—从历史数据中得到的容量因子）。

（5）比例或因子法（Ratio or Factor Method）。当获得相似工程和部件的历史数据时，可以使用比例或因子法。使用现有组件的造价的比例关系来预测新工程的造价。这种方法也被称为"设备因素"估算。该方法不考虑规模经济、地理位置或者工程时间。例如，如果用 100 万美元建设一个工厂，该工厂的主要设备是 30 万美元，那么 3.33 就是一个代表设备造价的因子。如果一个新工厂拥有价值 60 万美元的主要设备，则预测新工厂的造价为：60 万美元×3.33≈200 万美元。

（6）投入水平法（Level of Effort Method）。投入水平法是在投入水平（LOE）的基础上建立的。LOE 法是通过过去类同工作的造价数据确定未来工作的造价，例如，在以往工作上实际花费的造价被作为以后同样工程造价的预测数据。LOE 技术的变化是繁多的，在决定采用专项技术之前应该考虑全面。例如，用 LOE 法计算设备安装造价的问题是，为什么不考虑安装环境周围的情况（污染和安全因素、相关的劳动力协调等问题）。LOE 法主要问题在于间接造价、利润或是其他因素的考虑不周。

这个方法常常基于小时数、全职劳力的工时。因为这个方法常被认为缺乏客观基础，因而常被审查。方法应用的关键是，应该基于已知范围（虽然数量可能是估计的）以及有一定基础，即便只是专家或项目团队的一个简单观点。在决定使用一种特定的技术之前，LOE 技术的变化是多样的并且应该仔细加以考虑。例如，使用"LOE 法"安装一个设备可能会引起疑问：为什么它不考虑安装的环境（污染和安全问题以及相关的生产力调整）。LOE 估价时同样的问题是，间接造价、直接造价、利润/费用和其他的假设。

（7）类比法（Specific Analogy Method）。类比法是利用已知的相似项目的造价和项目的进度表来对新的类似项目进行估价。根据功能、设计和运营特点等的相对复杂程度对已知项目的造价做出相应的调整。根据新项目与类似已完项目之间的差异进行价格调整以获得新项目的造价估算。这种调整应该是客观的，要通过不同的尺寸、性能、技术或者复杂性等要素（有时缩放参数）来进行。估计时应该确定新项目与旧项目重要的造价动因，而且确定每一个造价动因是如何影响总造价的。所有的估计都是通过类比的方法来进行的，所有的调整都是可靠的、符合逻辑的，以及被专家所认可的。由于类比是一对一的比较，所以选择类比的以往项目与新项目应该具有很大的相关性。类比估算大量依赖专家的意见进行修改现有的数据以尽可能地接近新项目。如果可能的话，应该进行定性而不是定量的调整，以尽量避免主观的判断。类比法通常是其他方法的再确认。甚至当造价估算师使用一个更详细的造价估算方法进行估算时，类比法也可以提供一个有用的完整性检查。类比法在项目初期是非常适用的。表 5－3 是类比法的一个示例。

表 5－3 类比估算法计算示例

参数	已有项目	新项目	新项目的造价
引擎	F－100	F－200	
推力	12 000lbs	16 000lbs	
费用	5.2 亿美元	X	16 000/12 000×5.2 亿美元＝6.9 亿美元

上面的计算过程假设了一个函数关系，即造价与推力之间的关系是线性的。实际上应该有一个科学或者工程原因来说明为什么造价与发动机推力成正比。没有更多的实际的数据，很难知道哪些参数是真正的影响造价的参数。因此，使用类比法时，需要通过研究和专家论证来说明哪些因素是应该考虑的影响造价的动因，并且相关关系的假设应该是合理的。

3. 其他估价方法

（1）专家意见法（Expert Opinion Method）。专家意见法通常适用于对相关的 WBS 中存在大量分歧，而又有专家能为其提供可靠的信息支持时。通过专家讨论就方案、项目、子项目、任务或活动的造价达成共识。专家意见法最适用于项目初期，第三、四、五类造价的估算。该方法在应用中，需要对 6 名以上的专家提出造价估算的问题，由专家提供意见，然后，专家在看到其他专家的意见后再修订自己之前的判断，直到专家们的意见达成一致。如果多次讨论仍未达成一致，原有的问题会被分解成更小的问题再进行讨论，直到得出结论。

（2）趋势分析法（Trend Analysis Method）。趋势分析法是对目前正在进行的工作的估计技术，也用于量化解释项目进展情况。当项目的重要组成部分包括大规模的工程作业时（例如大规模挖掘，大规模混凝土浇筑，结构钢制造/安装等）更为有用。利用通过比较原始计划造价得到的效率指标来建立趋势（或时间表），针对迄今为止所进行的工作的实际造价（或时间表）。例如，用截至目前项目的实际造价除以完成工程的数量，得到工程的单位造价，再使用之前信息的发展趋势，来预测和调整剩余工作的造价，该方法也有助于项目经理对项目的资源配置（人员、设备等）做出决策并进行近期规划调整。

趋势分析法几乎可以用在项目发展的所有阶段，甚至用于利用新技术进行造价估算的调整。然而，在较长的项目实施过程中，生产力指数可能会发生变化，达不到项目最初开始时的最佳的生产率，因此趋势分析法应该考虑当前阶段和剩余阶段对项目进行仔细分析，然后推断出当前的生产率和造价值。

（3）学习曲线法（Learning Curve Method）。学习曲线法是一种在大规模生产条件下预测造价或用时的方法。研究发现，从事重复性工作的人随着时间的增加会提高工作绩效，单位产品的劳动造价和时间都会降低，而且这种下降具有连续性和可预测性。当个人和组织重复生产某一产品时，生产单位产品所需时间或劳动数量就会减少。典型的学习曲线见图 5-2，当累计产量偏低时，平均单位劳动造价是偏高的，随着累计产量的提高，平均单位造价就会降低。学习曲线可被称为经验曲线或生产时间预测曲线。

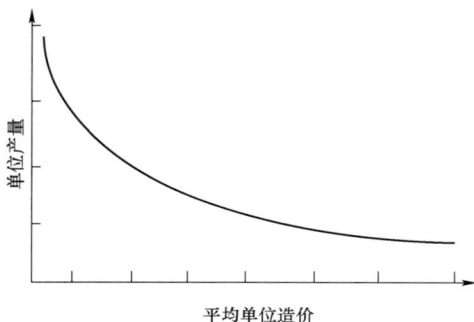

图 5-2 学习曲线图

这个方法应用于新工作的开展或劳动造价占比较大工程的造价估算，但是，仅限于计算直接性的劳动投入，对材料费和管理性费用的估算并不适用。例如，一个 90%的学习曲线函数，当总共生产 200 个单位时，第二个 100 单位的人工造价仅为前 100 单位人工造价的 90%。不同项目的学习曲线的比率并不是相同的，当前面完成工程的劳动时间开始减少时，就可以计算出减少的比率从而扩展到后续工程单元的劳动量预测。

（4）估算其他费用的方法。不同的方法可以用来估算其他项目/程序的支撑造价，包括设计、工程、检查等。一些常用的方法如下：

1）计算图纸和规范方法（Count Drawings and Specifications Method）。估算者可以计算代表一个特定项目的图纸和规格的数量。一个项目越复杂，需要的图纸和规范越多，意味着相关的设计造价就越高。

2）全职等效法（Full-Time Equivalent Method，FTE）。以预期完成某一特定工作的工人数为基础，用全职等效工时数量乘以人工周工时造价和项目工期得到最终造价。一个 FTE 相当于一个员工的周全职工作时间。例如有三名员工，他们每周工作 50h、40h、10h，共计 100h。假设一个全职员工每周标准工作时间是 40h，全职等效计算就是 100h 除以 40h，即 2.5 个FTE。

3）百分法（Percentage Method）。造价人员计算出直接费用的一定百分比，并将此金额分配给项目的其他部分（如设计、项目管理等）。

第二节　电力工程计价依据

美国没有由政府部门统一发布的工程量计量规则和工程定额，但这并不意味美国的工程估价无章可循。许多的专业协会、大型工程咨询顾问公司、政府有关部门出版或发布各种造价信息，可供工程估价时选用。

一、建筑标准

美国政府并不直接制定建筑标准，由行业协会、标准组织等非营利机构来制定。比如美国土木工程师协会（The American Society of Civil Engineers，ASCE）、美国建筑师协会（American Institute of Architects，AIA）、美国国家标准学会（American National Standards Institute，ANSI）、美国建筑规范协会（Construction Specification Institute，CSI）、美国公共电力协会（American Public Power Association，APPA）、美国太阳能电力协会（Solar Electric Power Association，SEPA）、美国风能协会（The American Wind Energy Association，AWEA）等，都有工程及电力方面的标准和规范性文件发布。这些组织发布的规范性文件涵盖了工程的分类、材料加工、设计、施工、安全、管理等多个方面，以及电力工程方面的技术规范。

二、指南和手册

1. GAO 的造价估算和评估指南

美国政府问责办公室（GAO）负责协助国会监督联邦政府，包括机构对公共资金的管理。为了进行各种政府投资项目的造价评估，制定并发布了《GAO 造价估算及评估指南》（GAO Cost Estimating And Assessment Guide）。该《指南》以建立基于最佳实践的方法为目标，用于联邦政府制定、管理投资项目的造价估算和评估。

该《指南》发布的目的，是便于政府利用有效的管理实践和过程，包括政府项目绩效的计量，来有效利用公共资金。此外，便于在政府采购计划中制定和维持可靠的费用估算；还作为审计人员评估政府项目的经济、效率和有效性的指导原则；也为立法者、政府官员和公众对政府项目绩效评价提供参考。同时，该《指南》成为成本会计的联邦标准。

该《指南》的内容包括了：可靠的成本估算特点及过程、政府项目成本管理的挑战；成本估算、EVM（挣值管理）和数据可靠性标准；成本分析综述；成本估算的目的、范围和时间表；成本估算小组；技术基线描述定义和目的；工作分解结构；面积计算规则和假设；数据；估算的关键点；估算软件成本；敏感性分析；风险和不确定性分析；验证估算以及成本管理的计划、执行、控制等全过程。

2. DOE 的造价估算指南

美国能源部（DOE）发布的《造价估算指南》（Cost Estimating Guide）为能源部的工程

项目造价管理提供统一的指导和实践指南，手册里描述了在 DOE 的项目中使用的造价估算方法和程序等，适用于能源部项目生命周期管理活动的各个阶段。该指南性文件以全生命期成本（LCC）为对象，指出了项目设计、开发、生产、运行和维护等过程发生或估计的直接、间接、经常性支出和其他可能发生的费用及其他造价之和。

DOE 的项目可选用指南中的方法或其他更适合的方法或技术进行造价管理。指南并不是联邦政府强制要求执行的文件或标准，也不是联邦雇员必须遵从的文件，但其中的做法和程序满足 GAO 及能源部对造价估算的要求，以及当地或特色地区造价估算的要求。

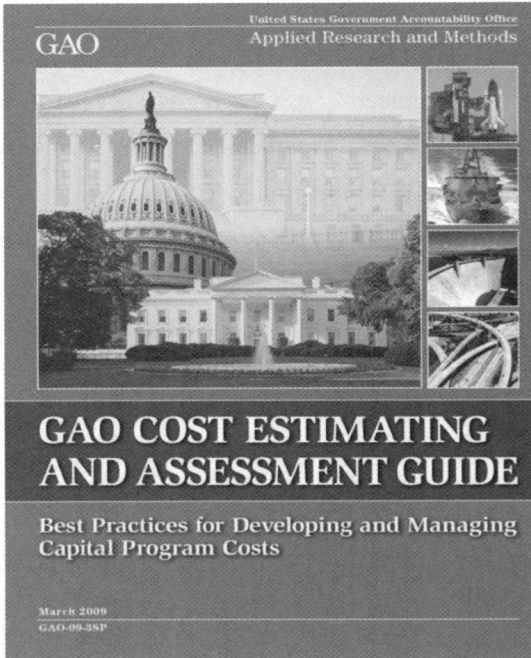

《GAO 造价估算及评估指南》　　　　　　　　《造价估算指南》

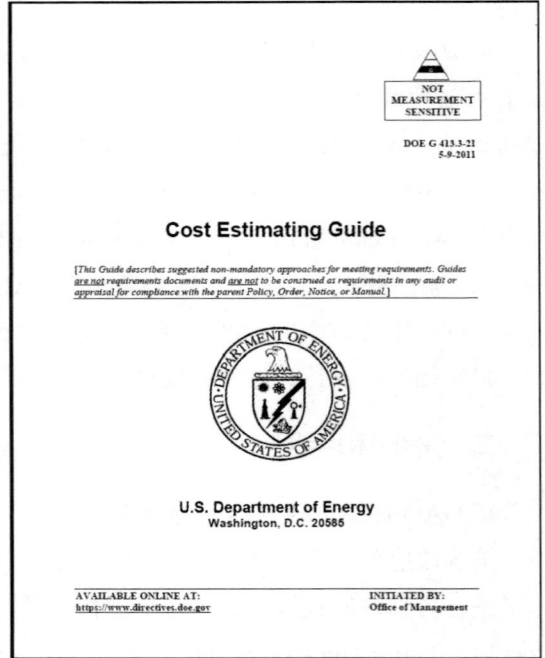

3. 全面造价管理框架（AACE 发布）

《全面造价管理框架》（《Total Cost Management Framework》）是 AACE 发布的最为重要的管理标准，它所提供的全面造价管理理念，在美国工程建设领域得以普遍使用。TCM 所提供的对于项目组合、项目集、项目管理中的造价管理的各个方面的结构性、注释性全面解决方案，首次诠释了造价管理与其他实践活动以及相关专业领域之间的关系。为造价管理的过程提供了一系列管理原则及行之有效的方法和最新技术。

4. 其他技术标准

除了上述指导性文件之外，美国的其他部门或地方也针对不同的建筑类型给出了造价估算的指导性手册。

例如，美国国防部（Department of Defense）出版的《HAND BOOK：CONSTRUCTION

COST ESTIMATING》，制定了统一的指导意见，以描述编制施工造价估算和施工合同修订估算的方法、程序和格式；新泽西州交通部（State of New Jersey Department of Transportation）出版的《Construction Cost Estimating Guide》，详细介绍了造价估算系统的功能，以及如何根据新泽西州交通部政策制定长期估算和详细估算；美国马萨诸塞州联邦的投资管理部（Massachusetts Division of Capital Asset Management，DCAM）出版的《Consultants Estimating Manual》，该顾问评估手册包含基于行业标准的表格和指南，以便在规划设计与建设办公室（Offices of Planning，Design and Construction，OPDC）项目的造价管理中实现 DCAM 设计师和顾问的一致性。一旦建立初始预算，DCAM 将通过采用一系列造价估算技术，不断监控项目预算；美国华盛顿州交通运输部（Washington State Department of Transportation，WSDOT）出版的《Cost Estimating Manual for WSDOT Projects》，为造价估算政策和程序提供了一致的方法，包括估算量化、估算价格、估算审查、估算文件、估计沟通和估算数据的管理。同时，它提供了如何处理在估计过程中经常遇到同一挑战的方法。

三、工程项目编码体系

美国的一些行业协会和较大的工程顾问公司，如美国建筑规范协会❶（Construction Specification Institute，CSI）和 R. S. Means 公司，推出的方法和规则对建筑领域和工程造价行业影响较大，多数从业人员采用他们制定的规则和估算方法。CSI 开发和维护多个格式文档，包括 MasterFormat、UniFormat 和 OmniClass 等，这些文档都涉及规范和造价估算。自 20 世纪 70 年代起，美国建筑业开始使用两种工程项目分解和编码体系：UniFormat 和 MasterFormat，是工程造价管理中确定计价单元的主要类型。两种编码体系的详细内容，将在后面"美国的工程量清单结构"一章进行详细介绍。CSI 同时发布了 SectionFormat/PageFormat 将推荐格式标准中上述的两个推荐格式组合成一个出版物，提供了统一的方法来组织和呈现规范部分。OmniClass 是一个有 15 个层次表的集合，每张表都代表了构造信息的不同方面。每张表都可以独立地用于分类特定类型的信息，或者它的条目可以与其他表中的条目相结合，以分类更复杂的主题。除这三种外，CSI 还发布了针对绿色建筑的"GreenFormat"。"GreenFormat"是一个标准化结构，用于组织与建筑环境中使用的材料、产品、系统和技术相关的可持续信息元素。通过使用这种标准化格式，制造商可以准确地识别关键产品特性，并提供给设计师、建设者和建造者，为他们提供一种简便的方法来评估各种制造商的材料、产品和流程的各种可持续性属性，以帮助满足可持续发展的需求。

---

❶ 美国建筑规范协会（CSI）网址为：https：//www.csiresources.org/home。

四、价格信息

承包商所用的价格信息主要来自于自身积累的工程造价数据和资料。政府或民间出版的造价信息起辅助、参考性作用。对业主或造价咨询人员而言，保留下来的项目的前期投标报价列表（previous bid tabulations）是可作为重要的价格资料，主要参考前三名投标人的报价单。

1. 官方发布的造价信息

在多种造价信息来源中工程新闻记录❶（Engineering News-Record，ENR）造价指标是比较重要的一种。编制 ENR 造价指数的目的是为了准确地预测建筑价格，确定工程造价。ENR 的工程造价指数包括钢结构构件、波特兰水泥、木材和普通工人 4 种个体价格指数，另外，还发布两种综合价格指数：建造造价指数和房屋建筑造价指数。ENR 指数的原始数据来源于 20 个美国城市和 2 个加拿大城市，发布了自 1978 年以来 40 年的价格指数。ENR 在这些城市中派有信息员，专门负责收集价格资料和信息。ENR 总部则将这些信息员收集到的价格信息和数据进行汇总，并在每周星期四计算并发布最新的造价指数。ENR 价格指数都是综合性的指数，例如材料价格指数是建造造价指数和房屋建筑造价指数的构成内容，是通过跟踪 20 个城市钢结构、硅酸盐水泥和 2×4 木材的价格经过加权平均得到；熟练工人指数是房屋建筑造价指数的组成内容，是通过跟踪木工、钢结构工和砌筑工的工资和附加福利经过加权平均得到的指数；普通工人指数是建造造价指数的组成内容，是通过跟踪工人的工资和附加福利经过加权平均得到的指数；历史建造造价指数则是由 20 个城市普工平均生产率下，200h 的普工价格，加上 1996 年之后，1996 年之前 25t 标准钢结构构件加工价格综合 1996 年之后 20 个城市的平均价，加上 1.128t 硅酸盐水泥平均价格，加上 2×4 英尺 1088 木板材平均价格而得出。

2. 专业协会或组织

国际造价工程师促进会（AACE）是成立于 1956 年，服务于"全面造价管理"（TCM）的专业协会组织。AACE 的专业技术标准可归纳为四大类，首推全面造价管理框架（Total Cost Management Framework，TCM），其次是造价管理术语（Cost Engineering Terminology）；第三是推荐的实践（Recommended Practices）；第四是专业实务指南（Professional Practice Guides）。另外，AACE 还有专门的虚拟图书馆（Virtual Library），包含大量已完工程信息。AACE 发布两本期刊：《Source》《Cost Engineering》，《Source》重点关注协会活动和全面造价管理方面的热点话题。《Cost Engineering》是专业同行评议期刊，提供更多造价管理方面高质量论文。加入 AACE 成为其会员，就能从其网站或者通过纸质刊物获取各类价格信息。

---

❶ 工程新闻记录网址为：http://www.enr.com。

ENR
Engineering News-Record

Projects　Business　Talent　Regions　Tech　Products　Ideas　Costs　Lists　CE Center　InfoCenters　Events　More　About

Latest News

Gen. Bud Ahearn, Military Builder and CH2M Exec, Dies at 81

Construction leader shared skills as a founding sponsor of Engineers Without Borders

Gayle Packer Will Be Next Terracon CEO

Ex-Trump infrastructure guru DJ Gribbin takes PE firm top role for better results

Top 20 Under 40: Life Lessons From Women in Construction

In the Top 20 Under 40 judging process, ENR emphasizes that each class should demonstrate broadly the diversity of the industry: professi...

Bagnell Dam Stabilization Defies Gravity

⊖ prev　　next ⊕

More Videos

CLEAR MARKET TRENDS
ARCHITECTURE, ENGINEERING & CONSTRUCTION RESEARCH →

Companies

Advancing the Conversation: ENR's Top 20 Under 40 Discuss Critical Industry Issues

👤 *Scott Blair*, 👤 *Scott Judy*

Young leaders assembled for an ENR summit to discuss critical topics including technology, diversity and attracting new talent, while searching for ways they could manifest their ideals in their companies ...

ENR
Engineering News-Record

Search 🔍 🛒 f 🐦 in ▶

Sign In　Create Account

Projects　Business　Talent　Regions　Tech　Products　Ideas　Costs　Lists　CE Center　InfoCenters　Events　More　About

Home » Topics » Construction Economics

Construction Economics

🔊 Subscribe

ENR's 20-city average cost indexes, wages and material prices. Historical data and details for ENR's 20 cities can be found at ENR.com/economics

DOCUMENTS AND FILES

Construction Economics Weekly 07-30-2018
July 25, 2018

Construction Economics Weekly 07-16-2018
July 11, 2018

Topics

2017
ENR's 20-city average cost indexes, wages and material prices from 2017. Historical data and details for ENR's 20 cities can be found at ENR.com/economics

2016
ENR's 20-city average cost indexes, wages and material prices from 2016. Historical data and details for ENR's 20 cities can be found at ENR.com/economics

ENR.com
Engineering News-Record

INFRASTRUCTURE | BLDGS | BIZ MGMT | POLICY | EQUIPMENT | PEOPLE | MULTIMEDIA | OPINION | TECH

CURRENT COSTS | MATERIAL TRENDS | HISTORICAL INDICES

Current Costs

ENR's most recent Construction Cost Index, Building Cost Index, Materials Cost Index, which are updated monthly. Tables include monthly and annual percent changes.

Construction Costs

The CCI's annual escalation rate slipped to 2.4% from 2.7% last month as wages held steady.

20-CITY: 1913 = 100	JAN 2014 INDEX VALUE	% CHANGE MONTH	% CHANGE YEAR
CONSTRUCTION COST	9664.45	0.0	+2.4
COMMON LABOR	20598.03	0.0	+2.6
WAGE $/HR.	39.14	0.0	+2.6

► Click here to see the construction cost index hist

Building Costs

The BCI labor component increased 0.1% this month, but the materials component declined 0.2%.

20-CITY: 1913 = 100	JAN 2014 INDEX VALUE	% CHANGE MONTH	% CHANGE YEAR
BUILDING COST	5324.01	0.0	+1.9
SKILLED LABOR	9187.69	+0.1	+2.0
WAGE $/HR.	50.99	+0.1	+2.0

► Click here to see the building cost index histor

Materials Costs

Cement, steel and lumber prices were all down slightly this month, as the MCI declined 0.2%.

20-CITY: 1913 = 100	JAN 2014 INDEX VALUE	% CHANGE MONTH	% CHANGE YEAR
MATERIALS	2963.23	0.2	+1.7
CEMENT $/TON	110.49	0.3	+1.1
STEEL $/CWT	49.52	0.2	+0.9
LUMBER $/MBF	436.19	0.1	+4.0

► Click here to see the material price index

Labor Cost Indices

► **Skilled Labor Index**
The Skilled Labor Index is the labor component of ENR's Building Cost Index and tracks union wages, plus fringe benefits, for carpenters, bricklayers and iron workers.

► **Common Labor Index**
The Common Labor Index is the labor component of ENR's Construction Cost Index and tracks the union wage, plus fringe benefits, for laborers.

Cost Index History Tables

The building and construction cost indexes for ENR's individual cities use the same components and weighting as those for the 20-city national indexes. The city indexes use local prices for portland cement and 2 X 4 lumber and the national average price for structural steel. The city's BCI uses local union wages, plus fringes, for carpenters, bricklayers and iron workers. The city's CCI uses the same union wages for laborers.

ENR Cost Indexes in 20 Cities 1978-2012

► Atlanta, GA	► Baltimore, MD	► Birmingham, AL	► Boston, MA
► Chicago, IL	► Cincinnati, OH	► Cleveland, OH	► Dallas, TX

Home » Historical Indices

Historical Indices

[▼ Tweet] [Shar] [G+] [Share] [13]

Historical Indices

- Construction Cost Index History
  200 hours of common labor at the 20-city average of common labor rates, plus 25 cwt of standard structural steel shapes at the mill price prior to 1996 and the fabricated 20-city price from 1996, plus 1.128 tons of portland cement at the 20-city price, plus 1,088 board-ft of 2 x 4 lumber at the 20-city price.
- Building Cost Index History
  68.38 hours of skilled labor at the 20-city average of bricklayers, carpenters and structural ironworkers rates, plus 25 cwt of standard structural steel shapes at the mill price prior to 1996 and the fabricated 20-city price from 1996, plus 1.128 tons of portland cement at the 20-city price, plus 1,088 board-ft of 2 x 4 lumber at the 20-city price.
- Materials Price Index
  The Materials Cost Index is the materials component of ENR's building and construction cost indexes. It tracks the weighted price movement of structural steel, portland cement and 2 X 4 lumber.
- Skilled Labor Index
  The Skilled Labor Index is the labor component of ENR's Building Cost Index and tracks union wages, plus fringe benefits, for carpenters, bricklayers and iron workers.
- Common Labor Index
  The Common Labor Index is the labor component of ENR's Construction Cost Index and tracks the union wage, plus fringe benefits, for laborers.

Cost Index History Tables

The building and construction cost indexes for ENR's individual cities use the same components and weighting as those for

📝 Subscription Center▼

Ron Klemencic, ENR 2018 Award of Excellence Winner

☉ prev   next ⊙

More Videos

Popular Stories

Science Museum's Relationship With Skanska Turns Icy

美国 ENR 网站截图

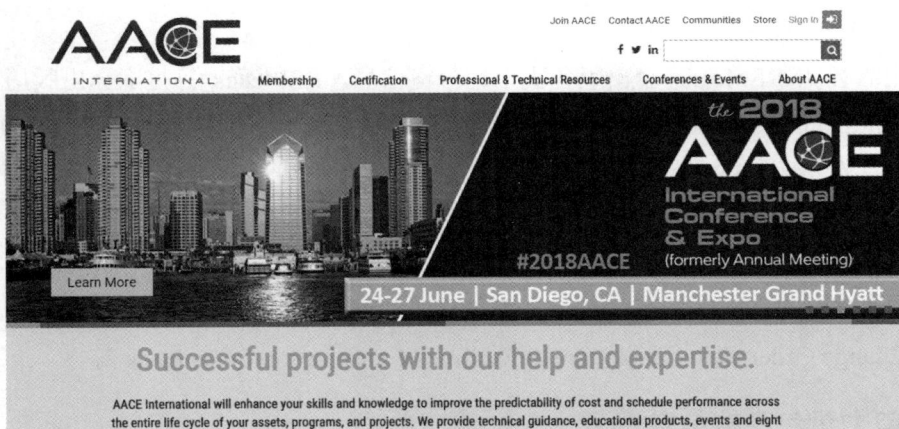

美国 AACE 网站截图

3．其他渠道的信息

一些出版社如 RSMeans 会出版各类工程价格信息，RSMeans 每月都会出版历史造价指数，例如 Building Construction Cost Data。RSMeans 的数据来自于北美领先的建筑造价数据库，由经验丰富的造价工程师积极监测并动态收集数据，建筑专业人员可以使用 RSMeans 数据来创建预算、估算项目、验证自己的造价数据和计划正在进行的设施维护。RSMeans 提供了很多在线服务项目，例如，人工、材料、设备价格的咨询，粗略工程价格咨询和详细工程价格咨询等；另外，还出版了很多造价信息方面的图书，例如，2018 Electrical Costs Book、2018 Electrical Change Order Costs Book、2018 Facilities Construction Costs Book 等。

五、电力承包商的信息资源

通过查询其他电力工程承包商的一些基本信息，可以使电力施工企业在投标前对自己的潜在竞争对手有一定程度的了解。另外，大多数承包商会在其官网上发布一些自己完成过的成功项目的相关信息，这些信息可以给那些需要进行相似类型工程项目建设的承包商提供很好的经验借鉴。

例如，Turner 是一家北美国际建筑服务公司，公司从事大型、复杂项目、培育创新、新兴技术等业务，每年完成 1500 项工程建设，产值一百亿美元。Turner 具有多个国家稳定的组织和资源，可以给客户提供多种服务，包括造价方面的信息服务，如已编制了 80 多年的施工造价指数。由建筑业和联邦政府和州政府广泛使用，造价指数是由全国范围内考虑的几个因素决定的，包括劳动力的生产率、材料价格以及市场竞争状况。

表 5-4 列出了美国排名前十的电力工程施工企业的基本信息，通过其网站，可以获得一些这些企业提供的造价类的信息。更详细的电力工程承包商名录见附录 C。

表 5-4　　　　　　　　　　　　美国优秀电力承包商名录

企业名称（地区）	官方网址	企业简介
QUANTA SERVICES INC.，Houston，Texas	http：//www.quantaservices.com/	QUANTA SERVICES 为电力和石油天然气行业的综合基础设施需求提供设计、采购和施工（EPC）服务。QUANTA 在北美和海外拥有数以万计的办事处，是其服务行业的首要供应商。通过专业的电力和油气服务团队，为客户提供完整的解决方案
EMCOR GROUP INC.，Norwalk，Conn.	http：//www.emcorgroup.com/	EMCOR 集团有限公司（NYSE：EME）是"机械和电气建筑，工业和能源基础设施以及建筑服务"的领先企业，其财富 500 强公司估计有 2017 个收入约为 7.6 亿美元。关键基础设施系统提供商 EMCOR 通过规划、安装、操作、维护和保护创造设施环境的复杂和动态系统（如电气、机械、照明、空调），建造新的结构，或维护现有结构
MASTEC INC.，Coral Gables，Fla.	http：//www.mastec.com/	MASTE 负责施工，采购，建造和维护基础设施，能够成功地将产品的生产和交付从源头提供给客户。从超高压输电线路，跨大陆油田和天然气管道，可再生能源，到无线塔和微波回程系统，深厚的行业专长，广泛的资源，持续关注创新，使其能够提供端到端的服务

续表

企业名称（地区）	官方网址	企业简介
ROSENDIN ELECTRIC, San Jose，Calif.	https：//www.rosendin.com/	1919 年，摩西·罗森丁（Moses Rosendin）开始了 Rosendin 电机工程。该公司为圣克拉拉/圣荷西农业社区提供服务，包括电机、水泵，以及扩大公用事业公司的设施。该公司在 1920~1930 年间，将其业务扩展到中央加利福尼亚
MYR GROUP INC.，Rolling Meadows，Ill.	http：//www.myrgroup.com/	MYR 集团由以下子公司组成：LE 迈尔斯公司、鲟鱼电器有限公司、哈兰电气公司、MYR 传输服务公司、大西南建设公司、ES Boulos 公司、高国线建设有限公司和 MYR 集团建设加拿大有限公司，加拿大公司由三家子公司组成：加拿大 MYR 传输服务有限公司，北方传输服务有限公司和西太平洋企业有限公司。凭借 1891 年的根基和美国和加拿大的 4600 多名员工，MYR 集团已经提供了一些北美最大的输变电，变电站项目，并被公认为全国五大特种电气承包公司之一
CUPERTINO ELECTRIC INC.，San Jose，Calif.	http：//www.cei.com/	Cupertino Electric，Inc.（CEI）是一家位于硅谷的私人电气工程和建筑公司，为超过 60 年的各种规模的尖端客户提供动力和可能性。CEI 是美国最大的专业承包商之一，专门从事商业、可再生、公用事业和数据中心项目
MMR GROUP INC.，Baton Rouge，La.	http：//www.mmrgrp.com/	MMR 已经在仪器仪表和电气建设，维护和技术服务领域处于行业领先地位，已有 50 多年的历史。作为美国最大的私营开放式电气和仪器仪表承包商，MMR 始终处于"工程新闻记录"年度专业承包商名单的首位。 MMR 提供多元化的客户名单，具有在陆上、海上、能源、化工、石油化工、工业和制造行业跨行业的独特能力。 在美国以及加拿大、哥伦比亚、特立尼达和委内瑞拉以及厄瓜多尔的 20 多个分支机构中，地区和全国各地的财务状况继续增长
M.C. DEAN INC.，Dulles，Va.	http://www.mcdean.com/about/about.htm	MC Dean 公司是美国首屈一指的电气设计和系统集成公司，致力于复杂的任务关键型组织。 MC Dean 的能力包括电气、电子安全、电信、人身安全、仪器和控制以及指挥和控制系统
MCKINSTRY，Seattle，Wash.	http：//www.mckinstry.com/	McKinstry 成立于 1960 年，是一家全方位服务的设计、建造、运营和维护（DBOM）公司，拥有 1800 多名员工，年收入约 5 亿美元。麦肯锡的专业人员和交易人员提供咨询、建筑、能源和设施服务。作为 DBOM 流程的早期采用者，该公司倡导协作可持续解决方案，旨在确保乘客的舒适度，提高系统效率，降低设备运营造价，并最终优化客户在建筑生活中的盈利能力
FIVE STAR ELECTRIC CORP.，Ozone Park，N.Y.	https：//www.fivestarelectric.net/	拥有超过 1500 强的专业团队，拥有多元化的专业知识，可满足任何建筑项目的所有电气承包需求。我们为每项工作带来可靠、效率和安全

第六章 美国电力工程招投标阶段造价管理

美国电力工程建设中常见的承发包模式有非常典型的建设管理模式（Construction Management，CM）、设计—招标—建造模式（Design-Bid-Build，DBB）、设计—建造模式（Design-Build，DB）、设计—采购—施工/交钥匙模式（EPC-Engineering procurement construction/Turnkey）等。私人投资的工程项目，没有统一的合同，小型的私人业主一般会采用美国建筑师协会（AIA-The American Institute of Architects）发布的 AIA 系列合同文件、美国总承包商协会（AGC-The Associated General Contractors of America）的"AGC 合同条件"以及美国工程师合同文件联合会（EJCDC-The Engineer's Joint Contract Committee）发布的"EJCDC 合同条件"。对于大型私人业主，或者私人承包商一般都有自己的合同文本。对于政府投资工程，美国联邦总务署（GSA-General Service Administration）在 20 世纪 80 年代发布了标准合同表格 SF－23A（工程合同一般条款）和 SF－23（工程合同）。以上这些合同条款应用广泛，不仅局限于房建工程，也应用于电力工程建设及其他领域的建设。

本章主要介绍美国电力工程招投标阶段造价管理的主要内容，包括了工程发承包模式和常用的合同范本，招标人的资格及招标方式，作为投标人获取投标信息的途径和投标资格，以及招标的具体流程和投标报价的形成。立足于招投标双方的角度，介绍在这一阶段涉及的主要工作，为对美国电力工程感兴趣的投资者、建设者进行工程发承包提供参考。

第一节　工程发承包模式和常用合同形式

一、工程发承包模式[1]

（一）CM 模式—建设管理模式

1. CM 模式的概念

CM 模式总的分为两种：代理型模式和非代理型模式。代理型模式中，CM 单位只负责咨询工作，为业主提供咨询服务，由业主与各家分包单位签订合同；非代理型模式下，CM 单位在业主的授权委托下，全权负责整个工程项目的策划、管理和控制，由 CM 单位与各分包

---

[1] 龚洁，国际工程项目管理模式在我国的应用研究，重庆大学硕士论文，2010.

商签订合同。非代理型模式下，CM 单位负责具体的工作可按项目发展阶段分为：项目前期阶段协助业主确定技术方案和设计方案，确定主要设备和材料的规格与数量，组织完成基础设计，选择方案所需特定的工艺技术，还包括编制项目估算及招标书，组织招标，选择分包商等工作；项目实施阶段承包单位不仅负责全过程的进度、成本、质量这三个关键因素的把控，而且还负责安全、材料、设备、合同、文档、人员、健康安全环保等各个方面的管理。

CM 模式的核心点在于 CM 单位不需要承担具体的工程实施工作，只负责项目的总体管理与组织实施。一般情况下，存在以下特征的项目，业主采用管理型建设模式委托管理承包商负责项目全过程全方位的管理会取得较好的效果：

（1）项目规模大，技术含量高。

（2）项目组织结构相对复杂，施工现场施工承包商交叉性作业较多，存在许多设计单位需要协调。

（3）业主机构内部缺乏管理项目的能力和资源。

2. CM 模式的优缺点

CM 模式的优缺点见表 6-1。

表 6-1　　　　　　　　　　CM 模 式 的 优 缺 点

优　点	缺　点
（1）由 CM 模式的特征可知，在项目整个过程中充分发挥和利用承包商专业人员的能力，可为业主创造了最大价值	（1）项目包含的不确定因素较大，项目费用估计精确度不够高，业主对项目整体的把控度不高，承担风险较大
（2）管理型建设模式更有利于利用管理承包商的经验和专业水平提高设计和施工规划水平，也更利于管理设计变更	（2）对于业主而言，雇用管理承包商就意味着增加了中间管理层，对项目而言，增加了间接成本
（3）管理型建设模式更能激励业主方及时做出决策，保证各阶段信息充分及时地共享，从而最大化满足施工需求	（3）管理承包商与设计单位二者之间存在的目标差异在一定程度上会影响双方的合作，导致在设计或者施工过程中会有双方争执不下的问题

（二）设计—招标—建造模式

1. DBB 模式的概念

DBB 模式，全称为 Design-Bid-Build，指的是传统的项目管理模式，这种项目管理模式早期在国际上最为通用，许多国际银行的贷款项目均采用此类承包模式。

这种模式的设计单位和施工单位一般情况下都是各自独立的，而且施工工作必须等到设计单位将图纸全部设计完，招标工作结束之后，施工单位才可以进入下场开始项目的建造过程。DBB 模式由业主和设计单位（一般是建筑师或咨询工程师）签订专业服务合同，由设计单位负责前期的各项工作，包括前期策划和可行性研究，待项目评估立项后，设计方才能进行设计工作。在设计工作进行的同时，进行施工招标准备工作，并在设计单位的协助下，选择施工总承包商，签订承包合同。接下来再由施工总承包商分别与各供应商及分包商订立相应的分包合同并组织施工阶段的实施。施工过程中的质量、进度及造价控制一般都是委托有相应资质的监理单位进行，设计单位在这个阶段通常会配合施工单位和建立单位的工作，也是业主与承包商沟通的桥梁。

2. DBB 模式的优缺点

DBB 模式的优缺点见表 6-2。

表 6-2   **DBB 模式的优缺点**

优　　点	缺　　点
（1）起源较早，发展时间较久，应用广泛，无论从管理方法还是技术手段方面来讲都较为成熟	（1）由于设计，招标和施工阶段只能按照时间顺序开展，因此项目建设周期长
（2）工程建设各参与方对此类传统模式较为熟悉，易于操作和管理，合同关系相对比较简单，业主只签订一份施工合同	（2）施工效率不高，设计变更多，不仅易于引起索赔，严重可导致工期拖延
（3）业主可以自行选择咨询设计和监理人员，有利于更好的实施业主的想法	（3）管理协调工作复杂，业主可能不具备协调和仲裁的能力

（三）设计—建造模式

1. 通用的设计—建造（Design-Build，DB）模式

（1）DB 模式的概念。设计—建造模式下业主方首先会聘请一家专业咨询公司为其研究拟建项目的基本要求，在招标文件中明确项目完整的工作范围，确定工作范围后，业主需选定一家总承包单位来负责项目的设计和施工，是一种比较简练的工程项目的管理模式。总承包商可以利用本公司的设计和施工力量完成一部分工作，也可以招标选择设计或施工分包商。业主方聘用业主代表进行项目管理，管理的内容不仅包括施工过程的管理，还包括设计阶段对承包商设计人员资质的审查，对承包商设计文件和设计图纸的审查，按"业主的要求"中的规定检查、审核或批准承包商的文件，参与讨论设计等。在投标和签订合同方面，这种模式通常以总价合同为基础，但允许价格调整，也允许某些部分采用单价合同。

（2）DB 模式的优缺点见表 6-3。

表 6-3   **DB 模式的优缺点**

优　　点	缺　　点
（1）合同关系简单，承包商任务明确，工作效率较高，可有效降低项目的总体造价，缩短项目的总工期	（1）由于业主将设计和施工均交给总承包商负责，因此投资费用比传统 DBB 模式稍高
（2）设计—建造方内部可以达成有效地沟通，减少了由于设计错误、疏忽和解释争议引起的变更，对业主的索赔减少	（2）对业主的报价在详细设计之前完成，项目进入实施后，业主对最终的设计和细节的控制能力低，可能出现造价优先于质量和设计的现象，或许无法很好地达到业主对项目的内在要求
（3）选择承包商时，会将设计方案的优劣作为评标的主要因素，使工程项目的质量及可实施性提高	（3）业主无法参与建筑师或工程师的选择，设计—建造方内部存在矛盾

2. 设计—管理模式（Design-Manage，DM）

（1）DM 模式的概念。设计—管理模式通常是指由同一实体向业主提供设计及施工管理服务的工程项目的管理模式。业主只签订一份合同，这份合同既包括设计也包括管理服务，设计公司与管理机构或者为同一家公司，或者为设计机构与施工管理企业的联合体形式。

设计—管理模式可以通过两种形式实施：

形式一：业主与设计—管理公司和施工总承包商分别签订合同，由设计—管理公司负责设计并对项目实施进行管理。

形式二：业主只与设计—管理公司签订合同，再由该公司分别与各个单独的分包商和供应商签订分包合同，由他们负责施工和供货。

（2）DM 模式的优缺点见表 6-4。

表 6-4 DM 模式的优缺点

优　　点	缺　　点
（1）由于可以采用阶段发包的方式，从而加快工程进度	设计—管理公司大多只是对设计专业知识较为擅长，工程项目管理能力却不突出，可能不善于管理施工承包商，尤其是在业主只与设计—管理公司签订合同的情况下，设计—管理公司要管好众多的分包商和供应商，对其在项目实施中进行项目管理存在极大的挑战
（2）专业的设计—管理公司的设计能力相对较强，能充分发挥其在设计方面的长项	

（四）设计—采购—施工/ 交钥匙模式

1. EPC 模式的概念

EPC 模式，即业主委托总承包商承担包括设计、施工、招标采购、设备安装和调试直至竣工移交的全套服务，甚至有的还包括融资方案的建议。EPC 在发达国家的发展和应用也有非常长的时间了，不同于其他管理模式的是它将工程建设项目的"设计—采购—施工"一体化，集中了人力、物力、财力，以减少资源的浪费，最终实现责任与权力、风险与效益、过程与结果的有效统一。本节 EPC 模式的组织结构图引用了唐景宇撰写的硕士论文《中国核电工程项目管理模式研究》❶一文中的组织结构图，见图 6-1。

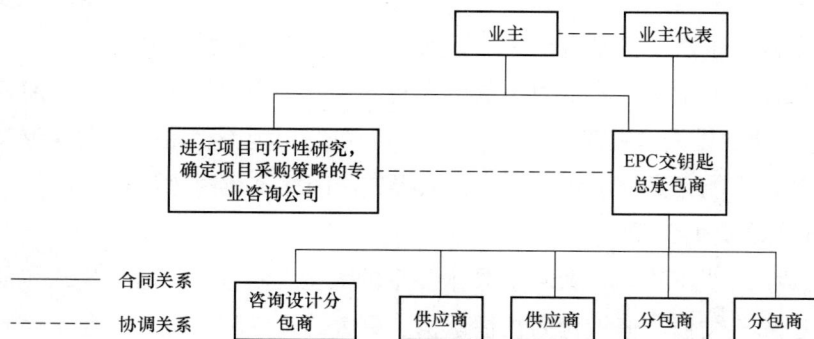

图 6-1　EPC 项目管理模式组织结构图

2. EPC 模式的优点

（1）计价方面。由于 EPC 项目大多采用固定总价合同，承包商的风险较大，会促使承包商加强风险管理，以期获得更高的收益。业主与总承包商先商定合同价格，考虑到可能发

❶ 唐景宇.中国核电工程项目管理模式研究［D］. 天津大学，2005.

生的风险，合同价格一经确定，便不能随意变动，因此对业主来说，基本不用担忧后期工程款的支付以及扯皮现象的发生。

（2）承包商实力方面。EPC 模式下，设计、采购、施工融为一体，除了要求承包商具有设计、采购和施工能力，还要求其具有较强的融资能力和项目管理能力，因此这种模式也会侧面促进承包商提升自己的综合实力。

（3）业主管理方面。采用这种模式需要业主对承包商给予充分的信任，在 EPC 模式下，业主对总承包商的工作只进行有限的控制，承包商的工作方式基本由自己内部掌控，业主一般只需要派出少量的管理人员对建设过程进行总体控制，因此，在一定程度上有利于业主进行项目群管理。

（4）项目整体方面。EPC 模式下，项目的总承包商一般在项目早期就开始介入项目，对项目的设计也有充分的了解和把握，由于本身对施工技术或工艺有一定的了解，甚至可以参与到项目设计方案的探讨中，从而使项目后期实施可行性更加确定，避免了施工过程中设计方案的变更等的发生，在一定程度上也保证了项目的工期。EPC 模式融设计、采购、施工于一体，设计和采购之间的经常性沟通避免了采购中的一些不必要的损失，设计和施工之间的顺利配合使工程质量和投资能更好地协调，项目在同一框架下运作，减少了各阶段的中间环节，从而使目标、行动一致，更好的保证项目目标的实现。

3．EPC 模式的缺点

（1）从以上分析可以看出，EPC 模式对总承包商的要求非常高，总承包商不仅需要具备设计、采购、施工等多方面的实力，还需要有较高的技术和管理水平，而这种综合实力较强的承包商毕竟是少数，因此在国内对于总承包商的选择比较困难，另外，国内建筑企业虽然众多，但是要从中甄别真正有设计和施工管理实力的建筑公司仍然非常难，许多承包商在合同签订时对业主做出承诺，但最后往往达不到业主实际要求和预期效果。

（2）总承包商和业主签订的是固定总价合同，要对整个项目的质量、工期和造价负责，又由于 EPC 项目的规模大、周期长，一旦施工期间市场出现不稳定的因素导致某种用材的价格发生较大波动，可能会导致承包商蒙受较大损失，因此承包商风险较大。

4．EPC 模式的适用情况

EPC 模式适用于规模大、工期长、技术复杂的大型工程项目。这种模式与前面所述的通用的设计—建造模式类似，但承包商往往承担了更大的责任和风险，由业主代表对项目进行直接的较宏观的管理。EPC 主要应用于以大型装置或工艺过程为主要核心技术的工业建设领域，如通常包括大量电力、非标准设备的能源、大型石化、化工、橡胶、冶金、制药等项目，尤其针对电力工程项目，国际上很早就开始提倡使用 EPC 模式进行建设，因为在电力工程中，物资采购成本通常占项目总投资的一半左右，是电力工程中的龙头。采购与设计、施工工期方面紧密相关，采购太晚影响设计进度，运输太晚影响现场安装，运输太早造成现场设备积压。对 EPC 承包商而言，项目运作成功与否很大程度上取决于设计、采购与施工三者成功的融合。EPC 模式下承包商在设计阶段，尽可能地采用调研阶段确定的施工和材料采购方案，在满足规范要求和业主期望功能的前提下，有利于施工和降低造价，缩短施工周期。因此是电力工程建设首选的工程承包模式，也是未来主流的工程承包模式。

二、常用合同形式

（一）合同条件分类

1. 美国建筑师协会合同条件

美国建筑师协会（The American Institute of Architects，AIA）自建立以来，已经有一百多年的历史，作为建筑师的专业协会，其制定的 AIA 系列合同有很高的权威性，影响大，使用范围广。

作为在美国应用最为广泛的合同文件之一，AIA 合同文件有许多非常特别的地方。AIA 有多份重要的文件是和其他建筑行业组织，如美国总承包商协会（Associated General Contractors of America，AGC）等共同制定的，以便集思广益，均衡项目参与各方的利益，合理分担风险，不偏袒包括建筑师在内的任何一方。而且 AIA 随时关注建筑业界的最新趋势，每年都对部分文件进行修订或者重新编写。

AIA 合同文件经过多年的发展已经系列化形成了包括 90 多个独立文件在内的复杂体系。这些文件适用于不同的工程建设管理模式、项目类型，甚至项目的不同具体方面。根据文件的不同性质，AIA 文件分为 A、B、C、D、F、G 六个系列：

A 系列：业主与总承包商、CM 经理、供应商之间，总承包商与分包商之间的合同文件（包括协议书及合同条件）等；施工合同通用条件以及与招投标有关的文件，如承包商资格申报表、各种保证的标准格式等。

B 系列：业主与建筑师之间的合同文件（包括 INT 系列：用于国际工程项目的合同文件）。

C 系列：建筑师与专业咨询机构之间的合同文件。

D 系列：建筑师行业有关文件。

F 系列：财务管理报表；

G 系列：合同和办公管理中使用的文件。

其中 AIA 系列合同 A 系列中的文件 A201，即：建设合同通用条件，类似于 FIDIC 的土木工程施工合同条件（又称"红皮书"），是 AIA 系列合同中的核心文件，在项目管理的传统模式和 CM 模式中被广泛采用。

2. 标准格式合同条件

标准格式合同条件（Standard Form，SF）是一系列以字母"SF"开头的标准政府表格清单，其中有关工程建设的标准表格包括：SF271 支出报告和建筑计划报销请求、SF424C 建设项目预算信息、SF424D 建设项目担保、SF1417 预先征求通知（施工合同）、SF1420 绩效评估—建设合同以及 SF1442 征求、提供和授予（新建，改造或修复项目）等。

其中 SF1442 标准表格见附录 E[❶]：

3. AGC 标准合同文本

AGC 标准合同文件由其合同文件委员会（CDC）开发并不断进行修正。CDC 目前由超过 100 名的成员组成，他们分别是经验丰富的承包商、专业承包商、律师、保险商和其他建设工业专业人士。

为保证 AGC 标准合同文件的权威性和有效性，CDC 向有关的专业承包商、股份有限公司、美国建筑师协会、工程师共同合同资料委员会、美国的保证协会、履约保证生产者、美国酒吧协会、美国保险协会以及美国仲裁协会等都进行过咨询。另外，AGC 已经成立了一个专门的行业咨询委员会（PIAC），由财富排在 500 强公司内的资深设计和建筑专业人士组成。这个委员会代表美国经济的许多部门的业主的意见，他们与 CDC 的代表定期约见并且讨论相互关心的施工合同问题并且参加 AGC 的标准合同文件的开发与修订。

专栏 1：AGC 设计—建造文件系列
AGC 400 业主和设计建造者之间的初步的设计建造协议。一般仅用于初步设计工程，该文件倾向于与 AGC 410 或者 AGC 415 一道使用。 AGC 405 建筑物建造的设计—建造指南。该文件工程解释了设计—建造方式的优点并对如何选择设计—建造承包商提供指导。 AGC 410 业主和设计—建造者之间的设计建造协议的标准格式和一般条件（支付的基础是工程造价加附有最大保证金额的费用）。该文件可以作为 AGC 400 的后续文件；或者可以用作包容整个设计建造过程的独立文件，包括那些否则会由 AGC 400 提供的服务。 AGC 415 业主和设计—建造者之间的设计建造协议的标准格式和一般条件（支付的基础是在业主的包括初步设计文件的规划基础上的总价）。与 AGC 410 不同，该文件不能用作包容整个设计建造过程的独立文件。如果业主的规划或其他包括初步设计文件的信息为已知的话，它倾向于作为 AGC 400 的后续文件。 AGC 420 对于设计—建造项目工程，在设计建造者和建筑师/工程师之间的协议的标准格式。该协议清楚地描述了设计建筑者和设计师/工程师承担的那些在设计建造项目中的各自的权利和责任。 AGC 450 设计建造者和分包商之间的协议的标准格式（这里设计—建筑者承担业主支付风险）。该文件倾向于用于分包商没被保留提供工程的设计的实际部分的地方。而且，对分包商的支付不受设计建造者是否已经收到对分包商完成工作满意的支付令的条件的限制。该文件由专业承包商协会认可并签署。

[❶] 美国联邦总务署网站：http://www.gsa.gov/.

专栏 2：AGC 建设管理（CM）文件

（1）建设经理仅仅是业主的代理人时

AGC 510 业主和建设经理之间的建设管理的标准格式（建设经理是业主的代理人和业主参加全部的贸易合同协议）。这合同可能被用于由业主授予全部贸易合同时的 CM 过程。

AGC 520 业主和贸易合同商（这里建设经理是拥有人的代理人）之间的协议的标准格式。这份合同与上面提到的 AGC 510 协调一致。AGC 525 变更单/建设管理费调整。该格式专门用于在签订合同的建设管理方式下建造的项目。

AGC 540 建设管理指南。这些指南就建设经理及"团队"中每名成员的应扮演的角色提出了 AGC 的观点。

AGC 550 关于选择建设经理的业主指南。该出版物就建设经理的资格提供建议。

（2）建设经理也是建造者时

AGC 565 业主和建设经理之间的协议的标准格式（这里建设经理也是建造者）。在该文件下，建设经理的服务被分成两部分：预建设阶段和建设阶段，其中一部分可以同时进行。建设在最高保证金额下执行（AGC 565 也是 AIA121/CMc）。

AGC 566 业主和建设经理之间的协议的标准格式（建设经理也是建造备支付的基础是工作造价加费用并且没有造价担保）。预计真正完成的日期可能被确定为合同时间（AGC 566 也是 AJA 131/CMc）。

专栏 3：AGC 项目管理文件

AGC 800 业主和程序管理者之间的项目管理协议和一般条件的标准格式。协议的结构是"纯粹/代理项目经理"似的，不担风险，或者全部设计和施工合同由业主签署或者由项目经理作为业主的代理人签署。项目经理可以看作是可以代替业主的一个方便的工具，并且可以对按照不同方式建造（例如设计投标建造或者设计建造）的每个单独的项目或工地的完成交付进行监督。该合同提供一个以矩阵形式表示的服务范围，可以作为参与者分配任务的一个菜单。

专栏 4：AGC 建设管理（CM）文件

AGC 200 业主和承包商之间的协议的标准格式（这里合同价格是表现形式是总价）。它适用于竞争性招标环境，或者在需要通过谈判来形成一个总价的情况。

AGC 220 关于已完成设计的建筑的承包商的资格限定陈述。这个资格限定陈述与 EJCDC 共同开发。它可以被用作一个隐含的一般的资格预陈述或者一个具体合同的资格陈述。

AGC 240 业主和建筑师/工程师之间的协议的标准格式。它适用于在业主和执行工程的整套设计和管理服务的建筑师/工程师之间形成一个协议。

AGC 250 业主和承包商之间的一般条件的标准格式（这里支付的基础是最大保证金额加一个可选的预建造服务）。其意图在业主和承包商之间形成一个综合协议及一般条件文件，承包商完成工作的基础是工程造价加费用并附有最大保证金额以限制承包商的索赔。AGC 250 也为承包商就预建设服务提供一个选择，例如提供工程的估价，就可建造性的问题检查图纸和说明书，创造长期项目实施的时间表，以及开发承包商对工程的兴趣。AGC 250 可以用于各种各样需要谈判的合同的情形。在这种情形下，业主希望能从承包商处得到一整套预建设和/或建设服务，并且寻求对项目总造价最大限额的保证。

AGC 260 履约保证。在代表保证行业的组织的帮助下开发，AGC 260 是一个标准化的履约保证格式，与 AGC 200 和 250 文件配合使用。

AGC 261 支付保证。在代表保证行业的组织的帮助下开发 AGC 261 是与 AGC 200 和 250 文件配套使用的一个标准化的支付保证格式。

专栏 5：AGC 转包合同文件

AGC 601 联邦建设工程中使用的转包合同。这个转包合同适用于联邦建筑物或工程建设项目。它反映了 1988 年出台的及时支付法令修正案的有关条款及 1991 年的合同争议法令以及联邦采购法规中的有关条款。

AGC 603 承包商和分包商之间的短格式的标准协议（这里承包商承担业主支付风险）。这个简易的转包合同格式将所有的谈判点。在 AGC 603，对分包商的支付不受承包商是否收到业主的支付的限制。该文件由专业分包商协会认可并签署。

AGC 604 承包商和分包商之间的短格式的标准协议（这里承包商和分包商共同承担业主支付的风险）。这个简易的转包合同格式将所有的谈判点/工程的特别科目列在文件的开头。在 AGC 604 里，对分包商的支付被明确地表示为要在承包商从业主那里接受支付以后。

AGC 605 对承包/分包提议书的邀请。这个格式为分包商就其标书中要完成的工程确定范围。

AGC 606 转包工程履约保证。这保证可以由一个承包商在向其分包商就分包合同的履行提供保证时提出。

AGC 607 转包工程支付保证。这个文件格式由承包商向分包商提出，要求其保证支付劳动者和材料供应者。

AGC 610 转包商的支付申请。它给分包商的请求支付提供一个标准化的格式。

AGC 625 实际完成的 AGC 证书。这份证明书能用来证明在任何的大楼施工合同的方法下的实际完成情况。

AGC 630 承包商和测试的实验室之间的协议的标准格式。与美国独立实验室委员会共同开发，AGC 630 适用于承包商需要从一个测试的实验室得到材料和检查服务时。

AGC 650 承包商和分包商之间的协议的标准格式（这里承包商承担业主支付风险）。这份资料适用于与 A201 —美国关于建筑合同的建筑师一般条件协会的 1997 版的 AGC 200 —业主承包商文件基本协调。在用于受其他一般条件支配的项目时可能需要作一些调整。在 AGC 650 文件下，对转包商的支付不受承包商已从业主那里接受的支付的限制。该文件由专业承包商协会认可和签署。

AGC 655 承包商和分包商之间的协议的标准格式（这里承包商和分包商分担业主支付风险）。这份资料适用于与 A201 —美国关于建筑合同的建筑师一般条件协会的 1997 版的 AGC 200 —业主承包商文件基本协调。在用于受其他一般条件支配的项目时可能需要作一些调整。在 AGC 655 文件下，对转包商的支付特别受承包商已从业主那里接受支付的限制。

AGC 660 标书或者投标合同。当需要一个标书或投标合同时，使用该标准格式。

（二）合同类型

政府和承包商可以选择多种合同类型，以便在获得各机构所需的大量供应和服务方面提供所需的灵活性。合同类型因以下因素而变化：

（1）承包商对履约造价承担责任的程度和时间；

（2）向承包商提供的达到或超过规定标准或目标的利润激励的数量和性质。

合同类型主要包括固定价格合同和造价加酬金合同。在固定价格合同和造价加酬金合同之间是各种激励合同，其中承包商对绩效造价和利润负责或所提供的费用奖励是针对合同履行所涉及的不确定性而定制的。

1. 固定价格合同

固定价格合同规定的价格不受承包商执行合同造价经验的任何调整。这种合同类型对承包商承担最大的风险，并承担所有造价和由此产生的利润或损失的全部责任。它为承包商控制造价和有效履行职责提供了最大的激励，并给予缔约方最小的行政负担。当奖励费用或奖励完全基于其他因素时，合同人员可以使用固定价格合同以及资金奖励。与这些激励措施一起使用时，合同保持固定价格。

2. 造价加酬金合同

在合同规定的范围内，造价加酬金类型的合同规定支付可允许的发生造价。这些合同规定了用于承担资金义务的总费用估计，并确定了承包商未经缔约官员批准不得超过（自负风险除外）的上限。

在 FAR 子部分 16.3 中还规定了造价加酬金合同的几种类型，包括：

（1）造价合同：是一种造价偿还合同，承包商不收取任何费用。

（2）造价分摊合同：是一种造价偿还合同，其中承包商不收取费用，而且只能按商定的一部分允许费用报销。

（3）造价加激励费合同：造价加激励费合同是一种规定最初商定的费用将在稍后根据总的可允许造价与总目标造价之间的关系进行调整的造价偿还合同。

（4）造价加奖金合同：造价加奖金合同规定的费用包括在合同开始时固定的基础金额（可以为零）和根据政府评估所得的奖励金额，并且此奖励金额足以为优秀的合同履行提供动力。

（5）造价加固定费合同：造价加固定费用合同是一种费用报销合同，规定向承包商支付协议费用，该费用在合同开始时已确定。固定费用不随实际造价而变化，但可根据合同规定的工作变化进行调整。

如果公司固定价格合同不合适，并且可以以较低的造价获得所需的供应品或服务，则可以采用本部分中所述的激励合同。

3. 激励合同

激励合同旨在通过以下方式获得特定的收购目标：

（1）建立明确传达给承包商的合理和可实现的目标。

（2）包括适当的奖励安排。

1）激发承包商的努力，否则可能不会被强调；

2）阻止承包商效率低下和浪费。

第二节　招标准备工作

美国的建设工程分私人投资和政府投资两部分，私人投资的工程约占全部投资 72%～75%。对私人投资工程的招投标，政府只要求技术标准达到一定要求即可，至于如何招标政府并不实行干预。而对政府投资的工程，在政府有关部门内设立专门机构，掌握工程投标和工程计价问题，同时对工程全过程的质量安全、施工工期进行监管，以达到政府投资的综合效益。

一、获取信息

（一）政府投资工程招标采购信息来源❶

要了解美国工程项目的招标工作，必不可少我们要提到政府采购，因为招标是政府采购中非常重要的一种采购方式。众所周知，美国是世界上较早实行政府采购制度的国家之一。

---

❶ 美国联邦政府工程招标采购与合同管理情况简介，中国招标投标协会网站，网址：http://www.ctba.org.cn/list_show.jsp?record_id = 169723。

美国政府采购制度之建立与完善是以完整的政府采购法律体系为基础,政府采购的基本制度、方式程序、救济途径等都以法律的形式确定下来并以严格的程序规范,保证了美国政府采购的透明和高效,较好地实现了政府采购目标。

美国政府的采购分为联邦政府层面的采购和州、县政府层面的采购。就联邦政府层面来说,美国联邦政府采购涉及的法律、法规相当广泛。有专门的联邦政府采购的法规和与政府采购直接或间接相关的法律、法规。专门的政府采购法规——《联邦采购法规》(Federal Acquisition Regulation,FAR)比较详细地规定了最重要的采购制度和政策,使得政府机构能够按照该法规具体实施政府采购。由联邦政府采购政策办公室负责指导实施,对其的修改是由政府采购专家组成的委员会来进行,然后提交美国总统行政办公厅内设联邦行政管理和预算局进行最后的修订。最后,在所有修改生效以前接受公众的评议。联邦政府机构根据制定自己的采购条例,针对其特定的要求和合同作出规定。

联邦政府的所有设计和施工合同机会均在网站联邦商业机会(FEDBIZOPPS,网址:www.fbo.gov)上公布。美国联邦政府采购信息发布系统"联邦商机"网站是发布联邦政府机构采购机会的网站。美国政府规定 2.5 万美元以上的项目采购,必须使用这一联邦政府统一的电子采购门户平台,并通过信息的公开、透明保证采购的公平、公正。所有联邦采购的信息都会在该网站上发布,所有在授权管理系统(SAM)和 FEDBIZOPPS 中注册的承包商在该网站都可以得到预中标公示、询价书、补遗以及中标信息等方面的相同信息。如在工程项目的现场踏勘中,采购官要记录参加踏勘现场的潜在投标人的身份和所代表的单位,并在 FEDBIZOPPS 网站刊登参加者的名单。现场踏勘中的所有问题以及合同官的回答都要以书面形式刊登在 FEDBIZOPPS 网站。在现场不允许口头的问题及回答,所有问题都以书面形式以使所有潜在投标人都从 FEDBIZOPPS 网站获取信息,从而避免参加现场踏勘的潜在投标人获得不公平的优待。

除"联邦商机"(FEDBIZOPPS)网站之外,GOVERNMENT CONTRACT & BIDS[1]也是政府发布招标信息的主要网站,联邦、州和地方政府每年花费超过 2 万亿美元。如果承包商正在寻找政府机会,GovCB 也是企业战略计划的重要组成部分。自 2000 年以来,GovCB 帮助中小型企业赢得政府合同并在线寻找潜在的合作伙伴。GovCB 允许承包商快速找到与其业务相关的政府机会,而且节省时间和金钱。在过去的 17 年,政府通过简化招标流程为政府承包商带来了好处,节省了大量造价和时间。竞标竞争加剧导致政府机构的造价下降,同时节省营销和管理费用。潜在投标企业可以每周 7 天,每天 24h 都可以通过电子邮件或网络收到新的投标信息。承包商不再需要寻找报纸、杂志或其他多个网站来寻找政府机会。可以通过筛选目标行业及项目所在地,如电力工程行业或者所在州进行拟投标项目筛选。

---

[1] GOVERNMENT CONTRACT & BIDS 网址:https://govdirections.com/。

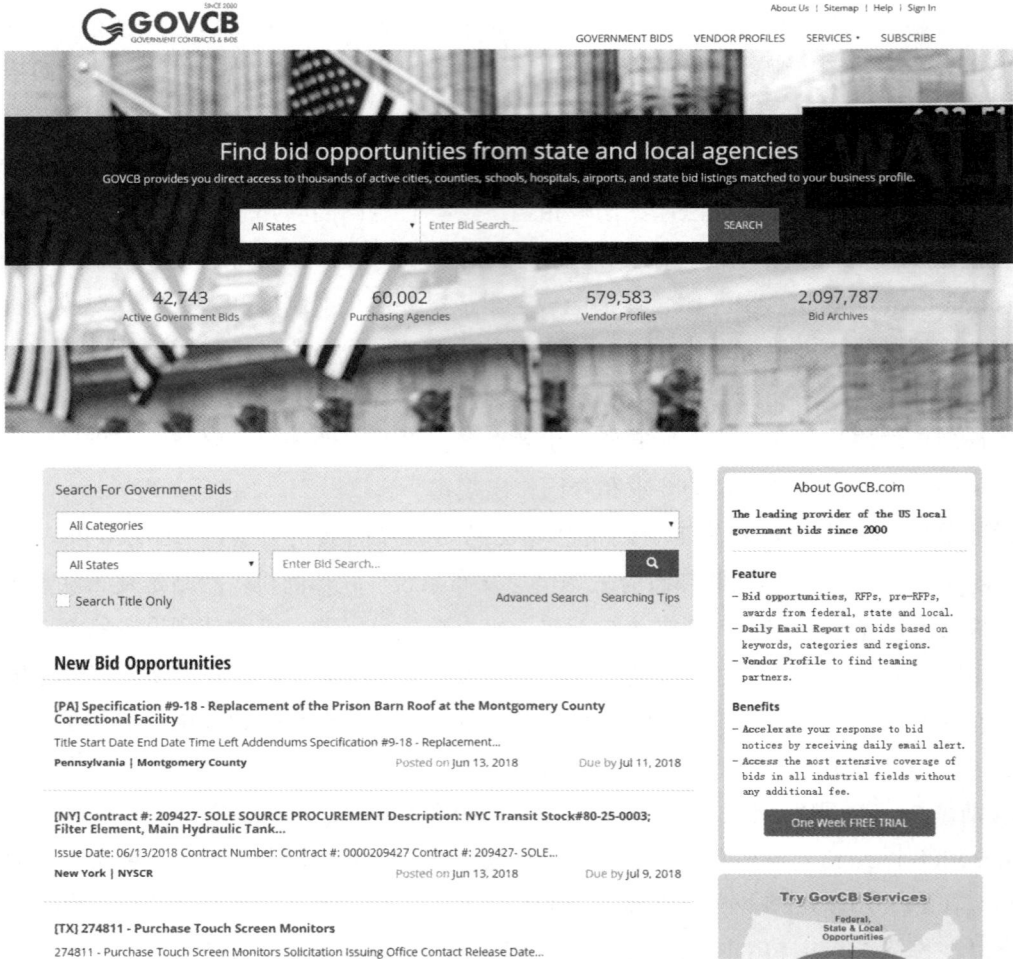

GOVERNMENT CONTRACT & BIDS 网站截图

（二）私人业主招标

私人业主招标信息往往不像政府投资工程的信息那么容易获得，在美国，许多私营部门合同是通过口头方式公布的，如果你不了解正在采购或招标部门的人，获取招标信息将会非常难。

为了获得私营部门的项目招标信息，一种方法是需要进入商业集团的社交网络，与这些人接触，并向他们请教，同时还需要花时间去和行业内将会传递信息的人进行交流和沟通，并保持联系。另一种方法是查阅所在行业的贸易期刊，并分析招标邀请，如果承包商有比较友善的合作方，可以考虑提交联合投标。

基于以上信息，本章总结了常见的四种私营部门招标信息发布渠道：

1. 新闻报道

大多数招标信息，都会在新闻报纸上刊登广告。这也取决于招标的类型，但大多数招标至少在当地的新闻报纸上刊登广告。如果是大型招标，它很可能会在一个以上的新闻报纸上刊登广告，并且还会在全国分发的新闻纸上刊登广告。但是，新闻报纸的问题在于，有投标想法的企业只能在他所在的地区找到招标书，如果收到了其所在地区的全国新闻稿，则可以从这些新闻稿中找到可用的招标书。

2. 互联网

企业也可以尝试搜索互联网来查找可用的标书，一定会找到一整套可用的招标。但是在互联网上找到可用的投标有几个问题。

招标可能会过时，互联网并没有区分目前的投标和过期的投标。搜索数百万条搜索结果非常耗时。如果企业在 Google 上搜索美国提供的投标，您将获得约几百万个结果。没有人有时间去仔细查看每个结果。

3. 大型公司的官方网站

通常大型公用事业公司和大型私营企业都会公布他们自己的招标公告。这些公司在他们的网站上一般都会公开招标。要获得这些可投标的投标书，企业必须经常浏览这些公司的网站和招标公告，以便找到您感兴趣的招标书。

4. 招标网站

招标网站是专门收集所有可用投标的网站（企业），无论是公共部门还是私营部门招标，都是每天收集所有有效招标信息的网站。如果承包商在互联网上搜索招标书，一定会找到很多这些网站。其中一些招标网站公司专门从事特定的招标，其他招标网站可能会公布所有行业的招标。

另外，私营部门招标和公共部门招标的招标方式上也存在一定的区别，私营部门比公共部门更加不近人情，更加注重经济利益；私营部门在招标时要求承包商要完全合规，同时要解释是如何合规的，以及如何让业主收益，同时也需要给业主一些有价值的东西，这有价值的东西不仅仅包括价格上的诱惑，还有承包商必须为实施合同所付出的努力等，当然，告知业主具体的工程实施方案以及提出方案的原因也是非常有必要的。

二、招投标主体的资格管理

（一）对业主的资格管理

在美国对业主并没有特别要求，通常通过相关的经济法律对业主进行管理。对于一项公共工程，只要手续齐全，通过了可行性研究和设计阶段，业主就可以进行招投标，选择承包商。

（二）对承包商的许可管理和资质管理

1. 许可管理

前面提到承包商承揽工程项目可以从各种渠道和网站获取招标信息和合同机会，在这里首先要提到的非常重要的一点是，承包商承揽政府工程的前提条件是需要进行授予管理系统（System for Award Management，SAM）注册，也就是说，只有成为了美国政府注册供应商，企业资料将被美国各级政府共享并随时查阅，才有资格参与投标、竞标。提供此项注册的是联邦承包商注册处（Federal Contractor Registry，FCR）。通过处理授予管理注册系统（以前称为 CCR 和 ORCA 认证遗留系统）的任务，FCR 可以帮助已注册的承包商作为联邦承包商利用政府的持续优势致力于小型企业界。FCR 将在不到两周的时间内完成所有注册要求，之后承包商便完全有资格竞标并接受联邦政府的工作。

此外，由于所有政府采购商和私营部门采购官员会经常利用联邦注册以便寻找合格的企业，承包商还将有机会与州、县和地方政府以及私营部门接触。

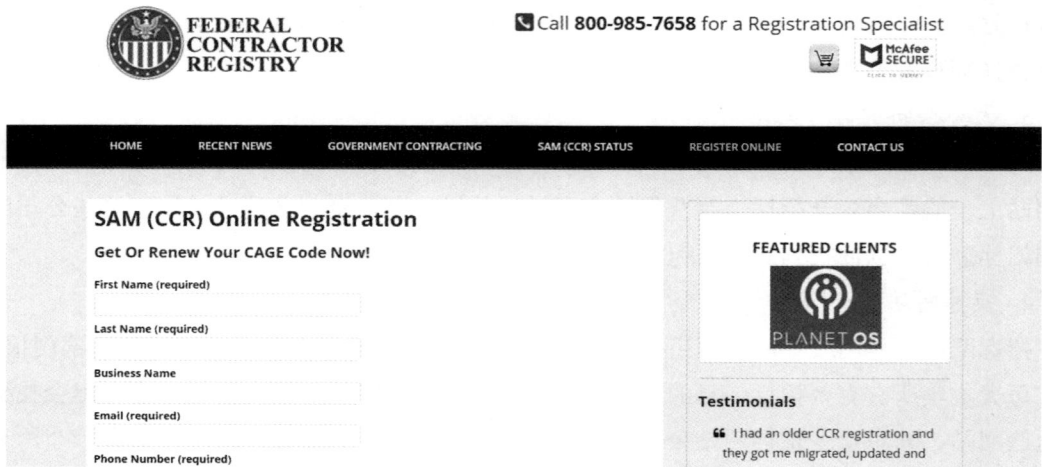

SAM 注册系统界面截图

2. 资质管理

在承包商资质管理方面，由业主根据自己的要求对承包商进行评价，由此选出他认为比较满意的承包商参加投标。详细标准是：不提交为进行资质审查的有关询问事项及有关财务报表者，不能参加较大规模工程（随物价而变）的投标；未按规定依法批准的承包企业，发包单位不得受理其标书，也不得与其签订合同。同时，对未得到工程局交付的标书的企业也相同；对以同一名义或不同名义，提出一个以上标书者的投标无效；被认为对该工程由一个以上投标干预者，其投标者所干预的投标全部无效。

三、招标方式

美国是世界上较早实行政府采购制度的国家之一。美国政府采购制度之建立与完善是以完整的政府采购法律体系为基础，政府采购的基本制度、方式程序、救济途径等都以法律的形式确定下来并以严格的程序规范，保证了美国政府采购的透明和高效，较好地实现了政府采购目标。前面提到的《联邦采购法规》便是专门的政府采购法规。

除此之外，按照 FAR 等相关法律法规的规定，美国还成立了一系列的机构负责政府采购的政策制定、执行和监管等。

（一）政府相关采购机构及人员

1. 联邦政府采购政策办公室（Office of Federal Procurement Policy，OFPP）

总统预算管理办公室（Office of Management and Budget，OMB）下设联邦政府采购政策办公室与联邦总务署、国防部、航空航天局等部门共同拟定联邦政府采购法规，并指导和督促各政府机构依法采购，同时还负责制定合同官的培训标准和内容。联邦政府采购政策办公室的行政长官由总统任命并经参议院确认，代表总统参与政府采购有关的政策、程序等立法工作。

2. 联邦总务署（General Services Administration，GSA）及各联邦机构

联邦总务署、各联邦机构等负责执行采购法规，依法实施采购。联邦总务署还为各个部门提供各种货物和服务采购的采购合同范本。但联邦总务署更多的扮演一个采购服务机构的角色，对于纳入联邦总务署集中采购的项目不全是强制性的，各联邦机构也可以自行采购。各联邦机构都有负责本部门的采购机构，每项采购活动都由一名合同官负责。

3. 政府问责办公室（GAO）

GAO 与采购管理的行政机构没有行政隶属关系，仅有权做出建议性决定书，不具有司法判决的强制性，其审查决定一般都会得到严格执行。GAO 有权对政府投资项目采购计划进行评估，对政府采购项目进行审计。

4. 政府采购合同官

美国联邦政府采购合同官作为政府的代表处理政府采购事宜，负责招标以及其他采购方式的采购、监督承包商项目进展情况、将合同授予合适的承包商并且代表政府接收产品或服务。同时，合同官也是美国联邦政府采购评审小组中不可或缺的特殊成员。在采购评审工作中，合同官的权力主要体现在三个方面：

一是审查权力。行使权力的时间在接受报价文件之后和评审之前，包括确定无利益冲突，电子化交易中对报价文件的初步审查，确定不合格性、排除性或暂时性状态，审核投标文件的合规性以及投标商注册事项。

二是评审过程中对评审小组的管理权力。合同官的领导能力在评审工作管理中得到体现。他们需要保证评审小组内部沟通顺畅，并且通过分配工作任务、协调技术小组和管理小组之间的进度，以保证评审工作按时按质按量完成。

三是确定合同相对人的权力。合同官对评审人员推荐的候选供应商有自由裁量权。尽管评审人员对于报价文件提交了评审意见，但这些评审意见并不意味着确定了中标人。供应商得分最高不一定能作为合同授予的主要理由，相反地，合同官若对评审人员的推荐意见不满意，可以根据自己的判断确定中标人（只要合同官认为有充分的理由）。

（二）联邦采购法规

联邦采购法规（Federal Acquisition Regulations，FAR）在之前提到过，是专门的政府采

购法规，比较详细地规定了最重要的采购制度和政策，使得政府机构能够按照该法规具体实施政府采购。

FAR 一共包括 8 编，其中 A 编为概要，其中各章节主要涉及联邦采购法规（FAR）在联邦采购法规体系中的地位及其与部门采购规章的关系，专业术语定义，采购活动中不当商业行为与个人利益冲突，采购行政事务；B 编为采购计划，主要是规范采购前期活动。内容涉及采购需求确定、采购信息发布、采购来源确定、供应商资质要求等，并要求采购前期活动应遵循公平、公开、公正原则，充分体现竞争；C 编为采购方式及采购合同类型，涉及简易采购程序、招标程序、竞争性谈判程序、单一来源采购程序、紧急采购程序及相应采用的合同类型；D 编为政府采购的经济政策目标，即政府采购应扶持小型企业，加强劳动法在政府采购中的适用，促进环境保护、节能减排、再生能源技术，保护个人隐私，扩大美国产品销售，以及其他经济政策目标；E 编为具体的采购相关规定，包括专利、数据及版权规定，担保及保险、税收规定，造价会计标准管理、合同造价定价原则及方法规定，合同资金支付规定，合同异议、争议及申诉规定；F 编为特定采购相关规定，如大型设备采购规定，研发采购规定，服务采购规定，定期采购规定，信息技术采购规定，公用服务事业采购规定；G 编为合同管理，包括合同管理、审计、变更，分包的条件及程序，政府财产，质量保证，运输，工程可实施性评估，合同解除，特别合同及安全法，供应商使用政府资源；H 编为条款及表格，包括采购过程中应适用招标文件及合同的具体条款、表格。

其中在 C 编中，包括了采购方式、合同类型、特殊承包方法，以及应急采购。采购方式如下：

1. 简化采购招标

《联邦采购简化法案》颁布的目的是简化采购过程，其中对比以前版本来看，修订了 1984 年《合同竞争法案》和其他联邦采购法确立的规则，废除或大幅修改了超过 225 项法律的规定，减少文书工作的负担，促进购买商业化产品，提高小额采购使用简化程序的限制金额值（低于限制金额的采购项目便可以使用简化程序），将采购程序向电子商务转变，提高了采购效率。

（1）主要内容。一是减少独特的采购需求，建立了优先采购商业化产品的制度。其理论基础是：由于联邦政府对最新的商业技术并不了解，因此应在采购商品和服务时依靠商业市场，利用市场的竞争优势和市场力量确定价格。通过优先购买市场产品，而不是通过复杂的招标程序采购政府特有的产品，由此可以大大简化采购程序。此前，采购单位可以对从市场上采购的物品提出各种特殊的需求，简化后，法案鼓励采购机构不再详细描述需求，而是将注意力集中于产出，使用更专注于绩效的合同。《联邦采购简化法案》通过废除 30 多个法规中对政府采购的独特要求，减少了政府采购商业化产品的障碍，使通常不与政府交易的供应商更容易参与政府采购。商业化产品的定义包括在商业市场上大量出售的商品，如计算机软件；还包括能及时满足政府要求的，基于正在开发的技术，尚未上市的商业化产品。采购商业化产品为政府节约了大量的资金。

二是鼓励小额采购更多使用简化的采购程序。《联邦采购简化法案》提高了政府采购使用简化采购程序的限制金额，由 2.5 万美元提高至 10 万美元。这一举措影响非常大，因为 90% 以上的年度联邦采购交易项目低于 10 万美元。因此，仅通过提高简化采购的限制金额，便极大地简化了政府购买大多数商品和服务的程序。

三是将简化采购项目预留给小企业。美国建立了帮助各类小型和弱势小企业的政府采购政策，以确保国会制定的社会经济目标的实现。在某些情况下，政府要优先向小企业、弱势小企业、妇女拥有的小企业、历史性经济落后地区的小企业或伤残退伍军人小企业等企业采购。《联邦采购简化法案》扩大了这方面的规定，要求民事机构以及美国国防部将预期采购金额在小额采购限制金额和简化采购限制金额之间的采购项目，全部预留给小企业。

四是大大提高了采购效率，也缩短了采购所耗费的时间，电子采购的鼓励使得内部经营造价得以减少。《联邦采购简化法案》改变了某些采购信息的公开要求，用电子方式代替传统的公开方式，对重大采购项目提出造价、性能和进度目标。通过建立对所有人开放的联邦采购计算机网络系统，为政府和私人用户提供服务，政府希望减少使用书面系统所需的过多的时间和资源，要求政府采购程序从传统的书面模式转向可以传输的电子信息模式。该系统的功能包括：告知联邦采购机会、列出政府招标的详细信息、允许以电子方式提交投标和建议书、对招标询问的答复等。提高简化采购阈值也据此分为两步，首先提高到 5 万美元，当采购机构实施电子采购系统后，再提高到 10 万美元。随着电子采购系统的推广，25 万美元以下的采购机会将只在政府的电子公告板上发布。简化采购不仅可以减轻政府的负担，也降低了供应商必须花费的时间和资源。

五是为相同或相似的需求建立了多项授予或交付订单合同制度，根据这类合同进行的订购需进行公平的竞争。当采购机构需要特定商品或服务时，他们只需在已获得"多项授予合同"的供应商之间竞争即可，不需要在所有潜在的承包商间竞争。《联邦采购简化法案》实施后，总务署的"多项授予合同"和政府信息技术解决方案采购合同的使用大为增长，成为政府采购的主要形式之一。

（2）适用范围。适用于 10 万美元以下的采购项目，具体形式有采购卡、框架协议等。

1）3000 美元以下的小额采购，无须考虑竞争和价格问题，但是采购金额必须平均分配给所有符合条件的供应商。对于 3000 美元至 10 万美元之间的采购项目，必须尽可能的向小企业采购。

2）小金额的采购推荐使用政府采购卡购买。

3）框架协议采购方式，又叫一揽子采购分期履行。美国主要的框架协议采购计划是由联邦总务署推行的"GSA 计划"，通过预先谈判的方式对一系列通用的货物或服务确定供应商名单，并签订框架协议。各部门通过该计划选择供应商并购买产品。

为了确保简化方式采购的价格合理公正，在参加投标的供应商不足三家时，合同官有权要求投标人（或总承包人）提供造价构成，以及最近三年内同类商品或服务的成交情况，并可派专人进行审计。框架协议中标供应商须承诺在协议期内提供的政府采购价格比商业客户价格更优惠，如有更低成交价格的，差价部分应归还政府；同时，供应商如给予其他可追踪客户（如银行、大型私人企业等）优惠的，政府有权等比例享受该优惠。

2. 密封招标

（1）密封招标程序。密封招标是一种采用竞争性投标，公开招标和授予的合招标方式。涉及以下步骤：

1）准备招标书。邀请必须清楚，准确，完整地描述政府的要求。禁止不必要的限制性规格或可能不适当地限制投标人数量的要求。

2）宣传招标邀请。邀请函必须通过分发给潜在投标人，在公共场所张贴，以及可能适当的其他方式进行公布。在公开招标之前必须有足够的时间进行宣传，以便潜在投标人准备和提交投标。

3）投标。投标人必须提交密封投标书，并在招标公告中规定的时间和地点公开招标。

4）评标。投标评估前禁止讨论。

5）合同授予。投标公开后，将及时向合格的投标人作出裁决，该投标人符合招标要求，对政府最有利，只考虑价格和邀请中包含的与价格有关的因素。

（2）密封招标合同类型。当承包方式为密封投标时，应使用固定价格合同，但如果有必要且可行，可以使用具有经济价格调整条款的固定价格合同。这些条款必须使所有投标人有平等的投标机会。

（3）两阶段密封招标。两阶段密封招标是竞争性程序的组合，当密封招标不适用时采用。其目标是允许制定足够描述性而不过度限制的政府声明，包括合适的技术数据包，以便通过传统密封招标方式进行后续采购。这种方法在需要技术建议书的采购中特别有用，特别是那些用于复杂项目的采购。它分两步进行：

第一步包括对技术提案的请求、提交、评估和讨论。不涉及定价，目的是确定所提供的用品或服务的可接受性。技术提案中"技术"一词具有广泛的内涵，其中包括工程方法，特殊制造工艺和特殊测试技术。这是澄清有关技术要求的问题的适当步骤。

第二步涉及的是第一步提交技术建议的人提交的密封价格的投标。对第二步提交的投标进行评估（按照 FAR 中的相关规定进行评估）。

3. 谈判招标

谈判招标包括竞争性谈判招标和非竞争性谈判招标。

非竞争性谈判招标为单一来源采购。在单一来源环境下签订合同时，征求建议书（RFP）应消除不必要的信息和要求；例如评估标准和大量的建议准备说明。

竞争性谈判招标为竞争性采购。在竞争环境下签订合同时，旨在尽量减少招标，评估和来源选择决策的复杂性，同时保持旨在促进对提议者提案的公正和全面评估的过程，从而导致选择代表政府最有价值的建议。

4. 其他采购方式

公开、竞争是美国政府采购的基本原则，但在某些特殊领域或条件下，也允许在限定的供应商范围内进行有限竞争，包括以下七种情况：① 独一资源（相当于单一来源采购）；② 紧急采购；③ 为应对国家紧急情况的扶持性采购（为应对紧急需求，使某一些企业得以维持经营、免于倒闭，如疫苗等）；④ 与国防条约有关的采购；⑤ 法规明确授权从独特供应商采购的；⑥ 高保密性的采购（如导弹等）；⑦ 合同官作出决定，并得到国会同意的有限竞争采购。

第三节　招投标程序

由于合同类型可以分为和政府签订的合同以及和私营部门签订的合同，因此招投标相应的也可以分为两种类型：公共项目招标和私营项目招标。

一、公共项目招标

与公共合同有关的招标过程通常是非常正式的，有大量的现行规则和规定必须严格遵守才能实现中标。如果企业正在竞标州或地方政府合同，便需要熟悉该司法管辖区的法律和法规。如果是联邦合同，您需要熟悉美国总务管理局（GSA）制定的规则。

公共项目招标过程通常遵循以下步骤：

1. 招标准备工作

准备工作中最重要的是招标文件的编制，业主通常将任务委托给同一家咨询公司。为了确保最低的报价中已包括了所有工程内容，招标文件就必须编制得非常细致和具体。

2. 招标信息发布

这一阶段是建立在招标文件编制完成的基础上。业主一般通过出版广告或其他形式发布招标信息，在发布公告里面会明确表示出对工程的各种具体要求：如所需投标公司的何种资质、项目经理的个人资历、投标公司的业绩等。

在业主对承包商的承揽工程的要求中，拟投标人必须要注意是否满足业主的要求，合格的承包商是指满足业主要求的承包商，美国是一个市场经济国家，且建立完善了以市场为主体的经济体制。一个合格的投标商必须具备与工程相适应的资格，这种资格表现在企业资格和个人资格。

如纽约市政府对政府工程的投标资格规定为：任何投标者和未来的投标者，应提供投标者财务状况的账簿、记录、凭单、报表和其他信息。另外还应附上宣誓书，列明企业的现有设备和仪器、人员和经验组织的资格，以及历来的合同履约情况，这样可以系统的了解企业的经营情况及现有实力，以确定投标。

在工程总包合同招标中，对于分包者与当地企业合作也作为一个条件，分包者必须将工程总造价 10%的工程分包给当地少数民族、妇女组织和其他社会弱者组成的企业，否则不能参加投标。

对个人的要求是参与人员应具有一定的知识水平，通过专业考核（考证）取得有关证件方能成为投标人的一员，对于企业的资格是通过投标手册反映的，而对个人的资格，是通过招标人或代理人的书面调查确定的，以证实企业和人员的资格，合乎招标工程条件的方可参加投标。

3. 标前会议和现场参观

如果感兴趣，潜在投标人出席业主预先组织的标前会议并参观施工现场。

4. 投标决定和估价的计划

承包商开展投标项目分析研究，确定风险大小，做出投标决策。也可借助咨询机构的经验和专业技能辅助决策。

5. 基础性研究

开展现场调查，选择施工方式，制定完善施工计划，获取计算造价、工期的信息和资料。

6. 工程量测量

由工程计价人员测算工程量。如果是单价投标工程，则由业主提供工程量。

7. 工程报价

核算工程造价，结合投标策略计算投标报价，报价中主要由直接费用和间接费用两部分组成，间接费通常都是在直接费确定以后再被计算。

8. 完成并提交标书

确定好标书格式后，由高层管理人员检查后提交给招标人。注意，标书中必须列明主要分包单位及他们的资质材料，特别是政府规定需要保护的小公司名单和分包工程比例。同时，投标文件还必须包括投标保函，它是参加投标的必要条件之一。

关于保函的要求，按照 1894 年的《赫德法案》和 1935 年的《米勒法案》，凡联邦政府投资的公共项目都要实行强制性的工程承包保函制度。除联邦项目外，各州也都通过了"小米勒法案"，要求州政府投资项目也接受担保。

美国的保函制度具有条件赔付、履约义务为主、高金额、专业化等特点，即只有在承包商违约而业主没有违约的情况下才能赔付，保证人可以采用履约方式以完成承包项目，规定金额以上公共项目必须提供 100%的履约保函，保证人通常都是专业的担保和保险公司或银行。

保函通常包括投标、履约和付款保函三种。

投标保函保证业主不会在投标人中标后不签约而蒙受损失，要求投标人在投标时提交，要求承包人在投标截止日以前投递的标书在有效期内不得撤回。公共项目要求投标保函金额为合同价或投标价的 20%，最高不超过 300 万美元，其他项目一般为 5%～20%。

履约保函。保证承包商中标后按承包合同和详细说明完成建筑项目，当承包商不能完成项目或未能履行承包合同义务时，保证人或接手完成项目，或为承包商的违约行为向业主提供赔偿。除承包商向业主提交履约担保外，分包商通常也须向上级承包商提交分包保函（Subcontract Bond）。凡 10 万美元以上的公共工程项目均强制要求 100%合同价的履约保函，保函费用通常为合同价的 1%左右，包含在承包商投标时的报价内，标准期限为 2 年，超过 2 年的项目根据担保期限的延长增收部分保费，有效期至工程保修期满为止。

付款保函目的是在合同责任履行期间为工人、项目分包商、材料供应商等提供保障，使其能得到承包商的及时付款。索赔权利人是工程的分包商、供应商、工人等，如果承包商未履行付款责任，索赔权利人可以直接向保证人提出付款请求。2.5 万美元以上的公共项目即强制要求提供付款保函，保函金额通常为合同价的 100%。付款保函通常要求独立出具，但保证人往往不将承包人的付款风险视为一种独立的风险，在对一个项目同时出具履约保函的情况下，对付款保函不再另收费。

9. 评标和定标

评标和定标通常由业主负责，或由评标委员会提供咨询意见。对于公共工程，往往由政府部门进行评标和定标。政府工程评标是以价格为中心，是以综合评价最低的标价为优。如纽约市联邦政府投资的公路工程，其政府预测（标底）价 1200 万美元，批准的工期为 300 天为合理的上限，每拖后一天的工期损益为 2.5 万元，有三家企业报价，其值分别见表 6-5。

表 6-5 投 标 报 价 举 例 单位：万美元

投标单位	报价	工期损益价格			总价
		天数	单价	价格	
甲单位	1000	260	2.5	650	1650
乙单位	1100	200	2.5	500	1600
丙单位	800	310	2.5	770	1570

如表 6-5 所示，丙单位综合评标价最低为 1570 万元，但因为工期已超越最合理上限 300 天，而不能作为最优候选人；乙单位的综合评标价为 1600 万元，低于甲的综合评标价，且工期最短，则为中标单位。甲方单位在报价 1000 万元时，加上工期损益价为 1650 万元，高于乙单位 1600 万元，乙单位为中标单位。

国际工程的评标按照工作内容分为行政性评审、技术性评审和商务性评审三个层次。行政性评审的目的是从众多的投标书中筛选出符合最低要求标准的合格投标书，以免浪费时间和精力去进行技术性评审和商务性评审。经过该评审，可能会对投标人的报价名次重新排列。技术性评审的目的是确认备选的中标人实施工程的技术能力，以及其施工方案的可靠性。主要围绕投标书中有关的施工方案、施工计划和各种技术措施进行。商务性评审的目的是从造价、财务和经济分析等方面评审投标报价的正确性、合理性、经济效益和潜在风险等。在技术性评审合格的前提下，中标人的选择主要参考商务性评审的结论。

美国的政府投资工程，都要进行工程造价测算，但其预测造价只作控制工程造价依据，不作为评标的依据。在美国进行工程造价测算，不但要考虑本国的现有情况，由于美国的能源大量依赖进口，所以在进行工程造价测算时，应同时考虑国际经济形势。一般考虑 10%的不可预见费用。

在定标完成后，评标委员会检验最低中标价的合理性，直至合同正式签订，由此招标活动结束。

二、私营项目招标

就私人合同而言，招标过程不太正式，并且通常不受政府规定的详细规章制度的约束。在私营部门，要求投标的业主或主承包商在制定自己的招标规则和在提交的各种投标中进行选择时有很大的自由度。但是，私营部门的这种自由度并非完全无限。在重大项目方面，建设律师审查招标文件是否符合国家和地方法律和海关是明智的。

三、案例介绍

下面以一个美国电力项目为例对其具体的招投标流程进行介绍：

2018 年 5 月 23 日，美国南部马萨诸塞州刚刚评出了美国第一个入围长期合同谈判的海上风电项目——Vineyard 海上风电项目。此次竞标是由美国马萨诸塞州电力配送公司和马萨诸塞能源部门联合发起的，拟选择一个不超过 800MW 的海上风电项目，获得海上风电项目长期合同。

竞标程序安排如下：

（1）政府发布招标书；

（2）召开投标人大会；

（3）问题澄清截止，提交投标意向书；

（4）投标截止；

（5）确定入围谈判项目；

（6）开始合同谈判；

（7）提交合同给公共事务部门审批；

（8）等待签约。

最终共有三家海上风电工程承包商提交了标书，分别是 Vineyard、Deepwater 公司和 Baystate 公司。

在独立评估专家的协助下，经过漫长的评比过程，马萨诸塞州电力配送公司和能源部门于当地时间 2018 年 5 月 23 日宣布，Vindyard 最终胜出，成功进入下一轮长期合同谈判。

该项目位于马莎葡萄园岛南 15km，计划于 2019 年开始建设并于 2021 年完成建设。项目建成后，马萨诸塞州每年可以减少 160 万 t 碳排放，相当于 32.5 万辆小轿车一年排放量。

Vindyard 在提交标书的时候，还提交了 3 项发展激励举措，这些举措也是帮助 Vindyard

项目成功中标的主要因素：

（1）成立 1000 万美元风电发展基金，以促进海上风电行业在马萨诸塞州的发展。

（2）准备了 200 万美元用于人员招聘、培训方面，并承诺向马萨诸塞州东南部的居民培训海上风电相关技能。

（3）提供 300 万美元海洋哺乳动物和风电基金，用于新方法和技术研究，以及海上哺乳动物保护研究，促进当地海上风电行业的健康发展。

第四节　投标报价的生成

一、报价体系

随着建筑业市场情报功能的发展，美国建筑业的报价体系向市场价格报价体系的转变共经历了四个阶段。

第一阶段是造价价格报价体系。即承包商在投标之前必须根据项目的招投标文件进行造价测算，并根据项目直接造价、间接造价按一定的费率计算出项目税金和利润，最后将以上各项结果的总和作为投标价进行投标报价。

第二阶段是混合报价的体系。虽然承包商投标前已收集了一定的市场信息，但因市场信息的不充分致使其利用价值较低，基于市场信息的市场价格只能作为造价价格调整的参考。调整后的价格作为投标价。

第三阶段与第二阶段不同的是，随着市场情报体系的进一步发展，由市场信息得到的市场价格范围具有一定的可信度，但为了弥补市场信息可能造成的不足，承包商在投标前还需对项目进行粗略的造价测算，并据此对市场价格进行适当的调整，调整后的市场价格作为投标价。

第四阶段是基于市场价格的报价体系。该体系要求承包商总是有能力进行低造价、高效率的项目建设。随着市场信息的不断完善，可以看出在这种报价体系下，承包商的风险比以前低，从而有利于建筑业各主体地位的平等化，保证建筑业的可持续发展。

承包商在投标前研究了投标文件，对现场做了考察，从而进入实质的估算价格阶段，承包商根据自己的经验和习惯，采用相应的方法和程序。

二、投标报价的构成

工程报价项目的基本组成见图 6-2。

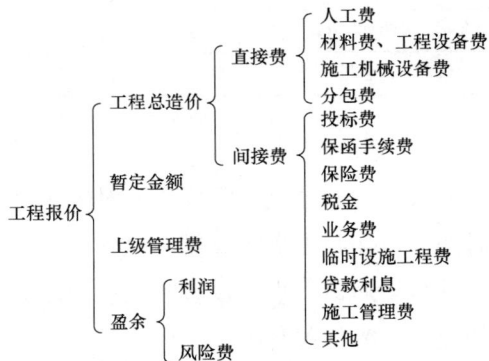

图 6-2　工程报价项目的基本组成

三、投标报价的计算

同第三章介绍的费用构成类似，承包商的工程投标报价按照如表6-6所列方式计算生成。

表6-6 工 程 投 标 价 控 制 表

工程投标价构成内容	金　额	比重（%）
一、人工费		
二、材料费		
三、施工机械费		
其中：自有机械		
机械租赁费		
四、分包费		
其中：分包项目一		
分包项目二		
分包项目三		
……		
五、直接费小计		
六、间接费合计		
其中：投标开支费用		
保函手续费		
保险费		
税金		
经营业务费		
临时设施		
贷款利息		
施工管理		
七、上级管理费及代理费		
八、风险和利润		
九、工程总报价		

1. 人工费

人工费的计算，需要首先对工作进行分解，确定出需要的各工种所需人员数量以及工作时间，再按照工资计算便能得到人工费。一般来说参照当地的平均薪资进行估算，如果没有相关数据的话，也可以参照以往的数据进行计算。在计算过程中还需考虑相关的法律法规，加上保险等相关费用。

2. 材料费

（1）材料原价。材料费报价中，材料和消耗品的原价可以从各种价格服务、造价册、价格目录、报价单和历史数据记录中获得。每个办事处都应审查这些出版物中所载定价的来源，在使用之前评估其合理性。使用这种造价数据时应注意适当考虑折扣、通货膨胀等因素，以及影响承包商造价的其他因素。在考虑材料费用时也要考虑必要的废品率和损失率。

（2）材料价格上升费。有时报价是在预期购买日期之前提出的。因此，有必要对现行价格进行调整，以反映实际采购日期所预期的费用。如果需要进行费用调整，则不应列为应急费用，但应在每项估计数中明确和单独加以界定。

（3）材料运杂费。造价工程师应该检查价格报价的基础，以确定是否包括交货。如果不包括交货，则必须确定和列入材料到达工地的运费。如果材料和用品是 FOB（离岸价）或出厂价，则应将货物运费加到材料或用品的费用中；如果材料和用品的造价包括部分运杂费，则要将其他运杂费再计入材料费；如果材料或用品数量庞大，需要大量装卸设备，则可能需要将搬运和交货所需要的设备和人工费用计算在内。

（4）材料搬运和储存费。承包商通常需要在现场卸下、处理和储存材料。这些费用应列入材料费估算。一些需要在低湿度环境下储存的电子设备会增加特殊存储的费用，并计入到直接造价；对于常见建筑材料或需要安全储存的设备，现场的安全围栏、临时建筑和材料处理费用则被视为间接费用，列入工地现场管理费用中。

（5）材料应纳税收。应将联邦政府和州销售税增加到材料或用品造价中。在一些州，纳入联邦建设的材料是免税的，但用品并不是这样。因此，应注意按要求计算销售税税率。造价工程师应核实税率和这些费率是否适用于项目地点。销售税被视为材料和用品的直接造价。

（6）材料或用品的现场制造或生产费。如果承包商可能在项目工地现场生产或制造材料或用品，则应单独估算这部分费用，结合详细的人工、材料、机具等的投入计算单位材料或用品的造价。

（7）政府提供的材料（GFM）或设备（GFE）。有些项目，政府可提供一些材料。政府提供的材料和设备应按照其他材料的方式估算，但不包括购买价格。费用估算中应包括运输、装配、销售税和安装费等，以及可能与政府提供的材料有关的特殊费用，例如保险以及特殊储存费用或特别安保措施费、废品及损失等。

3. 施工机械费

（1）施工机械的选用。对于报价而言，挑选合适的设备是非常重要的事。一个施工方不可能拥有施工中所需的各种设备，在计价过程中，会首先考虑已有的设备。在已有设备不能满足施工需求的情况下考虑添置新设备。对于每项重要工作任务，人工和设备都以小时造价和预期生产率表示。设备的工作效率、产出量、设备操作空间的可用性、各项工作任务的建设进度、工作班次数以及设备操作员的情况等因素都会对产出产生影响。造价工程师应选择适合于工作效率和更为经济的设备，并根据实际业绩数据或从历史设备使用产出的数据中，结合项目具体条件进行调整后计算设备费用。当一台大型设备服务于一名以上工人时，设备时间应按比例分摊在两名工人之间。

（2）设备的调动和遣返费用。设备调动费用应包括设备运至工程现场的运杂费，包括许可证、工地卸货、必要的装配和测试以及在调动和遣散期间的备用费用等。调动设备所需的所有劳动、设备和供应费用也应列入调动费用。当设备位置不明时，调动和遣散距离应以项目场地周围的圆形区域为基础计算。设备遣返费用应以预计运回至承包商储存场地的费用为准，也可用调动费用的百分比表示。清洁/准备设备所需的所有劳动、设备和供应费用也应包括在遣返费用中。运输费率应定期从从事这类工作的合格公司中获得。对于加工厂的调动和遣散费用应以项目交付造价为基础，加上建造、税收和拆除费用减去项目结束时的残值计算。加工厂的维护费用是作业造价，应被分摊到产出的产品上去。

（3）施工设备所有权和运营费用。它决定了设备所有权和运营费用的小时费率。这些费率被制作成"费用手册"，用于编制设备费用。这些小册子是针对美国不同地区开发的，可以根据项目所在地点选用适当的费用手册。造价工程师还可以利用现有商业出版物来协助确定费率。当设备在现场每周工作时间超过 40h 时，应对费率加以调整后再用。

（4）现场的加工厂费用。在高度专业化的加工厂中，加工厂全部费用被计入一个特定的工程项目。对于专业化较低的加工厂，加工厂费用包括运营、维修等工程费用，应按加工厂在不同工程项目中使用的时间和内容进行分配。

（5）小型电力工具、手工工具及低值易耗设备和用品。小型电力工具和手工工具以及低值易耗设备和用品的费用，应按照人工费用的百分比计算，由造价工程师按所涉及的工作类型根据经验确定费率。基于历史数据的单位价格中已经包括了小型工具费用的，小型工具造价将被视为设备造价的一部分。

4. 分包费

造价工程师必须首先确定可能分包的工作。除了主承包商的管理费和利润外，还应以分包商的直接造价为基础计算适当的分包商管理费和利润。分包费用包括直接人工、材料和用品、设备、二级分包合同、调动和遣返、运输、安装以及管理费用和利润。分包费用总额被视为主要承包商的直接造价。

5. 管理费

总部管理费是承包商在整个经营管理中所需费用，与总部所有费用有关。由于这些费用项目不是由任何特定工程项目产生，因此将它们分配给所有项目。在所有的造价中，承包商的 G&A 造价是最不确定的，不是标准和固定的。每个承包商的这项造价都是不同的，通常都采用特定时期总部管理费按照合同额度进行分摊的方式计算。如果没有更多具体数据，造价工程师可能会通过经验确定一个费率，例如，大的承包商取 3%，小的承包商取 10%。

在列出了管理费项目之后，每个费用项目都应单独估算。项目办公室的开办费等只能发生一次。造价工程师在计算管理费的时候要结合工期来计算，依靠判断、历史数据和当前劳动力市场条件来估算管理费用。信息来源可从当前或过去承包商投标数据和审计中获得，也可利用承包商的组织机构图，来进行人员配置和管理费用评估。间接薪金应包括薪金税和各类津贴，如联邦保险费、健康福利和假期工资等。

6. 其他费用

（1）保证金或担保。一般包括投标保证金或投标担保、付款担保和履约保证金。保证金或担保的数额应根据合同要求、担保规则、保险费率以及承包商实际担保费用计算。所有的保证金或担保均以造价工程师确定的工程造价为基础计算。保证金和担保可以分为 A 类、B 类或 A-1 类，具体取决于施工类型。如果合同适合两种分类，通常情况下按较高的比率计取。

（2）市场风险。承包商的报价会体现出各自的竞争力和承包市场状况，政府对工程项目采购价的估算是衡量承包商报价合理性的"尺度"，因而，政府估价需包含在直接和间接造价基础上的调整。

（3）建设管理费、通货膨胀费和不可预见费用等。建设管理费用通常按照施工合同的一个百分比计算。通货膨胀费用通常采用施工中点作为计算费用增长的结束日期。应急措施用于弥补未知、无法预见的不确定性和/或未预料到的条件变化而准备的资金。

7. 利润

一般认为，影响利润率的因素包括：风险的大小；工作的相对难易程度；工程规模；工期长短；承包商的投资；政府支持以及分包商数量等。因而，对利润的估算采用对上述影响因素加权平均的方法，首先，为上述因素赋值，其次，确定上述因素对利润的影响程度，然后，将二者相乘再将所有乘积加以合计即可得到利润率。

对于主承包商和每个分包商，应单独进行利润估算。当分包商承担部分工作的风险和责任时，承包商的这项工作的利润率应降低。作为一般规则，利润可按照合同额或修订后的所有费用总额的百分比计算。对于早期设计阶段的估算，可以根据历史经验来假设利润率。

一般工程报价中，不可预见费用和利润是单列的，其他费用是以直接费为基础确定的，但不论如何，确定的方法是要贴切市场价格实际，任何认为招标人已在招标文件中包含的内容不再补给，如纽约市的招标文件规定：只有工程价格超越原合同价 25%以后的价格才能补给施工企业，但这笔钱的认可必须得到现场监管工程的工程特许认证，且对超越 5000 美元以外的工程需专业委员会同意才能补给。

第七章　美国电力工程施工阶段造价管理

在美国的工程管理体系中，是将项目的造价同进度、质量管理等结合起来作为一个系统进行综合管理的，最终目的是为了实现产品的最优化以及效益最大化。施工阶段是资金投入最大的阶段，也是把货币资金转化为建设主体的关键阶段。因此，施工阶段的造价管理在项目全过程造价管理中起着关键作用。

由美国国际造价工程师促进协会 AACE 出版的《全面成本管理框架》一书都是以 PDCA 循环（计划—执行—检查—行动）为基础的，其中项目控制流程一章是嵌套在执行（Do）步骤内的，施工阶段的造价管理在整个项目管理过程中相当于是执行阶段，因此本章基于此在借鉴《全面成本管理框架》的基础上对于施工阶段的造价管理从启动、计划、实施、监测和采取措施控制等步骤进行了阐述。最后，就施工合同管理进行概要介绍，以帮助读者了解美国电力工程在施工阶段的造价管理概况。

第一节　项目启动阶段的管理

在项目启动阶段由项目经理进行项目动员。一旦项目被授权，项目动员便是第一主要活动。动员包括使项目启动和运行所需的所有活动。制定计划和获得授权是不够的，项目必须要付诸行动才行。其中项目经理需要做的工作包括：

（1）举行项目启动会议；

（2）明确人员角色和责任；

（3）确定培训需求并安排研讨会；

（4）与专业负责人和利益相关者举行启动会议；

（5）获得项目工作人员（及其管理人员）的工作承诺协议；

（6）设置变更控制程序；

（7）确保项目支持基础设施到位；

（8）建立或调用现有的质量保证机制；

（9）商定监测和控制会议和报告的时间表；

（10）确保初始关键活动的启动。

第二节　项目计划阶段的管理

项目启动之后，便需要开始项目计划的编制工作，项目计划工作是以项目范围和执行策略开发作为起点，项目范围和执行策略开发过程将项目实施基础（即资产范围、目标、约束和假设）转换为可控项目范围定义和执行策略。项目范围定义了工作的内容，执行策略确定了实施工作的标准。

项目控制计划通常是一个分阶段的过程，需要定期重新审视项目实施过程，以便在每个阶段完成时获得增量授权和资金。项目范围和执行策略开发过程的主要输出包括已定义和记录的工作分解结构（WBS），工作包和执行策略。在项目期间，这些产出根据需要进行更新，以解决项目变更管理过程产生的分阶段开发和变更。

图 7-1 是项目范围和执行战略开发流程图。该流程为所有其他项目控制计划流程奠定了基础。

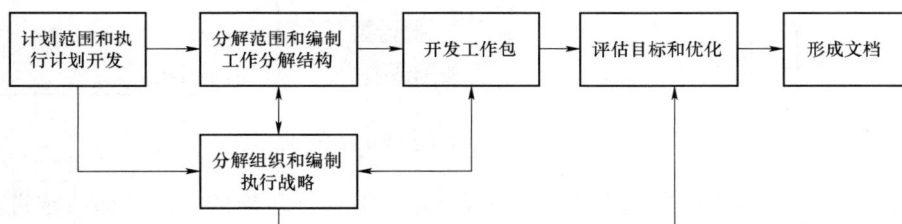

图 7-1　项目范围和执行战略开发流程图

项目范围和执行战略制定为综合项目控制规划过程提供了基础，项目计划阶段的工作还包括项目范围和执行战略开发，项目进度计划的编制，成本估算和预算，编制资源计划，进行价值分析，编制风险管理计划以及采购计划。

第三节　项目实施阶段的管理

项目计划的实施是整合项目控制计划各个方面的过程；确认计划是全面的，符合要求并可以采取控制的；启动项目控制系统；并将综合项目控制计划传达给负责项目工作包的人员。

项目计划实施的关键概念是在功能上集成项目控制计划组件（即成本、进度、资源、风险和采购）的控制账户。控制账户直接与工作分解结构（WBS）中的工作包组成部分相关，该工作分组结构已根据组织分解结构（OBS）和采购计划分配了责任，并为其分配了成本预算、资源和活动安排。但是，控制账户可以包括一个或多个工作包，这些工作包位于 WBS 层次结构的同一分支中，并且 OBS 中的同一个人负责该工作包。图 7-2 说明了项目执行阶段的控制账户概念。

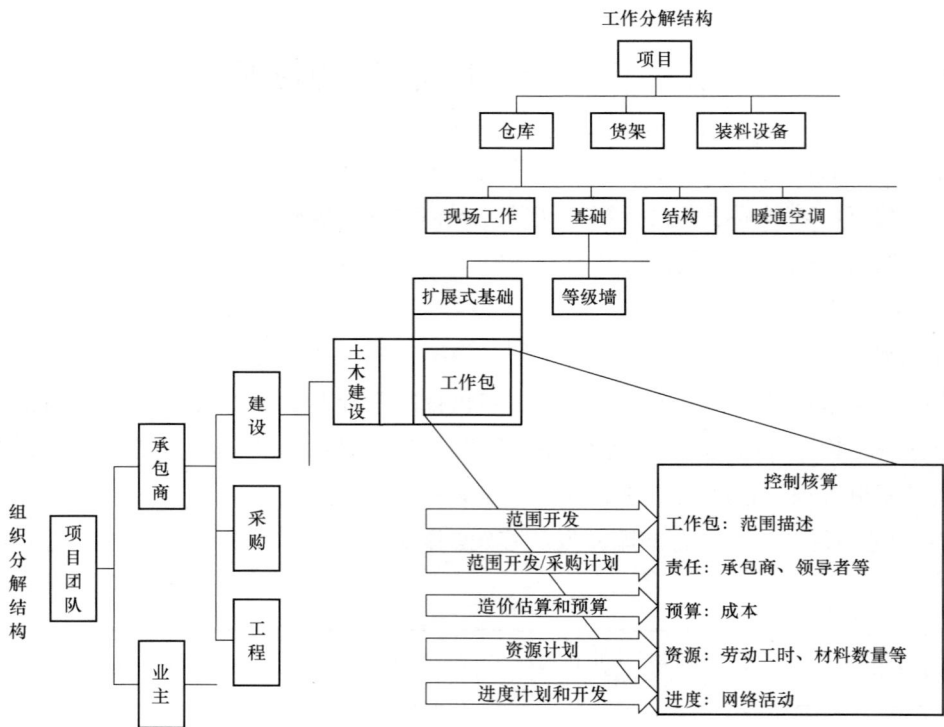

图 7-2　项目执行阶段的控制账户概念示例

　　项目实施过程中会在每个阶段结束时进行评审，从而产生新的方向（即决定进入下一阶段，请求额外的工作或信息，或停止项目）和资源授权（即分阶段项目资金）。在授权阶段的资金到位后，该阶段的工作通常立即开始。因此，项目控制实施的关键概念是分阶段控制，项目控制必须在项目阶段工作之前开始。项目计划的实施不能等到执行阶段开始。

　　例如，项目执行阶段的项目计划（例如，详细的工程和施工）在初步设计阶段进行，并计划在概念阶段控制初步设计阶段。由于早期阶段的工作范围通常有限（例如，WBS 的第一级或第二级，项目团队中的人很少，材料采购或合同很少等），早期的项目计划比对于后期执行阶段将更为简单。

第四节　项目监测和控制阶段的管理

　　伴随项目计划的实施，项目的监测和控制工作也需要定期进行，以保证项目是按照预期情况平稳运行。

一、项目造价监测——挣值法

　　挣值管理系统（Earned Value Management Systems，EVMS）集成了工作范围、进度和资源，以实现对所获得的价值与实际造价和项目进度的客观比较，反映项目实际情况与计划情况的差异，从而选择是否采取措施对项目进行调整和控制，使其按照预计情况继续运行。

挣值（Earned Value）的建立：TCM 框架中确定的工作流程代表了 AACE 国际挣值过程见图 7-3。该框架的关键是建立具有适当分配的角色和职责的基本系统、文档、工具和组织结构。

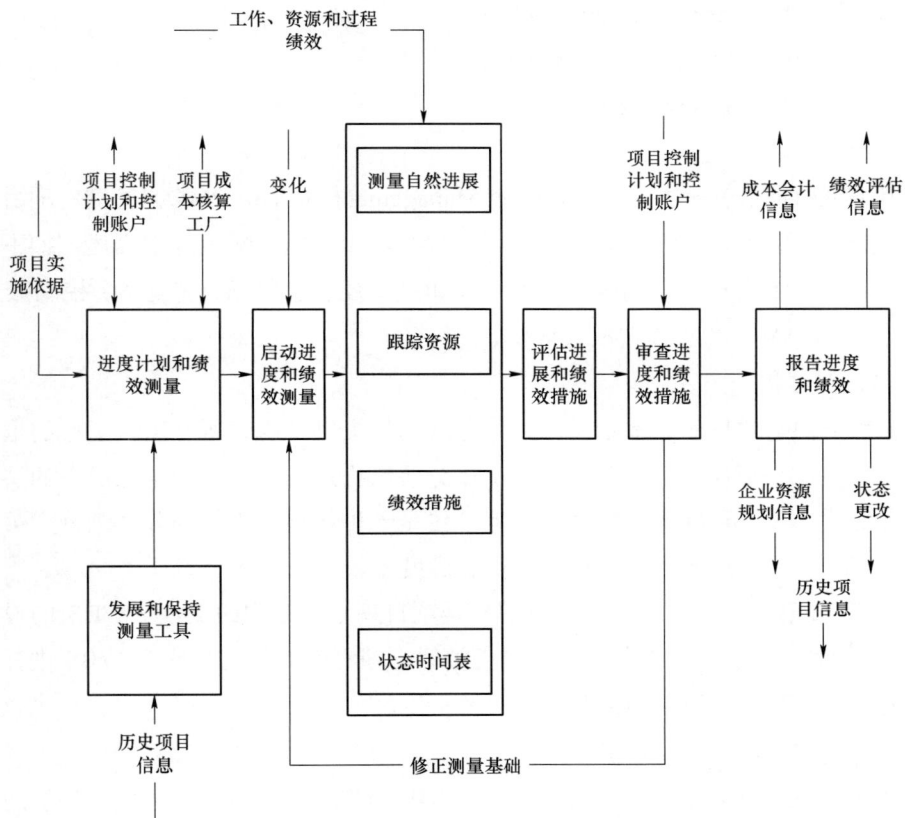

图 7-3 基于项目绩效测量的 TCM 流程图

建立挣值系统需要以下要素：

（1）项目组织；

（2）工作分解结构（Work Breakdown Structure，WBS）；

（3）组织分解结构（Organizational Breakdown Structure，OBS）；

（4）责任分配矩阵（Responsibility Assignment Matrix，RAM）；

（5）工作授权（Work Authorization，WA）；

（6）计划、进度和预算（Planning Scheduling and Budgeting）；

（7）绩效评估基准（Performance Measurement Baseline，PMB）；

（8）控制账户（Control Accounts，CA）；

（9）风险管理（RBK Management）；

（10）工作包（Work Authorization，WP）；

（11）计划包（Planning Package，PP）；

（12）管理储备金（Management Reserve，MR）和应急（Contingency）；

（13）挣值定义（Earned Value Definitions）；

（14）偏差报告（Variance Reporting）；

（15）变更管理（Change Management）；

（16）绩效考核（Performance Review）。

1. 项目组织

项目组织可由项目管理办公室（Project Management Office，PMO）管理。项目本身根据工作分解结构进行组织，而人员分配在组织分解结构和责任分配矩阵中描述，如下所述。工作要素可以分为工作包（WP）和规划包（PP）。此外，还有一些细分描述为：控制账户（CA），控制账户经理（CAM）和工作授权（WA）。

2. 工作分解结构

工作分解结构是项目的基本定义。工作分解结构提供了组织所有项目工作的框架。这样就可以安排、预算、授权、测量和报告。工作分解结构是面向产品的自上而下的层次结构，用作组织实现项目最终目标所需活动的框架。这是一种将项目工作划分并细分为可管理组件的系统方法，有助于规划和控制项目的造价和进度。

WBS 是项目范围的有组织的层次分解，是项目规划和管理的支柱。WBS 的设计应考虑到每个 WBS 级别可用在 WBS 中一致地报告类似详细程度的信息。应对 WBS 进行编号，以便元素与其对应的唯一标识符相关联。

3. 组织分解结构

组织分解结构反映了支持特定项目的公司组织。OBS 通常由负责和执行组织的图形或表格列表来说明，以分层方式构建。OBS 提供报告公司内部组织的灵活性。它显示了组织（包括分包商）的层次关系，用于管理 WBS 中的范围。以下是组织结构的类型：

（1）职能组织结构。每个职能部门都有一个管理集团职能的经理，如工程服务或信息技术。可以指派个人支持不同的项目；但是，他们仍然是职能组织的一部分。

（2）矩阵组织。矩阵组织是指将职能组织中的人员分配或矩阵化到另一个组织，以便为该项目或组织提供功能支持。矩阵式员工从项目经理那里接收他们所支持项目的任务。

（3）项目组织。项目组织是一个被授权进行的项目，给定预算来分配支出，并具有明确的开始和结束日期。项目组织有一个指定的经理或负责人，并开发一个组织结构，从中抽取特定资源以执行项目。分配给项目的个人支持项目执行，直到经理命令他们返回其各自的职能组织进行重新分配。

4. 责任分配矩阵

责任分配矩阵是一个资源矩阵，其识别的是与项目建立的控制账户级别相关联的资源，并将这些级别交叉引用到 WBS 元素。在 OBS 的较低级别，与 WBS 的交叉点定义控制账户。

控制账户很重要，因为它是解决技术性能、进度和造价的关键。RAM 包括职能组织和负责控制账户的人员，即控制账户管理经理（CAM）。

RAM 可以表示为部门、个人和 WBS 元素的图形或表格列表。

5. 工作授权

工作授权是一个正式的过程，必须由工作授权指令（Work Authorization Directive，WAD）记录。通常，工作授权指令包含工作范围，开始和结束日期，WBS，负责人，授权预算金额以及造价核算经理和项目经理的签名。签署的工作授权指令必须在工作开始之前签发。工作授权批准通常涉及两种类型：外部或客户授权以及执行工作的组织内的内部授权。客户授权适用于基本合同，合同变更通知和补充协议等项目。内部授权取决于从最高管理级别到造价核算经理的政策和程序。次级管理人员根据公司政策拥有既定级别的授权，并可以在他们认为合适的情况下将其权力委托给下级管理人员。

6. 计划、进度和预算

项目的初始规划需要定义项目的范围以及完成工作所需的步骤和资源。初始规划的一部分包括项目的可交付成果和里程碑清单。该清单列出了哪些可交付成果和里程碑是强制性的，以及可交付成果的相对权重或重要性。可交付成果通常可与里程碑互换使用；但他们是截然不同的。可交付成果是标识产品的合同或管理要求。里程碑是预定的事件，标志着指定的努力或目标的完成。在计划条款中，里程碑通常是具有零持续时间的事件，其标记一个或多个活动的开始，中间步骤或结束。可交付成果可能是一个里程碑，但里程碑不一定是可交付成果。

可交付成果和里程碑都用于衡量进展。通常，可交付成果由若干活动和里程碑组成。活动按其相对重要性加权，并根据每项活动衡量进度。然后，使用包含可交付成果的活动的加权平均值来确定可交付成果的总体进度。关键里程碑可以帮助管理项目或计划的关键路径。

根据里程碑计划的制定，项目将根据 WBS 以及项目团队的意见制定基于关键路径的计划。经过多次迭代和批准后，确定人工、材料、设备、分包商和其他所需资源。项目团队将根据所需资源制定预算并要求在指定的预算范围内完成。

关键路径计划的工作通常基于 WBS 进行安排，因此可以轻松集成造价、工作和计划。一旦确定了所有活动和活动之间的关系，就可以通过网络路径的前向和后向传递分析计算所有计划活动的最早和最晚开始和结束时间。

技术范围、进度、预算和工作授权的集成产生了绩效评估基准（Performance Measurement Baseline，PMB）。PMB 是所有控制账户和概要级别计划包的分段预算，加上间接预算和其他未分配预算的总和。管理储备金（Management Reserve，MR）和 PMB 一起构成了合同预算基数。合同预算基数加上利润便等于合同价格。

PMB 成为衡量、监控和控制项目总体造价绩效的计划。基线是按期间总计估计费用编制的；通常以 S 曲线的形式显示，以衡量合同履行情况。如果制定了正式估算，则通过将估算与批准的基准计划相结合来制定基线。

7. 绩效评估基准

简单地说，绩效评估基准 PMB 反映了项目的基线，基线是根据原始合同价值设定的，只能通过项目变更管理计划通过被批准的变更进行调整。

8. 控制账户

控制账户是一个管理控制点，在该控制点上累计预算（资源计划）和实际造价，并与管理控制目标的挣值进行比较。控制账户是规划和控制的自然管理点，因为它代表分配给一个负责组织元素和一个项目 WBS 的工作。

定义控制账户的目的是将项目范围分解为可以准确计划和有效管理的工作元素。控制账户不应跨越多个 WBS 元素。

控制账户是通过 OBS 和 WBS 的集成来定义的，并且表示给予单个组织单元的定义的工作范围。多个控制账户可能存在于单个 WBS 中，具体取决于授权在 WBS 元素范围内工作的组织数量。

控制账户是集成，计划和管理造价，进度和工作范围要求的地方。将计划活动持续时间和造价估算结合起来可以得出分阶段的预算和资源计划。将挣值方法应用于控制账户可以衡量工作范围造价和进度表现，并将其汇总并作为项目绩效报告给管理层。

9. 风险管理

风险管理是对计划的进度、预算、流程和管理的审查，以确定计划的风险。造价和进度的风险影响需要量化和管理，并且必须包含在 PMB 中。应确定应急和管理储备金，以确保项目有足够的预算和时间。挣值管理系统需要对风险数据进行主动分析，以确定计划的可行性。

10. 工作包

工作包是在控制账户内执行的任务或任务集。WP 具有计划和资源。

WP 是测量进度和计算挣值的点。它也是计算进度差异的点。WP 是一个通用术语，用于描述对企业运营而言的工作级别作业，任务或流程。

工作包是控制账户中的控制元素。CA 中工作包的数量，大小和持续时间由管理需求，公司策略以及项目的大小和复杂性定义。并非所有 CA 都需要多个 WP 来进行规划和控制。

11. 计划包

计划包是工作的逻辑集合，通常是未来的工作，可以识别和预算，但尚未在工作包或任务级别详细计划。

计划包预算按进度表分阶段与计划到期日一致。随着开始工作的时间越来越近，随着可交付成果和产品的详细定义，计划包得以完善。将计划包转换为工作包时，没有标准的提前计划预测期。每个企业都将选择最能满足每个项目需求的转换方法。

12. 管理储备金和应急

管理储备金是添加到预算中的金额，用于在项目范围之外进行酌情管理。它可能包括在规定范围内的金额；但管理层并不希望将这些资金作为应急资金。

管理储备金是根据合同造价基准创建的，以提供管理灵活性，分配预算，涵盖整个项目或计划级别的未知意外事件，费率变化和其他未知事件。MR 可以在整个项目级别进行，也可以在较低级别进行分配和控制。它可以与总合同水平相协调。客户不得将其视为增加工作范围的资金来源。管理储备金没有范围，也没有分配给特定的风险。

管理储备金不属于绩效测量基线，不包括在挣值计算中。管理储备金通常用于大型复杂的联邦项目。

应急费用是为预期但非某些事件的造价估算和工期增加的准备金。这些"已知、未知"事件在风险评估期间或由经验丰富的估算人员和项目经理确定，这些估算人员已经提供了类似的工作范围。

13. 挣值定义

挣值的定义基于项目预算，实际造价和绩效的制定。

计划值——计划工程预算造价（BCWS）：表示绩效测量基准按时间分段的值。总的计划值被分段放入造价账户并代表期间和截至当期的总和。通过将总预算乘以计划的完成百分比）来计算计划工程预算造价。

表 7-1 显示了六个月内 100 万美元的示例预算。

表 7-1 示 例 预 算

BCWS（PV）	一月	二月	三月	四月	五月	六月
月度计划进度（%）	10	20	25	20	15	10
本期（美元）	100 000	200 000	250 000	200 000	150 000	10 000
到期（美元）	100 000	300 000	550 000	750 000	900 000	1 000 000

挣值——已完工程预算造价（Budgeted Cost for Work Scheduled，BCWP）：通过将预算乘以实际完成百分比来计算。在项目期间任何阶段的已完工程预算造价（BCWP）可以通过将对项目有贡献的工作要素的组成值相加来计算，同时考虑每个要素的完成情况。表 7-2 是一个示例：

表 7-2 计算新办公系统的已完工程预算造价（BCWP）

活动码	活动描述	预算造价（美元）	完成度（%）	已完工程预算造价（美元）
A	办公室准备	100	50	50
B	采购设备	200	50	100
C	设计检验	50	25	12.5
D	安装设备	20	0	0
E	检测系统	30	0	0
F	用户培训	10	0	0
总计		410	—	162.5

实际值——已完工程实际造价（Actual Cost of Work Performed，ACWP）：随着项目的进展，可以通过收集项目使用的人工和材料的发生造价数据来监控已完工程实际造价（ACWP）。这是基于项目产生的实际造价。包括期间造价和应计费用。

14. 偏差报告

偏差分析是对实际和预期项目绩效之间差异的评估。项目通常设置要求差异分析报告的触发点，例如＞10%差异或＞50 000 美元。挣值分析通过比较预算的已完工程预算造价（挣值）与已完工程实际造价（实际发生的造价）以确定造价差异以及计划工作预算造价（计划支出）来确定进度差异。

报告差异分析旨在提供项目绩效问题和早期改进的可见性。偏差分析报告将描述原因，影响和纠正措施。差异的原因描述了计划中绩效产生偏差的原因。偏差的影响将评估当前工作和未来计划如何受到产生差异的原因的影响。纠正措施描述了如何重新调整实际和计划的绩效，以及谁负责执行纠正措施。其中造价偏差和进度偏差公式如下。

（1）造价偏差和造价绩效指数计算，计算式如下：

造价偏差（Cost Variance，CV）＝已完工程预算造价－已完工程实际造价

造价绩效指数（Cost Performance Index，CPI）＝已完工程预算造价/ 已完工程实际造价

（2）进度偏差和进度绩效指数计算式如下：

进度偏差（Schedule Variance，SV）：SV ＝已完工程预算造价－计划工程预算造价

进度绩效指数（Schedule Performance Index，SPI）：SPI＝已完工程预算造价/ 计划工程预算造价

15. 变更管理

变更管理是审查和批准新的或修订的工作范围与原始合同基础范围的正式流程。只有经批准和签署的合同变更单才会定期纳入原始基线合同金额水平。修订后的合同基准将包含修订的货币基础，修订的工作范围，修订的进度安排和当前的管理计划。有些项目变更需要变更控制委员会的批准，而其他的一些则允许项目经理批准。

16. 绩效考核

以每月为基础，在管理控制所需的控制账户和更高级别可以生成下信息：

（1）比较每月的和累计的计划工作的预算金额和已完工作的预算金额。该比较提供了进度偏差。

（2）比较每月和累计的完成相同工作的预算金额与实际金额。该比较提供了造价偏差。

另外，绩效报告还包括了以下内容：

（1）每月确定计划和实际进度绩效以及计划和实际造价绩效之间的重大差异，并分析存在差异的原因。

（2）根据管理层控制水平和频率确定预算和实际间接造价，以及出现差异的原因。

（3）通过项目组织或 WBS，汇总数据元素和相关差异，由此满足管理需求。

（4）实施因挣值信息而采取的管理行动。

（5）根据项目到目前为止的绩效，材料的合同价和未来条件的估计，制定完工时的造价估算。将此信息与绩效衡量基准进行比较，以确定对公司管理层重要的完工时的造价偏差。

二、项目造价控制

在美国，政府对电力工程项目造价应该使用什么方法控制并没有严格的规定。在这里，本书借鉴了美国一些咨询公司提出的经验，从工程项目人员、材料、机械以及管理费用四个方面来介绍一些施工阶段项目造价控制的做法。

（一）人工费控制

在美国，1913 年，成熟劳动力占建筑总造价的 38%。但是今天，至少有 65% 的建筑造价用于支付工人的工资。与钢铁、水泥和木材的造价变化相比，这是一个巨大的分销转变。因此，对于建设项目来说，进行人力造价的控制尤为重要。

因而，人工造价管理的好坏决定了项目的成功或失败。对项目（材料，分包合同和一般条件）的其他造价进行预算、预测和管理相对简单，但劳动力的管理相对较难。一位优秀的管理人员和一支富有成效的员工队伍通常会导致项目取得成功，而监督力度不足，或生产力不足的员工队伍是经济受损的导火索。

美国 Ascent consulting 咨询公司对人工费控制方面富有经验。从对他们的不断增长的承包业务中来学习其劳动力管理的演变。一个小承包商通常会首先扮演项目经理和总监的角色。随着他们取得了一些成绩并开始发展，他们雇用员工担任领班或监督员角色，以便公司可以执行两个或更多并发项目。这些主管具有不同的管理能力和风格，当然这取决于经验、项目类型、员工人员、总承包商、现场条件、地点、时间表等，可以看到不同主管的不同管理水平。

业主通常会保持公平的态度参与现场操作，以支持这些主管，并帮助确保项目成功。他们还可以在项目经理和公司之间安排项目经理，以便随着公司的发展而分配责任。随着承包商不断发展，通常当承包商开始看到项目的劳动力造价超支时将增加更多的主管和项目经理来管理增加的项目负载。

一旦项目工作人员达到 5~10 名工人，追踪劳动力就变得至关重要。平均 10 名工作人员每周可以承担 1 万美元的负担。员工工作的时间越长，造价就越高。如果承包商没有计划好如何开展工作，那么很有可能在工作现场会超过你的劳动预算。

通过设定劳动预算开始，如果项目是使用标准软件包估算的，则估算摘要应提供每种类型工作的劳动时间以及根据估计的劳动率计算的扩展造价。如果工作是使用单位定价（材料和劳动力合并）估算的，那么材料造价必须首先确定，然后从单位定价中扣除以确定总体劳动预算。一旦拥有劳动预算值，只需除以项目的平均工资率，即可获得该项目的总小时数。

示例项目：

（1）估算单位价格（材料和人工）= 50 000 美元。

（2）来自供应商报价的材料造价＝17 000 美元。

（3）人工造价＝（单位定价 – 材料）＝33 000 美元。

（4）平均负担工资率＝22 美元/h。

（5）小时工时＝33 000 美元/22 美元＝1500h。

在有了该项目的总时数时，可以建立一个人员配备计划。这可以是一个简单的电子表格，可以让项目经理在一天或一周内分配人力。创建的人员配备计划应与总承包商提供的总体项目计划相对应。表 7–3 是示例项目的为期六周的人力配备项目计划。

表 7–3　　　　　　示例项目人力配备项目计划（总人工小时：**1440h**）

分类	日期					
	2015.01.11	2015.01.18	2015.01.25	2015.02.01	2015.02.08	2015.02.15
总工人数	6	6	6	6	6	6
活动						
监管	1	1	1	1	1	1
内门厅简装	2	2				
场地照明—简装	2	2	2	2		
办公室简装			2	2		
门厅装饰					3	1
办公室装饰						2
面板安装			1	1	1	
场地照明—装饰					1	1
设备连接	1	1				1

注：请注意，此计划分配 1440h，而估计为 1500h。

这个时间表是一个有价值的工具。它为总监提供了一个路线图，确定每周应该为每项活动分配多少工人。它还组织劳动力，并在项目的整个生命周期中分配预算时间，帮助确保不超过人工预算。它还提供了一种方法来检查项目进度并确定劳动力问题。

这可能是所有承包商管理的一个小项目。但是，随着承包商开始承担更大的项目，便需要更多的工具来有效管理项目劳动力。

下一步是开始通过生产率来管理劳动力。

生产率仅仅是衡量在给定的时间内安装了多少材料。电气承包商通常以英尺（导管、电缆、电线）或单位数量（固定装置、面板、装置装饰、设备件）来测量材料。如果项目是用软件包估算的，一般情况下估算中会提供这些数量。如果不是，则需要由项目经理/主管来计算需要投入项目的材料量。因为项目经理只接受单位定价，所以他需要对投入项目的材料量进行计算，以确定他将追踪生产率的材料数量。他还将每种活动的估计时间分开，并将所有信息加载到电子表格中，见表 7–4。

表 7-4　　　　　　　　　　材料数量及预算人工工时表

工作类型	总工作量	小时数	每小时单位率	每单位时间
MC 电缆	25 000	600	42	
3/4″EMT	5000	400	13	
2″EMT	400	40	10	
分支线	20 000	250	80	
供电线	1400	50	28	—
电灯固定物	50	50		1.0
停车场电灯	4	16		4.0
面板	2	32		16.0
总计		1438		

注：此劳动预算（1438）中的总时数与人工时间表（1440）几乎相同。

现在右边两列显示了每类活动的计算生产率。对于以英尺测量的材料（前 5 行），我们将使用"每小时单位"率。对于以数量或计数（底部 3 行）测量的材料，我们使用"每单位时间"的费率。这便是我们的项目生产目标。简而言之，"实现这些目标，劳动力将按预算进行。未能实现这些目标，劳动力造价将超过预算"。虽然还有其他因素会对项目劳动力造价产生影响，但生产力是项目成功的最重要因素。生产率是衡量劳动成功或失败最关键的指标。

利用这些数字和信息的最简单方法是让工作人员报告他们每天安装的材料或单位的材料。工人将工作量写在各自的计时卡上，或填写在每天的生产报告上，总之，有很多方法可以收集这些信息。这样，一旦获得了本周的安装数量和人工小时数，便可以计算工人每天/每周的实际生产率。表 7-5 是一个示例。

表 7-5　　　　　　　　　　某工人的记分卡

工作类型	工作量	小时数	实际每小时单位率	实际每单位时间
MC 电缆	900	24	37.5	
3/4″EMT（3/4 英寸电线金属管）				
2″EMT（2 英寸电线金属管）				
分支线				
供电线				
电灯固定物				
停车场电灯				
面板	1	16		16.00
总计		40		

通过比较计时卡和预算生产率，我们可以看到他的安装面板的预算正确，但他本周安装MC电缆的速度有点慢。因此可以立即采取纠正措施。

随着项目越来越大，收集数据和按周执行生产报告往往更容易。数据由工头每天收集并在星期五向总监报告。他使用计时卡（一般在星期一）提交数据，然后可以在办公室计算生产率，接着可以将总结报告发送给总监和项目管理人员，并且可以识别或解决低效率的活动。

管理项目劳动力造价的关键在于及早发现问题，以便在影响劳动力造价之前对其进行处理。随着项目越来越大，必须有适当的工具来衡量进度，否则无法准确预测人工造价。

（二）材料费控制

材料管理是用于规划、执行、控制施工现场和办公室活动的。

材料管理的目标是确保建筑材料在需要时可在其使用地点提供。材料管理目的是确保在适当的时间和合理的造价下适当地选择、购买、交付和现场处理合适的材料质量和数量。

因此材料管理是项目管理中的重要元素。材料代表建设中的主要费用，因此最大限度地降低采购造价可以降低整体项目造价。不良材料管理可能会导致施工期间造价增加。材料的有效管理可以大大节省项目造价。如果材料购买得太早，资金可能会被扣除，并且材料库存过剩会产生利息费用。

材料在储存过程中也可能会变质，如果特定活动所需的材料不可用，可能会产生延迟和附加费用。确保材料的及时流动是材料管理的重要关注点。

材料造价管理的组成部分包括：材料估算，预算和计划；计划采购和采购；接收和检查；库存控制，存储和仓储；材料处理和运输；废料管理。

（1）计划。规划项目最常用的基础材料是业主准备的工程量清单。公司可能在规划方面有两个主要层次——微观层面和宏观层面。时间、造价、材料和劳动力是进行计划的四种主要类型。计划应尽可能经常修改，以监测工作是否按计划进行。

采购程序可以描述如下：

第1步——制订材料采购清单。

第2步——询问供应商。

第3步——供应商比较。

第4步——供应商选择和谈判。

第5步——采购订单。

第6步——供应商评估。

（2）接收：

1）从外部供应商收到；

2）内部部门的收据。

甚至在材料到达现场之前就开始收货系统。应该发出的三份文件是采购订单副本，供应商的建议文件和运单。这使采购经理能够组织和计划材料清理。

对于内部部门的收货，通常使用转账单。

（3）检查。检查可以通过派遣前检查、现场检查两种方式进行，又可分为三种检查方法，即视觉检查、触觉检查、统计检查。

检查员有责任在工作中使用之前检查交付到现场的所有材料。希望在现场交付材料或制造产品之前对其进行检查，如预制构件。检查员有权拒绝有缺陷的材料并将其从现场移除。对于制成品，应在采购订单中指定质量要求。

（4）堆叠和存储。现场物理存储系统的类型因空间可用性和企业惯例而异。对于特定材料的堆放和储存，也考虑了工业准则。材料通常按照工人的舒适程度分类。随后的基本类别是民用、电气、管道、装饰、建筑化学品、杂项。

材料通常也按照供应商或制造商的规格进行堆叠。堆叠的注意事项如下：

1）材料不应受到杂质或大气机构的影响。

2）像水泥这样的材料应该存放在有遮盖的棚屋内并堆放在木材升高的平台上。

3）钢筋应堆放在远离潮湿的地方以防生锈，并远离油污等。

（三）机械费控制

对于施工项目来说，除了人工费和材料费之外，最重要的造价便是机械造价，也可以称为设备造价。

准确确定设备所有权和运营造价是设备经理执行最困难和重要的工作之一。设备造价有很多因素，从最初的购买价格和销售税到大修造价和小时数。尽管在评估设备总造价时应考虑所有相关因素，但在美国，施工项目管理人员认识到有一些具体的因素需要关注，这些因素可以为他们业务的大型运营提供重要见解。以下是设备管理员要监控的五个最明显的造价因素。

（1）购买价格。购买价格对所有权和运营造价的影响最大，即使价格略有不同也会导致设备造价发生较大变化。如果内部收费率明显高于设备造价基准，那么原始购买价格应该是商业领导者关注点之一。可能确定公司应该从不同的经销商处购买产品，或者在将来查看价格较低的制造商。

（2）年使用小时数。它对所有权和运营造价的影响最大。当设备使用不足时，造价会增加以恢复固定造价。当设备过度使用时，造价会降低。较低的设备造价在理论上可能听起来不错，但是当它们由高使用率引起时，设备所有者通常会缩短机器的使用寿命，这也会对维护造价产生影响。如果一家公司的所有权和运营造价很高，而且设备的使用寿命比正常情况下要快，那么高的年使用小时数可能是罪魁祸首。过度使用可能指示应该购买或租用类似设备的迹象，或者甚至操作员滥用机器。

（3）现场维护。直接影响机器的运行造价。如预期的那样，现场维护花费的时间和金钱越多，运营造价就越高。维护造价和维修时间的增加与技工的工资配合可能会对运营造价产生严重影响。但是，现场维护记录可以为公司做更多的事情，而不仅仅是导致造价波动。与年度使用小时类似，维护记录可以为商业领导者提供关于机械师和操作员如何处理和使用设备的重要见解。如果现场维护造成每小时的运营造价超过一台设备的小时所有权造价，则可能表明是时候更换机器。

（4）当地机械师的工资。也影响运营造价。由于技工的工资增加造成的经营造价可能会引发诸如设备虐待，花费在维护上的时间太多以及机械师报酬过高等问题。机械师的工资当然是承包商现在关注的一个因素，因为第4层设备正处于最后阶段，而且可能需要新的，不同的训练机制。

（5）燃料造价。在运营造价方面，燃料造价是一个显而易见的因素。燃料造价在不同地区以及一年的不同时间有所不同。柴油和汽油价格在夏季较高，在冬季较低。了解区域和季节的变化可以帮助决策者确定在何处进行工作，预测未来的运营造价，并准备在夏季增加运营造价。燃料造价和燃料消耗过高也表明工作现场的闲置时间过长。

（四）管理费用控制

与材料和劳动力费用不同，管理费用是生产产品和服务的间接和不可见部分。间接造价可能包括行政和租金开支、运输费用、公用事业、办公用品、折旧和广告等。虽然所有这些费用看起来都很正常，但这并不意味着它们是必要的。

管理费用是一种无法用特定产品或活动轻易识别的费用。不同于材料和生产劳动力，管理费开销是产品中难以区分的部分。然而，与原材料一样，管理费也是生产过程的基本投入。通过了解间接费用的性质，业务经理可以更容易地控制这些费用。正确分配产品或部门间的间接费用，可以让经理了解他们公司的生产造价。它还允许经理核实每个产品或公司的各个部门对整体的贡献。

（1）管理费用的重要性。当公司有多个产品或活动或多个部门（业务领域）时，管理费用的分配至关重要。当公司考虑增加、减少或改变任何商业行为的水平时，间接造价的分配也更加重要。间接费用分配使管理人员能够确定产品线的生产力，确定替代业务计划的货币影响并评估库存。间接费用分配的标准是间接费用应当支付给公司间接造成这些费用的地方。

间接费用的控制是复杂的。但是，通过确定直接人工和物质费用，它变得更容易，因此管理人员倾向于关注这些造价。管理费用的成功控制需要经常关注。一些管理者在制定定价策略时不相信管理费用。这可能会导致一些产品或活动无法完全恢复其间接费用。在长期内，除非其他产品抵消了这种不足，否则这种定价策略将不会带来利润，也不会为资本、管理和风险提供回报。在考虑生产过程中的变化时，必须认清间接费用的概念。

（2）控制间接费用的步骤。有许多技术可以降低间接费用。这些包括：

1）减少营运资金；

2）实施全面质量管理；

3）控制销售造价；

4）减少运输费用。

营运资本被定义为从未购买未处理材料直至收集账户时的生产和库存中所附的资金。当原材料，存货和应收账款得到妥善管理时，它将减少企业所需的运营资金，从而减少管理费用。

许多专家承认，有必要制定长期的广告和促销计划，这也可以降低销售费用。据观察，销售努力是不可预测的，有时无法实现相应的结果。对销售支出进行警觉性分析可能会减少和重新分配销售支出，同时提高广告效率。

维护和修理是为了保持设备运行。总体目标是保持设备处于运行状态以实现生产目标。补救维护涉及在设计、材料或结构上进行微小的改变。预测性维护涉及使用传感、测量或控制设备在发生故障之前识别和纠正问题。维修说明将设备返回到生产所进行的维护工作。预防性维护涉及按照固定的时间表进行的工作，如果纠正性维护不合理，预测性维护无法应用且维修维护造价过高。每种类型的维护都有自己的造价，但很少有管理者充分考虑他们的选择来降低维护造价。记录每台机器的维修对于控制维护造价来说是必不可少的。

（3）间接造价分析可以将这些造价分解成多个类别并分析这些造价的趋势。主要步骤如下：

1）控制能源造价：应使用节能产品；

2）库存计数：建议避免错误和不必要的库存；

3）评估保险，如政策和变更；

4）重新谈判利息条款；

5）重新谈判租赁条款；

6）实施质量控制体系；

7）重新评估销售和营销造价；

8）研究维护造价；

9）降低运输造价；

10）提高员工效率，如外包、自动化和任务合并；

11）关注利润率；

12）关注市场和未来趋势；

13）要求员工提出减少造价的建议。

第五节　施工阶段合同管理

一、合同工程款支付

根据美国 AIA 合同文件，施工阶段工程价款的支付规定如下。

1. 工程进度款的支付

工程进度款支付方式表现为承包商在每个支付日前 10 天提交付款申请,建筑师收到申请后 7 天内开具付款证书，业主在约定付款日后 7 天内支付进度款，一般是采用按月付款或按完成工程量的比例付款；如果业主未在约定付款日后 7 天内支付，那么 7 天后承包商有权通知业主，宣布停工，在进度款支付过程中，业主若违约，则需补偿承包商工期和费用的增加并赔付利息损失。

2. 竣工结算款的支付

提交竣工决算报告的条件为承包商书面通知要求最终验收和最终付款时，当全部工程基本竣工后，由承包商发出通知，建筑师检验、确认后出具竣工证书；对于缺陷责任期的确定，由建筑师在基本竣工证书中确定一个期限，承包商在未完成工作时负责维修；建筑师在最终检查验收后开具最终付款证书；且承包商提交必要的证明资料后业主支付最终结算款；工程基本竣工后承包商移交工程给业主。在工程竣工结算时，若业主违约，则按照合同约定赔付利息损失。业主若不支付结算款时，承包商有权拥有留置权，直至业主支付所有未付款项。

3. 保留金约定

根据 AIA 合同规定，是否要预扣保留金，由合同双方来约定；退还保留金的条件为：建筑师开具最终付款证书，承包商提交必要的证明资料后，业主退还保留金。

二、合同变更

（一）合同变更概述

全面造价管理框架（TCMF）对变更管理的定义是指管理工作范围的任何变更和/或任何偏差，绩效趋势或对已批准或基准项目控制计划的变更的过程。变更管理流程用于批准或拒绝范围和基准计划的变更，从而闭合项目控制循环。该过程包括识别、定义、分类、记录、跟踪、分析、处置，以及偏差、趋势和变化的报告。示例流程见图 7-4。

（二）变更的主要目的

（1）通过赋予业主单方面权利进行工作变更目的是适应技术进步和满足业主需求，提供操作灵活性。

（2）向承包商提供改变工作的方法，从而提高业绩水平，提高合同产品的质量。

（3）在不利用新资金所需的程序的情况下，在合同的一般范围内增加额外工作。

（三）变更的程序

关于合同变更的程序，很多出版物都有相关的说明，本文以联邦采购法规和 AACE 出版的第六版的《工程造价技能和知识》（Skills and Knowledge of Cost Engineering）两本书中的给出的变更程序分别做以介绍，前者是政府工程中要求的更为规范的变更程序，后者是普遍性的工程项目管理过程中的变更程序。

1. 合同变更条款及其变更程序（以 FAR 条款子部分 43.2—变更命令为例）

（1）总则。一般而言，政府合同包含一个变更条款，允许合同人员在合同的一般范围内在指定的区域内进行单方面的变更。除非另有规定，否则通过在政府规定的标准表格，签发书面变更单来完成。

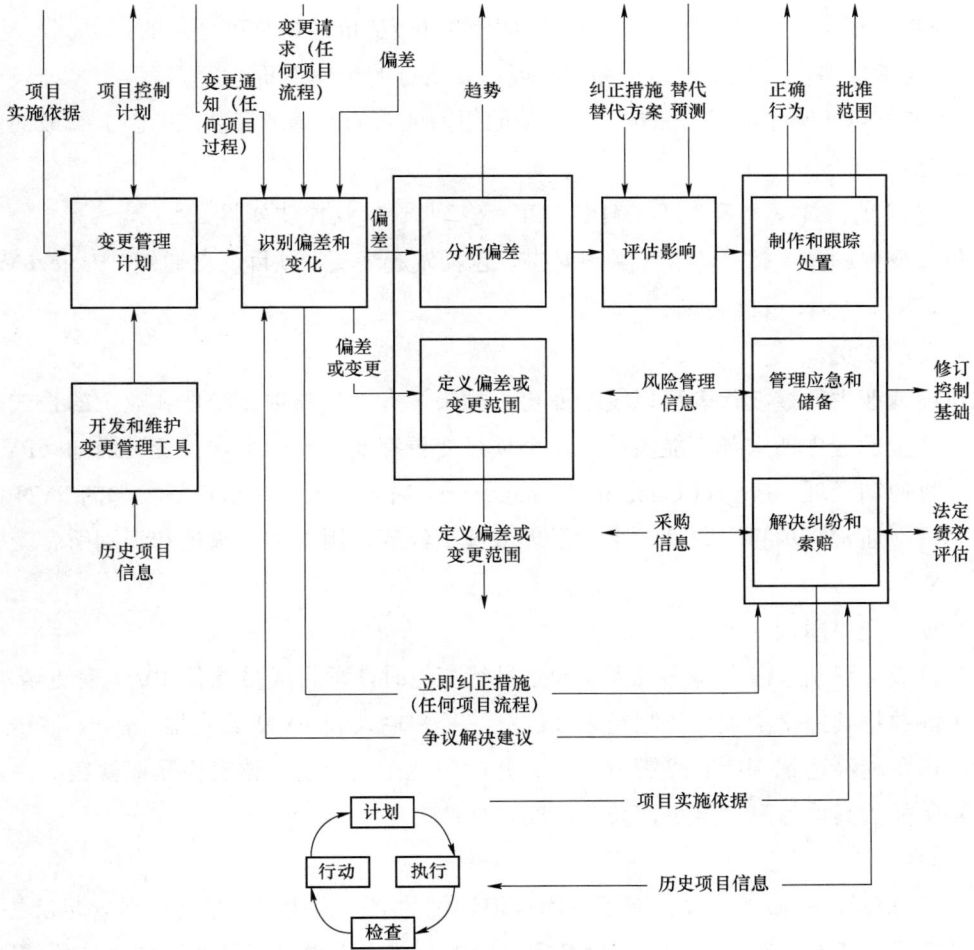

图 7-4 变更管理的 TCM 框架图

承包商必须继续履行合同，但承包商没有义务继续履行超出规定造价限制的费用。

缔约官员可以在非常或紧急情况下通过电报发布变更命令；只要满足以下条件：

1）邮件副本及时提供给收到基本合同的相同收件人；

2）立即采取行动，通过颁发标准表格来确认变更；

3）该信息实质上包含了标准表格要求的信息（估计的价格变化除外），包括信息正文中的"由（名称），签约官员签名"的声明；

4）签约官员手动签署变更邮件的副本。

（2）更改命令应由签约官员签发，除非授权给行政签约官员。

（3）变更质量核查程序。

1）承包商的核算制度很少设计用于分摊执行变更工作的造价。因此，在未来的承包商提交报价之前，订约官员应告知他们可能需要修改其会计程序以符合规定的变更单会计条款的造价分离要求。

2）根据变更单会计条款的条款，以下类别的直接造价通常是可分离的：

a）非经常性造价（如工程造价和过时或重新执行的工作造价）。

b）由变更单（例如，新的分包工作，新的原型或新的改造或套装工具包）造成的额外工作造价。

2. 承包商的角度变更程序（来自 AACE 《工程造价技能和知识》）

承包商变更程序大体分为 3 个关键环节，包括发起变更，项目变更通知（Project Variance Notice，PVN），PVN 审核会议。

（1）发起变更。

承包商或业主的授权代表可以发起变更。如果没有承包商项目经理和业主的正式批准，承包商和业主的变更请求都不能实施。每个项目变更都要分配一个项目变更通知（PVN）编号，由项目控制经理（Project Controls Manager，PCM）记录。由承包商发起的 PVN 被转发给职能经理，通常是项目工程师、采购经理或施工经理，用于初步筛选和识别所有受影响的地方。

（2）项目变更通知（PVN）。

当项目成员识别了潜在差异或需要业主进行变更时，项目成员准备 PVN 变更请求/变更订单表单，并将其提交给项目控制经理以进行编号和输入到 PVN 寄存器。PVN 被传送给职能经理，该职能经理识别所有受影响的地方并相应地做出行动。该表格是概要级文件，补充理解差异所需的其他信息。至少，表单需要包括：

1）标题；

2）变更信息——添加对建议变更的简短但详细的书面描述。该描述应包含足够的信息，供职能经理确定所有受影响的部门，以及项目经理来决定变更是否是合同变更订单/变更候选人。确定变更的来源（即业主、供应商、转包商等），并为建议的变更提供基础。此基础可以是最初请求变更的源文档。包括：会议记录、偏差请求、备忘录/信函、估计或业主修订的规范。项目经理应该在 PVN 审核完成后填写变更类型。将原始 PVN 传送到项目控制经理（PCM）PCM/变更控制经理（Change Control Manager，CCM），并发送副本。

PCM/CCM 或项目控制人员将向 PVN 分配一个序列号，将其记录到变更寄存器中，并与项目经理协调审查。一旦项目经理评估完成 PVN，"变更类型"块将完成。

3）批准——业主和/或承包商项目经理应该根据变更类型和合同要求，检查适当的授权块，指定授权的工作，工作的预算或价格，并签署表格。在承包商项目经理批准之前，项目团队不要进行变更中描述的工作。如果变更发起者的问题不能及时得到解决，发起者应持续跟进项目经理。

4）分发——PCM/CCM 或项目控制人员将审核相应的块并安排分发。

（3）PVN 审核会议。承包商项目经理将定期进行 PVN 审核会议，以使项目团队充分了解每个新的和未解决方案的状态。

1）定期内部审查——定期内部会议，通常每周一次，将由 PCM/CCM 或项目控制人协调和安排。参加者将包括承包商项目经理、职能经理、PCM 和其他选定的项目团队成员。这些会议的目的是决定新差异，确保小组所有受影响的成员都充分了解每个差异的影响，并审查未决差异的状况。PCM/CCM 或项目控制人员将准备一个主题差异的议程。每个审核小组成员将在会议之前提供每个新 PVN 的副本和差异日志。

2）特别内部审查——对于不能等待定期会议的，可能会产生重大影响的差异，承包商项目经理将安排一次特别审查，具有与定期会议相同的格式。

3）业主审查——当对时间有要求时候，承包商项目经理将尽快与业主会面，讨论具体的变化。此外，定期的业主审查，通常每周一次，由承包商项目经理协调和安排。参加者通常包括承包商项目经理、项目工程师、PCM、CCM/项目控制人员和选定的业主人员。其目的是提出新的变更请求，并查看待变更的状态。PCM 将准备一个列出主题差异的议程，并且每个审核小组成员将在会议之前提供每个新的变更请求的副本。

关于具体的承包商的变更流程见图 7-5。

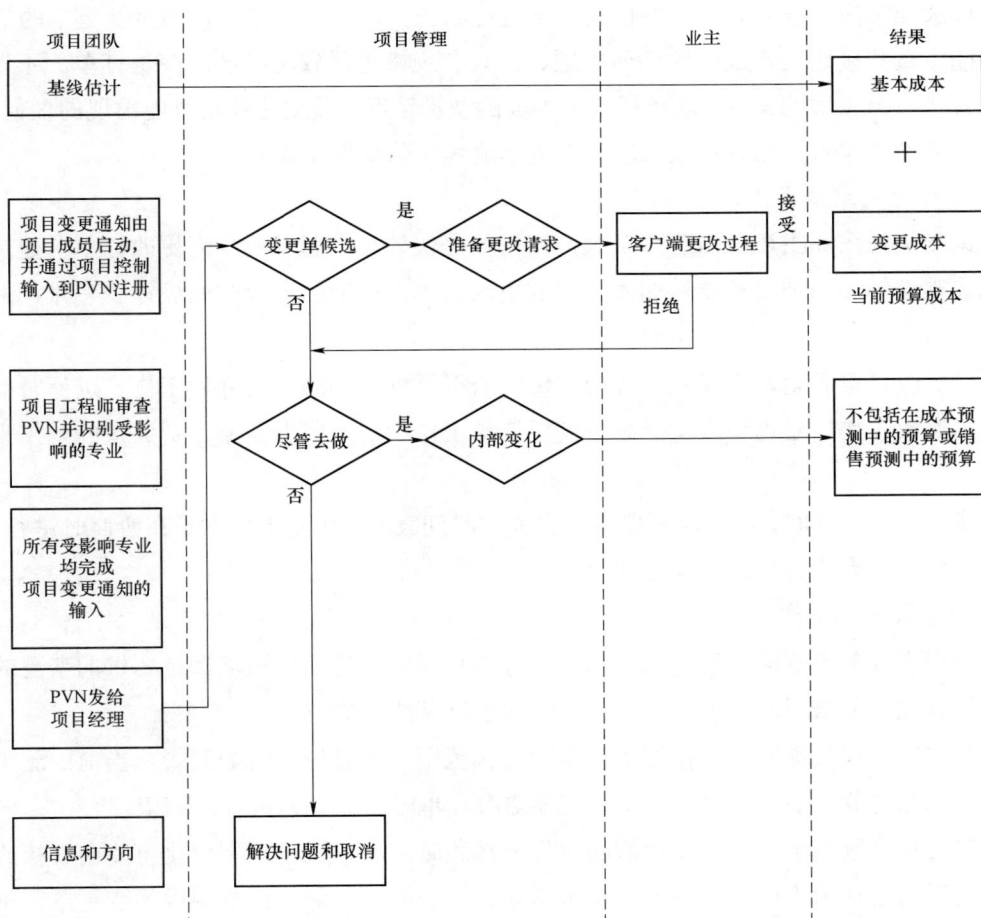

图 7-5　变更管理流程图—承包商角度

（四）合同变更中的一些注意事项

1. 从合同开始

变更单只是对原始建筑合同和工程范围的补充或修改，可以由业主或承包商发起。更改订单通常涉及执行额外的工作，原因有很多，例如原始工作范围内的遗漏或错误或模糊的施工图。施工现场条件的变化、材料替代、监管问题和安全问题是可能需要变更订单的一些其他原因。

仔细阅读并理解施工合同，特别注意有关变更单的条款。它们可能包括关于启动更改订单的时间范围，所需的特定信息和文档以及授权代理商批准承包商启动的更改订单的要求。

有些合同可能包含冲突的语言或有关变更单的条款。一个条款可能会声明，如果没有书面和批准的变更单，变更工作就不能开始，同时还包括允许业主在没有达成协议的情况下要求额外工作的合同中的语言。请务必在与业主签订合同之前解决这些问题。

2. 查看计划和规格

变更订单流程的这一部分应与对建筑合同的审查相一致。任何图纸中的不明确或范围中的错误或遗漏都应与业主解决，并由设计师进行纠正并在项目中进一步减少变更单的需求。

未能审查和确定工作范围的任何问题、计划和规格将导致不必要的变更订单。不做你的尽职调查是一个很大的禁忌。这包括了解当前的现场情况，预测并解决可能出现的任何问题，如物料或劳动力短缺，是预构建阶段和变更单流程中的重要步骤。

3. 不要忽视或延迟更改订单

无论变更是由业主还是承包商发起，都需要尽快处理。忽略或延迟更改订单对建筑项目可能是灾难性的。在项目实施后期才能完成更改订单，可能会导致时间表过于夸张，并导致造价超支。

一旦更改订单启动，需要快速协商造价，获得授权以书面形式开始工作，进行时间表调整并开始修改工作。延迟请求可能导致变更订单工作积压，或者需要花费大量的返工来适应变化。

当要求更改订单时，可能还需要更改当前的时间表，并在变更订单正在协商时进行工作，以避免落后于您当前的任何合同时间表。

4. 与有关各方沟通

部分变更订单流程应包括与项目相关各方进行沟通。讨论应该从确定要求的变更的原因以及如何管理。无法正确管理变更订单之间的争议可能会被放大。

与业主的授权代理商一起仔细确定新的工作范围，并讨论它将如何影响当前的施工进度和性能。确保与业主在同一界面上了解需要更改订单时工作如何进行的期望。

还需要与分包商坐下来调整他们的日程安排和时间表。讨论范围变化可能会直接或间接影响他们正在进行的工作，以及他们是否需要签订合同执行的工作范围内的变更单。确保明确定义工作流程，以便每个参与者都了解他们在变更工作中的角色，并将他们整合到他们的时间表中。

让每个人都了解更改订单流程和正在更改的工作，可以将更改订单工作集成到您的项目进度表中，并将其对项目完成的影响降至最低。

5. 谈判变更单

在开始新工作之前，变更单流程的最后一步是协商变更单。这可能是一个棘手的过程，因为争议可能源于合同范围是否存在实际变更。关于造价协议以及原始时间表的扩展是否需要调整也可能存在问题。

需要做的第一件事是与业主合作，确定如何估算额外的工作并就造价达成一致。这可以通过单位定价，时间和材料定价或一次性造价完成。这可能已经在合同文件中列出，或者可能需要与业主合作以制定双方都同意的解决方案。

接下来需要解决的问题是，作为变更单的结果是否需要延长时间表。不要害怕推迟，特别是在业主发起的变更单上，如果要求额外的工作需要额外的时间来完成原始合同规定的期限。

6. 记录

记录变更单流程的每一步，避免争议和索赔。做到这一点的一个好方法是创建用于启动和请求变更单的模板。保留和业主之间关于变更单的所有通信的书面记录。未经业主授权，签署文件，不承担任何更改订单工作，包括费用和任何其他谈判条款。

一旦开始修改订单，记录正在完成的工作，包括时间和材料造价。务必与业主分享这些文件，并讨论可能出现的问题。

良好的变更订单流程建立了一个管理项目变更单的方法。无论变更单的复杂性或数量如何，每个都以统一的方式处理。

一旦过程建立，承包商可以评估和修改它，使其尽可能精简。

三、合同索赔

索赔伴随着整个建设行业,致力于主张和解决建筑项目中出现的困难。在过去的 50 年里，建筑行业索赔数量都在增加，现在已成为一个主要的管理问题，往往超出了项目执行的重点，超出了工期或预算绩效。因此，了解索赔并且知道如何向对方索赔或者如何解决对方提出的索赔都是非常重要的，本书重点站在承包商的角度来介绍索赔相关知识。

（一）合同索赔的定义

来自 AIA 合同文件 A201 合同通用条款中对索赔定义：

索赔是某一方为维护其权利而提出的要求或主张，以期对合同条件进行调整或解释，进行支付，延长工期或其他对合同条款的放宽。"索赔"亦指业主与承包商之间与合同有关或无关的其他争议及问题。

（二）索赔类型

当业主/雇主同意承包商的索赔时，索赔和变更同时发生，对项目的此类索赔的解决通常通过协商和执行变更/变更指令来完成。

索赔的范围，在大多数合同中，存在有限数量的索赔类型。虽然索赔的原因很多，但相匹配的合同条款是有限的。通常，大多数合同中只有 11 种类型的索赔，描述如下：

（1）业主/雇主提出变更——由定向变更引起的索赔通常涉及对业主/雇主提出的变更的工期、造价和影响的争议。也就是说，虽然项目业主/雇主或其代表明确指示了工作某些方面的变更，但是对于变更工作的工期、造价和影响存在争议。在几乎所有建筑项目中，合同要求的变更都很常见。事实上，所有合同都有变更条款—合同条款允许业主/雇主在项目期间改变工作范围。

通常，通过发布书面协议（例如，变更订单或合同修改）来证明对工作进行变更的决定。大多数合同授权业主/雇主双边发布变更（即双方之间的范围、工期和造价完全一致）或单方面发布变更（如果业主/雇主指示承包商继续进行变更，在工期、造价和影响没有达成完全一致的情况下）。如果变更是远期价格并以适当措辞避免未来索赔条款时执行双边诉讼，则在执行工作之前就变更的范围、工期和造价达成共识。在这种情况下，几乎不可能就此类协议提出索赔。

承包商承担执行变更的风险。但是，如果在业主/雇主和承包商能够就额外工期和费用的数额达成协议之前进行工作，则可能会产生与规定工期和费用的公平性有关的分歧。这种分歧可能会变成索赔，或者如果在项目中没有得到解决，则会在工作结束时变成法律纠纷。

（2）建设性的变更——与有针对性的变更不同，建设性的变更是由业主/雇主的行为造成的，这会产生无意的影响，要求承包商做的比合同要求的更多，并导致产生额外的造价或工期。无明确目标通常带来额外的工作变更。业主/雇主对承包商提交的意见，可能导致工作的变更，并导致工期和造价变更。也就是说，业主/雇主或其代理人的某些行为或不作为导致承包商执行超出合同文件条款要求的工作。

通常，为了获得建设性变更，承包商通常必须记录：

1）在原合同范围内不需要进行的工作。

2）根据合同的要求，向业主/雇主发出适当的变更通知。

3）业主/雇主实际上要求变更（不是由承包商自愿提供）。

4）执行更改后的工作实际上产生了额外的造价和工期。

（3）不同的现场条件——这些通常被描述为在现场遭遇潜在物理条件的情况与合同文件中指出的条件或通常在此区域中此类工作中遇到和合理预期的条件存在重大差异。许多合同都有不同的现场条件或变更条件条款，解决了现场意外或隐藏的物理条件，这些条件与合同中的条款不同。公共工程合同中的法律通常要求这些条款。"不同场地条件"条款的目的是将潜在场地条件的风险转移给业主/雇主，以尽量减少投标应急费用。在美国，大多数不同的场地条件条款涉及两种不同的条件；有些合同也涉及第三种类型：

1）类型 1　地下或潜在物理条件与合同文件中指出的不同。

2）类型 2　现场的未知物理条件，具有不寻常的性质，与合同规定的工作中通常遇到的物质条件大不相同。

3）类型 3　承包商认为可能是危险或有毒废物的材料，或者根据现行法律要求将其移至特别许可的处置场所的材料。

国际合同通常不会将不同的场地条件分解为两个或三个类别。FIDIC 的不可预见的物理条件条款包括所有三个条件，但在单个条款中没有具体参考上述三种类型的条件。假设承包商符合合同中规定的恢复条件，则任何现场条件条款的结果都是相同的。

不同的场地条件可以是天然的或人造的。它们可能在地上或地下。承包商必须证明它遇到了重大差异；他们在移走或处置材料之前向业主/雇主提供了书面通知；并且遇到的情况导致它实际上花费了额外的造价和工期。承包商还必须确定其实际且合理地依赖合同文件中有关现有现场条件的陈述。虽然不常见，但如果遇到的现场条件与合同中所代表的情况大不相同，则业主/雇主可能有权进行价格下调，结果是承包商在履行合同工作时花费的工期或造价更少。

（4）定向暂停工作——这是一项业主/雇主指令，用于在一段有限的时间内停止项目的全部或部分工作。因此，该条款允许承包商恢复与此类订单相关的停止工作的工期和造价。一些暂停工作条款排除了暂停造价的利润回收，而其他合同也无法收回可避免的造价。业主/雇主暂停或停止工作的指令必须以书面形式提供。承包商必须遵守指令的条款，因此业主/雇主应确保该指令是具体的。当一个业主/雇主暂停全部或部分工作，他们可能希望承包商就相关工期提出索赔造价。但是，如果业主/雇主停止工作，对于承包商的工作显然是不安全的。

（5）建设性的暂停工作——这是由业主/雇主的行为或不作为引起的意外或无意的停工，虽然不是为了停工，但却具有这样做的效果。例如，业主/雇主未能就承包商提交的关于项目关键路径上的设备的提交行为可能导致建设性的暂停。虽然业主/雇主可能没有打算停止工作，但他们未能批准提交可能会在不知情的情况下导致承包商不及时购买、交付和安装设备。建设性的暂停工作通常是由于业主/雇主的行为或疏忽导致承包商的工作无理拖延。这些通常是非预期的行为，导致意外的延迟。

为了恢复建设性的暂停工作，承包商通常必须证明：

1）工作延迟确实发生了。

2）延迟仅由业主/雇主或其代理人的行为或不作为引起。

3）承包商因建设性暂停行为或缺乏行动而直接导致额外的工期和费用。

（6）不可抗力——不可抗力事件通常被描述为由第三方的行为引起的不可预见的事件，业主/雇主和承包商都不能对其进行任何控制。

不可抗力事件的示例通常包含在合同中，可能包括：交通延误无法合理预见；不涉及承包商的劳资纠纷；一般劳动争议影响项目但与工地无关；火灾；洪水；地震海啸；战争或恐怖主义行为；流行病；政府的不利行为或政府主权行为；异常严重或恶劣的天气条件。

（7）延迟——许多合同中的延迟通常被定义为对合同规定的完成日期的影响。也就是说，延迟是导致项目晚于计划完成并超出当前合同完成日期的事件，尽管该术语通常用于描述对特定活动或活动组的时间影响。项目延迟是建筑中最常见的问题，也是最难以缓解的问题之一。与造价影响不同，通常可以通过向承包商提供额外造价回收来弥补，延迟是浪费时间，并且损失的时间不能被替换或恢复。一般而言，大多数合同涉及以下四种类型的延迟：

1）由第三方或业主/雇主和承包商无法控制的事件引起的可豁免，不可补偿的延迟。

2）由业主/雇主或其代理人引起的可豁免，可补偿的延迟。

3）不可抗力的延迟仅由承包商，其分包商或任何等级的供应商造成。

4）并发延迟——这种情况是在同一时间范围内发生两个或多个延迟，每个延迟都会独立影响项目的关键路径。这有时被称为重叠延迟。延迟可能是由业主/雇主造成的，承包商造成的，由他人造成的或由彼此造成的。

（8）定向加速——定向加速是指从业主/雇主到承包商的指示，要求在合同要求之前完成工作，或者比业主/雇主预定/编程或要求更早完成工作，以便在确认延迟的情况下维持完工日期。在这种情况下，承包商通常有权收回遵守或试图遵守该指令所花费的造价。业主/雇主可以向承包商发出指令以加快工作并缩短履行时间，或者克服业主/雇主造成的已经经历的延迟（即回购延迟时间）。通常，这种指令以变更的形式发布。另外，如果承包商减少了他们自己的延迟，承包商恢复损失的时间通常被称为自愿加速。只要承包商没有减少其自身的延迟，承包商在遵守该指令时产生的净增加（例如，增加的设备或人工、加班费等）通常可由承包商收回。在定向加速的情况下，承包商不需要表明加速度实际上是成功的。简单地表明加速是诚实的尝试和造价是足够的。与加速密切相关的索赔是减速，其中业主/雇主指示承包商减慢或调整其他人的工作。

（9）建设性加速——这是业主/雇主的行为或未采取行动，这无意中导致承包商被要求比合同要求更早地完成工作并导致造价影响。为了恢复建设性加速的要求，承包商通常必须表明：

1）延迟发生使承包商有权延长时间。

2）延迟通知和时间延长请求已正确提交。

3）没有给予工期延长或者合同所规定的部分工期延长被拒绝，或者在一段合理的时间后，业主/雇主对工期延长问题保持沉默，这种沉默被视为拒绝延长工期要求。

4）承包商被要求或被指示按时完工或受到未履行的延迟完工损害的威胁。

5）承包商提交了建设性加速通知。

6）承包商实际上加速了其运营，并因加速而产生额外费用。

承包商未能用事实证明这些要求中的每一项都可能破坏建设性加速的任何恢复。

（10）方便终止——这是业主/雇主在完成之前全部或部分结束合同工作的一项行动，承包商无过错。许多合同为方便业主/雇主都有条款允许其删除所有或部分项目工作。如果业主/雇主因任何原因决定不完成全部或部分工作，通常会向承包商发出书面终止指示。这些条款通常还规定承包商在达成此类决定时有权获得赔偿。

（11）终止违约——由于承包商严重违反合同，这是一项在完成前终止合同工作的行动。例如，在发出通知后未能动员到现场开始工作构成了这种重大违约行为。如果承包商未能以实质方式按照合同履行，在某些情况下，业主/雇主可以终止承包商继续违约工作的权利。始终未能提供足够的劳动力、材料或设备；始终未能保持所需的质量；或一直拒绝遵守法律和建筑规范的情况，可能会导致违约终止。如果承包商未能履行其业绩，业主/雇主可以选择终止违约合同，并要求承包商的担保人（即债券公司）履行履约保证金规定的义务。担保人通常可以选择通过以下方式完成剩余的工作：承包商的选择；向业主/雇主支付协商解决金额，直至债券的全部价值；如果它认为业主/雇主的终止行为是不正当的，则不采取任何行动。默认终止对承包商及其担保人造成严重后果，并且几乎总是导致纠纷和法律诉讼。

对于上述 11 种类型的索赔中的每一种，都有无数的规则和美国判例法。每种特殊情况都是事实密集型的，并且高度依赖于所依据的合同条款的确切措辞。另外，通常有必须履行的书面通知要求或承包商可能面临失去合法调整的合法权利的风险。因此，对于造价专业人员而言，研究索赔领域以了解每种类型的索赔的基本知识，然后仔细检查每份合同的条款和条件是非常重要的。

（三）索赔分析

索赔分析共包括四个阶段，如下：

1. 权利和因果分析

（1）确定每个问题。

（2）识别并评估所有相关合同语言。

（3）分析问题。

（4）确定合同权利的可能性。

（5）如果可能，为特定问题分配汇总级别或数量级造价，以确定进一步分析的优先顺序。

（6）如有必要，请索取其他信息。

2. 延迟分析

（1）如果可能，以本机电子格式获取基准和更新的项目进度表/程序。

（2）比较计划中的，计划更新和竣工计划，以确定哪些活动被延迟以及是否发生了并发延迟。

（3）确定延迟，中断或加速的时间段。

（4）将索赔问题与确定的时间相关联。

（5）执行详细的计划分析。

（6）确定负责延迟的一方或多方。

3. 损失分析

（1）确定与每个索赔问题相关的直接造价。

（2）确定与这些问题相关的潜在间接和影响造价。

（3）根据每个索赔问题的合同或项目记录确定间接造价。

（4）为每个问题准备损失计算。

4. 结算谈判

（1）在开始谈判之前对每个问题进行分析。

（2）与另一方会面，协商解决每个问题。

（3）酌情使用独立调解员或第三方中立人，以促进和解。

（4）一旦达成和解，起草并执行适当的和解文件，同时放弃对每个已解决问题的进一步索赔。强烈建议让法律顾问参与起草这种语言。

（四）索赔及其他争议的解决方式

工程合同管理的一项关键工作是索赔，美国对于索赔工作的处理方式有协商、调解、仲裁、诉讼等几种，其中协商和调解属于争议的友好解决方式。

1. 协商

出现索赔事项后，首先都是先考虑协商解决。双方一般都是通过有权解决争端的双方代表的直接磋商来努力解决争端，期间建筑师/工程师也可以作为协调人进行协调，双方如协商一致则争议即算解决完毕，如协商不一致则进行调解或提交仲裁及诉讼。

2. 调解

美国有多种中间调解方式，并将其统称为"解决合同争端的替代方式"（Alternative Disputes Resolution，ADR），它是指发生争议由双方共同指定一人或多人作为中间调解人，具体的实现形式有小型审理、中间审理、合同争议评审团。

3. 仲裁

美国仲裁协会（AAA）是美国最有权威的仲裁机构。除通用的《美国仲裁协会商事仲裁规则》以外。在征求美国土木建筑行业意见的基础上制定了《建筑业仲裁规则》，作为仲裁法来执行。《建筑业仲裁规则》对土木工程施工合同争议的仲裁详细地规定了仲裁的组织、程序、工作方法、裁决方式、仲裁费用等。仲裁分咨询仲裁和有约束力的仲裁两种，均按照当前《美国仲裁协会的施工行业规则》进行咨询仲裁。

4. 诉讼

诉讼一般是在协商和调解失败后合同双方不愿意采用仲裁方式而采用的另外一种解决争议的方式。一般来讲，仲裁和诉讼只能选择其一。诉讼应向位于项目所在地的相应的州或联邦法庭提出。

5. 发生争议时的其他有关事项

（1）工程的继续和付款：除非另有书面协议，承包商在争端解决的处理过程中应该继续工程并遵守工程日程表。如果承包商继续实施工程，业主应按协议继续支付工程付款。

（2）争端解决的费用：争端所涉及的当前一方应有权要求对方赔偿该方在解决争端过程中所招致的合理的律师费、诉讼费和其他费用。

（3）留置权：解决争端的有关规定不能限制承包商按留置权法律应有的、未明确放弃的任何权力或实施任何补救措施。

第八章 美国电力工程造价管理的总结和启示

近年来，国内关于电力工程造价管理的研究和阅读资料已经非常丰富，但是少有系统介绍发达国家电力工程造价管理的书籍，一方面美国作为世界上最早发展电力产业的国家之一，在电力工程造价管理方面也有着非常成熟和丰富的经验，值得我们借鉴和学习。另一方面，了解美国电力工程造价管理的市场规模、现行政策、发展概况、管理体制等，对国内想要开拓美国电力市场的承包商来说也有一定的帮助和指引。本书以美国电力工程市场作为全书的切入点，依次介绍了美国电力工程造价管理发展概况、美国电力工程费用构成、美国建设工程工程量清单结构、美国电力工程计价方法和计价依据、美国电力工程招投标阶段造价管理以及美国电力工程施工阶段的造价管理。由浅入深，可以让读者对美国电力工程造价管理相关知识有更全面的了解和掌握。

本文最后一章对前七章每一章的内容做了简短的总结，同时和我国电力工程造价管理的各方面进行了对比，从中得到了一些经验和启示，希望与各位读者交流和分享。

第一章内容是关于美国电力工程市场的整体概述，一是美国电力市场从最初的垄断经营到现在自由开放的市场化竞争的整个发展历程及其变革的根本原因。二是美国的电力工程建设发展现状方面，电力投资中私人建设支出占主要份额，电网分布美国形成了东西部以及得克萨斯电网三大电网，拥有化石燃料、核燃料、水力等共八种发电来源。三是美国电力工程建设政策环境整体良好，在市场准入方面，促进和支持外国在美国投资，从而在美国创造更多的就业机会，外国直接投资的事宜适用于所有设立本土公司的法律、法规，依照相关法规进行办理。劳务政策方面，外国人在美国工作必须获得相应签证和工作许可，可能承担一定的风险，但遇到问题时，可直接向专门的劳动援助机构打电话求助，值得注意的是美国对环境保护的规定非常严格，要想在美国从事电力工程承包，承包商必须要满足一定的环保要求。四是美国在电力工程建设法律环境方面，建设相关法律可参考《国际建筑规范》和《联邦采购法》，能源方面，2010 年开始奉行"油煤优先"政策，这些政策明显改变了美国能源产业的规则和预期，将在未来几年内产生重要的影响。最后是关于美国电力工程建设发展趋势，煤电比重持续下滑，在未来一段时期内，天然气将是美国发电的主要来源，可再生能源发电所占比重持续增大，发展非常快，尤其是风力发电增长最为迅速。

第二章讲述的是美国电力工程造价管理的基础，一是介绍了美国造价工程师的专业协会组织—国际造价工程师促进协会 AACE 及美国造价工程师的认证和主要职责。二是对美国造价管理基础框架——全面造价管理框架 TCM 的结构、核心原则及关键流程的介绍。三是全面讲述了美国电力工程项目监管，包括以能源部和联邦能源监管委员会为代表的联邦政府层面和以加州公用事业监管委员会为代表的州政府层面的监管机构，电力监管主要是针对私营的公用电力公司和独立发电商，监管内容包括电力市场准入、电力企业的价格及利润的监管。四是主要介绍了政府投资项目的管理流程，包括电力工程项目审批流程、电厂建设许可证的发放程序、电网规划流程以及美国政府投资项目的管理模式。最后，就电力工程建设各阶段造价管理内容也作了阐述，包括能源部的估价流程、造价估算的要求、计价文件需求以及工程计价的五级估算。

第三章就美国电力工程费用构成做了详细的讲解，共包括三部分，一是就电力工程建设费用两大部分直接费用和间接费用做了介绍，直接费用包括人力费用、材料费用、设备费用以及分包费用；间接费用包括税费、通用情况费用、风险/回报费用、经常性支出、承包商利润和意外支出。二是对直接费用和间接费用所包含的费用项如人材机、分包费、管理费等进行了详细的分析。最后以石油太平洋燃气与电力公司某项目为例，介绍了电力工程费用构成的具体应用。

第四章集中介绍了美国建设工程分类和编码体系类别，包括由美国建筑标准学会 CSI 和加拿大建筑标准学会 CSC 在 1972 年颁布的在北美地区具有深远影响的 MasterFormat 体系，它定位是工程项目实施阶段信息、数据的组织和管理编码体系，同时提供工作成果的详细造价数据。第二种是美国 AIA 与美国 GSA 联合开发的 Uniformat 体系，它的定位是全生命周期，尤其使用在设计阶段，是用于描述、造价分析和工程管理的建筑信息分类标准。第三种是于 2001 年首次由 CSI 出版的 OmniClass 体系，其编制的基础是 Uniformat Ⅱ 以及 MasterFormat 体系；它的定位是全生命周期，其开发的目的是将多个主题的多个现有分类系统组合成一个统一的系统，该系统基于 ISO 12006－2，"建设工程信息组织—第 2 部分：信息分类框架"。同时在第二节还给出了采用其他形式编码的某电厂承包项目的投标清单，供各位读者参考。

第五章内容主要介绍了美国电力工程计价步骤、方法和依据。计价步骤方面，美国能源部和美国政府问责办公室（GAO）等机构都有出版相关资料，本书主要阐述了政府问责办公室版本的计价步骤，按照项目启动和研究、评估、分析和呈现四大流程详细讲解了计价的 12 个步骤、要点和涉及的相关任务。计价方法方面美国分为了两种主要的估算方法，随机性方法和确定性方法。随机的方法也称为参数估价（在推测的造价关系和统计分析的基础上进行），确定的方法也称为详细单位造价（在确定的造价关系的基础上进行）。在美国，计价可参考的材料也非常丰富，包括建筑标准、指南和手册、工程项目编码体系、价格信息以及电力承包商的信息资源。

第六章内容是关于招投标阶段造价管理，包括承发包模式和常用合同形式，招标准备工作，招投标程序以及投标报价的生成，美国采用的承发包模式与我国承包市场上现行的模式基本类似，包括源自于美国的 CM 建设管理模式、设计—招标—建造模式、设计—建造模式，以及目前非常普遍的 EPC 总承包模式。常用合同形式方面，承揽私人工程项目的承包商会更多地采用行业协会出版的合同条件，如美国建筑师协会出版的 AIA 合同条件等，而承揽政府工程承包商一般采用政府要求的标准格式合同条件。关于招标工作方面，美国获取招标信息的渠道非常丰富，政府有专门的招标网站，而私人业主招标也会采用各种媒介发布招标信息。同时，美国出台了《联邦采购法规》，对承揽政府工程的招标方式和流程，以及使用合同文本等方面都做出了详细的规定。由于美国私人项目招标程序非常灵活，没有固定的程序可以遵循，本书主要介绍的是公共项目招标程序，也基本与我国类似，只是存在细节上的差别。

第七章介绍了电力工程施工阶段的造价管理，美国施工阶段的造价管理并不只局限于造价方面的管控，由于造价、进度和质量三者密不可分，息息相关，因此美国在施工阶段的造价管理工作中也会在一定程度上涉及工程进度和质量方面的内容，本章主要是以 PDCA 循环展开讲述，从项目启动阶段开始，到项目计划、实施、和监测控制阶段，同时穿插了各阶段造价管理主要工作内容及其所使用的一些方法，其中在项目造价控制阶段介绍了美国在人力、材料和机械等费用方面的一些控制方法。最后单独用一节阐述了施工阶段的合同管理，关于合同工程款支付、合同变更和索赔等事宜一一做了说明和介绍。

以上按章节对整本书的内容作了总结，可以看出美国电力市场较为成熟和完善，在电力工程的造价管理方面也有非常丰富的经验。

近年来，我国电力市场发展缺失虽也尚好，但是仍然还有许多要向发达国家学习的地方，比如在电力市场改革方面，我国应当大力推进售电侧改革，允许更多发电企业进入市场，将发电主体和售电主体相分离，在销售端，赋予电力用户在不同的供电商之间自由选择的权利，形成充分竞争的市场环境。当然，国家在进行改革的同时，形成较稳定的市场定价机制，出台相关监管政策法规，建立全面的监管体系也尤为重要。政策方面，进入 21 世纪以来，全球气候变化加剧，环境问题日益突出，我国作为最大的发展中国家，应该在环境保护方面做出表率，而传统发电行业由于发电来源多为煤、石油等，污染严重，因此我国应大力推进各类化石能源向天然气以及可再生能源等的转型。同时，应出台相关法律政策，加强各电力工程项目环保要求，完善相关环保评估程序。

在电力工程造价管理方面，一是美国建设工程量清单结构，美国有着非常成熟的编码体系，针对不同工程阶段分为三种，每一种都有各自的构成方式和用途，而我国电力工程量清单出台时间较短，还有许多需要完善的地方，在这一方面我们可以取这三种编码体系所长，补我们电力工程量清单体系之所短。二是电力计价步骤方面，美国详细的计价流程可以方便施工项目的精细化管理，我国工程行业管理要从粗放型转型成为精细型，首先就要从造价方面入手，因此这一点同样值得我们学习。三是招投标阶段造价管理方面，美国对于政府投资工程在各方面都有一定的规定和流程，针对许多流程还建立了网络化平台方便管理，比如关于招标采购信息来源政府有专门的网站；招投标主体资格管理方面，有专门的网站进行许可管理和资质管理等。可以看出，美国招投标阶段造价管理使用相当多的网络化技术，这不仅降低了相当大的交易成本和时间成本，而且有利于各承包商之间公开化、合理化的竞争，因此，我国应当加快推进这方面的发展。四是美国电力工程施工阶段造价管理，美国以 PDCA 循环作为核心基础进行造价管理，将整个施工阶段的造价工作串为一个整体，使造价工作更系统化；采用挣值系统对项目造价进行监测，使造价管理工作效率更高，更易于快速抓住问题要害，解决问题。而在造价控制方面，美国有许多先进的技术和方法。我国电力工程造价管理要想更好的发展，学习固然必不可少，但也不能一味地纯粹照搬，发达国家有非常多的经验和技术，有些我们可以直接拿来学习，但是还有一些经验，我们需要在其基础上进行改进，形成适合我们自己的方法和技术。

附录 A 美国电力工程投资估算案例

本案例是美国西部电力委员会（WECC）关于输变电工程的投资估算的案例，作为西部电力协调委员会（WECC）输电规划过程的一部分，Black & Veatch 协助 WECC 制定了关于输电线路和变电站造价的更新假设，并制定了一个程序，以确保这些造价能够在未来随时更新。它详细介绍了变电站以及变电站的造价和计价工作，包括假设方法和结果。此外，它描述了由 Black & Veatch 为 WECC 开发的用于估计传输和变电站造价的工具，这些工具将被运用于 WECC 的规划过程中。

Black & Veatch 为所有类型的发电（包括火电、核电、水电和新能源）、送电和变电等行业提供建设工程设计、工程总承包服务和工程咨询服务。

A.1 方 法

Black & Veatch 使用"自下而上"的方法表述了 WECC 中的高压输电设施的输电线路和变电站的投资费用构成，详细说明了影响造价的因素及其各个因素的造价调整系数，如位置和地形等对造价的影响。输电工程的"高电压"被定义为在 230kV 或更高。本研究中包括的传输线电压等级和变电站类型列于表 A－1。

表 A－1 投资估算案例中选用的发电站和变电站类型

多线电压类	变电站类型	多线电压类	变电站类型
230kV 单一回路	230kV	500kV 单一回路	
230kV 双回路	345kV	500kV 双回路	
345kV 单一回路	500kV（交流）	500kV 直流双极	
345kV 双回路	500kV（直流）		

除了制订一套供 WECC 用于即时估算造价的工具之外，这项工作还制定了未来预测造价的方法，以及各类线路工程造价的估算工具。

本报告中包含的造价被认为合理地代表了在 WECC 地区开发变电站和变电站设施的造价。然而，必须注意的是，传输线和变电站都是唯一的，并且由于各种因素，特定线路或变电站的造价可能与这里提供的造价不同。大多数新的变电站和变电站设施与现有电网互连，"典型"变电站项目将包括一些级别的新设备和一些对现有设备的升级。这里的造价应当用作指导新输电线路的近似造价，但不应用于测量任何特定传输设施的造价或投资效益。

此外，传输设施不仅发展增量发电，而且提供额外的系统可靠性和服务负载。通常不可能将"容量造价"与造价分离以提供可靠性和服务负载。这里的造价应当用作指导新传输的近似造价，但不应用于测量任何特定传输设施的造价或造价效益。

A.2 输 电 投 资 估 算

Black & Veatch开发了一种方法和工具来计算WECC地区输电基础设施项目的投资费用。这种方法从使用指定传输设备的当前造价和预期土地造价开始。然后调整造价以确定在具有不同地形上开发的差别造价。Black & Veatch从投资角度确定了以下类别和子类别。

（1）电压等级。

交流电：230、345、500kV。

高压直流（HVDC）：500kV。

（2）线路特征包括：导体类型、钢管结构、线路长度。

（3）新建筑或重新布线。

（4）地形类型。

（5）地址。

Black & Veatch 利用其关于输电线路内部知识作为造价假设的起点。下面介绍了新的输电设备各项具体造价：

Black & Veatch 仅考虑了 230kV 及以上的电压，主要因为这一地区以此类工程为主。除了交流传输，还考虑了 500kV 双极 HVDC 传输，这将更适合于长输、高容量传输项目。

对于交流输电线路，有许多部件组成整个线路造价。首先，Black & Veatch 确定了最初的影响因素。三个关键造价部件是输电线路设计最重要的造价影响因素：导体类型、结构、线路长度。

从西部协调委员会的西部可再生能源区（WREZ）项目开发的输电项目造价开始，Black & Veatch 根据这三个关键因素确定了每英里资本造价的基准假设。从 WREZ 传输的每英里初始造价，从原来的 2008 年的数值进行增调，如表 A−2 所示。

表 A−2　　　　　　　　　　基 础 传 输 造 价

线路描述	新的造价（美元/英里）	线路描述	新的造价（美元/英里）
230kV 单一回路	927 000	500kV 单一回路	1 854 000
230kV 双回路	1 484 000	500kV 双回路	2 967 000
345kV 单一回路	1 298 000	500kV 直流双极	1 484 000
345kV 双回路	2 077 000		

这些费用是基于以下假设：

钢芯铝导体（钢芯铝线）导体。

管状（230kV）/点阵（345kV 和 500kV）杆结构。

线路超过 10mail。

从这些基准造价开始，Black & Veatch 在调整特定线路设计时确定了各种造价乘数。对于特定项目，具有更高额定导体可能是重要的，特别是对于重载或可跨越更长距离的传输线。这降低了线路功率损耗，并增加了载流能力。Black & Veatch 确定了三种可用于新输电线路的常见导体类型：ACSR，铝导体钢支撑（ACSS）和 HTLS。这些导体类型中的每一种都增加了传输线的载流容量。ACSR 最常用，并且是 WECC 区域中大多数传输线的基础。

对于 Black & Veatch 来说，重要的是量化整个线路长度的额外造价，如果选择这些更高的载流量导体之一，就会影响线路的整个造价。表 A－3 显示了这些导体类型中的每一种的造价乘数，其将与每个电压的基础传输造价相乘。来得到特定导体下的线路造价。

表 A－3　　　　　　　　　　　　　　　　导 体 造 价 乘 数

导体	230kV 单一回路	230kV 双回路	345kV 单一回路	345kV 双回路	500kV 单一回路	500kV 双回路	500kV 直流双极
钢芯铝线	1.00	1.00	1.00	1.00	1.00	1.00	1.00
钢芯软铝	1.08	1.08	1.08	1.08	1.08	1.08	1.08
HTLS	3.60	3.60	3.60	3.60	3.60	3.60	3.60

可以考虑各种结构类型来支持传输线。人口较多的区域可以使用管状钢，而开阔的山脉可以使用栅格钢结构。不同的设计对投资产生不同影响。虽然大多数 230kV 传输线通常由钢板制成，但 345kV 及以上传输线通常使用晶格钢结构；但并不总是这样。例如，在城市地区，大约 345kV 传输线可能使用钢杆，因为它们减少了所需的通行权。

Black & Veatch 量化与每种类型的结构相关的造价乘数，见表 A－4。

表 A－4　　　　　　　　　　　　　输电结构类型造价乘数

结构	230kV 单一回路	230kV 双回路	345kV 单一回路	345kV 双回路	500kV 单一回路	500kV 双回路	500kV 直流双极
晶格结构	0.90	0.90	1.00	1.00	1.00	1.00	1.00
管状钢结构	1.00	1.00	1.30	1.30	1.50	1.50	1.50

最后，重要的是要考虑输电线路的长度。在一般情况下，输电线路越长，每英里造价越少。各种传输线长度下的造价乘数见表 A－5。

表 A－5　　　　　　　　　　　　输 电 长 度 造 价 乘 数

长度	230kV 单一回路	230kV 双回路	345kV 单一回路	345kV 双回路	500kV 单一回路	500kV 双回路	500kV 直流双极
>10 英里	1.00	1.00	1.00	1.00	1.00	1.00	1.00
3~10 英里	1.20	1.20	1.20	1.20	1.20	1.20	1.20
<3 英里	1.50	1.50	1.50	1.50	1.50	1.50	1.50

传输设备造价只是整个输电线路造价的一部分。影响输电线路总造价的很大因素是工程所在的地形。Black&Veatch 确定九个不同地形类型，然后开发造价乘数来反映地形对造价的影响。将最低造价确定为平坦地形下的造价，最高造价确定为森林地区的造价。表 A-6 为不同类型地形下的造价乘数。

Black & Veatch 调查发布信息来确定地形造价差异。加州公用事业发表他们的地形造价年度乘数，详见表 A-6。

表 A-6 地形造价乘数

地形	太平洋煤气电力	南加州爱迪生公司	电力公司	WREZ	美国西部电力联合体
沙漠	1.00	1.00	1.00	—	1.05
灌丛/平原	1.00	1.00	1.00	1.00	1.00
农田	1.00	1.00	1.00	1.10	1.00
森林	1.50	3.00	—	1.30	2.25
丘陵（2%~8%坡度）	1.30	1.50	—	—	1.40
山地 （>8%坡度）	1.50	2.00	1.30	—	1.75
湿地	—	—	1.20	1.20	1.20
郊区	1.20	1.33	1.20	—	1.27
市区	1.50	1.67	—	1.15	1.59

A.3   输电工程造价计算方法

总传输线造价计算如下列公式所示：

总传输线造价＝[（基本传输造价）×（导体乘数）×（结构乘数）×（导体乘数）× （地形乘数）＋（英亩或英里）×（土地造价/英亩或英里）]

A.4   变电站投资估算

传输造价估算通常只考虑导体造价，而不考虑将变速器连接到现有电网所需的新变电站设施的要求。本部分量化与输电基础设施相关的变电站造价。

为找出影响变电站造价的因素，同行审查小组确定以下造价组件来计算变电站造价：变电站基础造价；线路和变压器位置；直流换流站和静态无功补偿器，分流反应堆和系列电容器。

A.4.1 变电站基本造价

Black & Veatch 首先确定了一套基本变电站造价，其中不包括所有主要设备。由于变电站可以建在非常偏远的地区，这种方法中的变电站造价假设是建设在平坦、贫瘠的土地。新建变电站造价包括：土地、变电站围栏、控制楼等，如表 A－7 所示。

表 A－7　　　　　　　　　　　　新 变 电 站 基 本 造 价

设　　　备	230kV 变电站	345kV 变电站	500kV 变电站
基本造价（美元）（新建变电站）	1 648 000	2 060 000	2 472 000

A.4.2 线路和变压器位置

除了变电站基本造价，Black & Veatch 考虑了为新的和现有的变电站互连线路和变压器所需的断路器的造价。所有这些都需要断路器和开关用于隔离设备。这种隔离可以设计成多种配置；其中两种是最常见的：环形母线和半断路器（BAAH）。

环形总线配置假定每个线路或变压器位置有一个断路器；而 BAAH 配置假定每个线路或变压器配置有一个半断路器（例如 4 条线等于 6 个断路器）；各配置图见图 A－1。

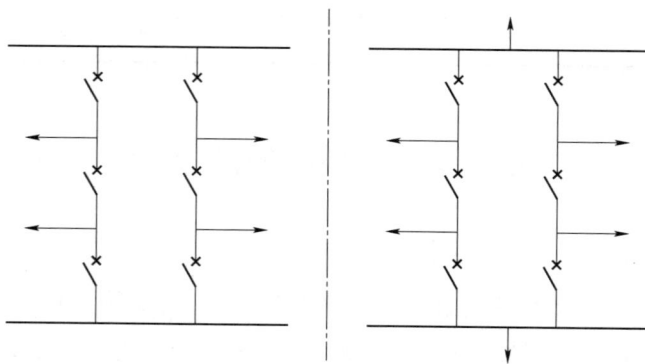

图 A－1　变电站配置

较小的变电站通常采用环形总线配置，而较大的变电站采用 BAAH 配置。表 A－8 列出了每条线路或变压器位置的基本造价和相关的造价乘数。这些造价包括与这些配置相关联的断路器、开关、结构和保护方案。

表 A－8　　　　　　　　　　　　线路/转变位置造价乘数

设　　　备	230kV 变电站	345kV 变电站	500kV 变电站
每一个线路/XFMR 位置造价（美元）	1 442 000	2 163 000	2 884 000
环形总线配置断电器乘数	1	1	1
BAAH 配置断电器乘数	1.5	1.5	1.5

如果扩展现有变电站，则在将两个现有变电站与新的传输线连接的情况下，不会引起增加基本变电站造价。

A.4.3 变压器

许多传输线连接到服务负载区域的变电站，通常在比体传输系统低的电压。为此，需要变压器来降低电压并将电力输送到负载中心。变压器随电压以及载流能力而变化。变压器的造价可基于变量（如铜商品价格）以及运费的不同而大幅变化；表 A-9 列出了每兆伏安培（MVA）造价中与每个电压等级相关的造价，这取决于从变压器的高压侧传递到低压侧所需的电流承载能力的大小。

表 A-9 　　　　　　　　　不同电压等级的变电站基本造价 　　　　　　　单位：美元

变电造价（MVA）	230kV 变电站	345kV 变电站	500kV 变电站
115/230kV　XFMR	7000	—	—
115/345kV　XFMR	—	10 000	—
115/500kV　XFMR	—	—	10 000
138/230kV　XFMR	7000	—	—
138/345kV　XFMR	—	10 000	—
138/500kV　XFMR	—	—	10 000
230/345kV　XFMR	—	10 000	—
230/500kV　XFMR	11 000	—	11 000
345/500kV　XFMR	—	13 000	13 000

A.4.4 无功组件

理想的传输系统不需要任何反应支持；然而，这是很少的情况。许多传输网络以支持跨越网络的电压降的方式集成；然而，一些较弱的系统可能需要额外的无功功率支持以维持电网可靠性。反应性载体的量以及载体需要转移到电网的速度将决定在变电站处需要什么类型的反应性组分。

Black & Veatch 确定了通常用于传输级网格支持的三个关键无功组件。每件设备都有自己的复杂性，尺寸和造价。主要考虑三种形式，即并联电抗器、串联电容器和静态无功补偿器（SVC）。

并联电抗器通常用于由于在轻负载传输网络上的高线路充电而降低电压。串联电容完全相反—它们通过向传输网络提供额外的无功充电来增加电压，以维持系统电压。

Black & Veatch 与利益相关者合作，承担"交钥匙"安装，包括对"已经粗分级并且可以使用中压辅助电源"的工程，设计和施工支持表 A-10 分流电抗器和串联电容器造价。

表 A-10　　　　　　　　　　并联电抗器和串联电容器造价　　　　　　　　　单位：美元

设备	230kV 变电站	345kV 变电站	500kV 变电站
并联电抗器	20 000	20 000	20 000
串联电容器	30 000	10 000	10 000

静态补偿器（SVC）结合了这两种技术，同时增加了支持速度。SVC 恒定地连接到电网，而电容器和电抗器通常必须被切换。SVC 比它们的静态对应物更昂贵；然而，它们提供了更多的资源灵活性。SVC 的造价根据大小和关于安装的容易性的假设而变化。表 A-11 显示了由亚利桑那州公共服务公司（APS）HydroOne 确定的 SVC 造价。

表 A-11　　　　　　　　　　　　SVC 基 本 造 价　　　　　　　　　　　单位：美元

电压等级	水电	APS	WECC
500kV	—	—	85 000
345kV	—	—	85 000
230kV	94 500	75 000	85 000
115kV	141 000		
中等电压	142 000	—	
低电压	250 000		

（1）高压直流换流站。在高压直流传输线的两端需要高压直流换流站。转换器站将高压直流功率改变为交流电功率，然后将其连接到交流电传输网络。对于非常长的传输段使用高压直流传输线是有好处的，因为由于缺少构成大部分 AC 传输线损耗的无功损耗，线路损耗显著降低。对于较短的距离，高压直流线通常不是造价有效的，因为变换器变电站造价显著高于交流电变电站的造价。

存在与高压直流换流站相关联的各种造价，并且最可变的造价是无功分量。表 A-12 上的造价指示典型的传输系统，以及需要为交流传输网络提供可靠的电力。

表 A-12　　　　　　　　　　　　HVDC 变 电 站 造 价　　　　　　　　　单位：美元

500kV 直流变电站	
容量等级	3000MW
造价内容	
转换器终端	275 000 000
无功支持	150 000 000
交流配电装置	20 000 000
总造价	445 000 000

（2）变电站的造价计算方法。

变电站总造价计算使用以下公式：

总单个变电站造价 = ［（变电站基本造价）+（线/XFMR 位置基本造价）×（线/XFMR 位置的数量）×（RB 或半断路器乘数）+（XFMR 造价/MVA）（XFMR 的数量）+（SVC 造价/MVAR）×（MVAR 的数量）+（系列造价/MVAR）×（MVARs 的数量）+（分流反应堆造价/MVAR）×（MVARs 的数量）+（HVDC 转换站造价）］

A.5　总 投 资 估 算

上文中的方法考虑了多个组件来计算传输基础设施项目的完全资本造价。上述资本造价在下面的章节中总结。

A.5.1　输电投资估算

使用上面讨论的方法，Black & Veatch 调查了各种传输造价以及使用内部行业知识来确定传输造价的典型值。虽然行业造价可能存在很大差异，但同行评审小组认为这些价值对于安装在 WECC 地区的项目是合理的。

总传输线造价 = ［（基本传输造价）×（导体乘数）×（结构乘数）×（导体乘数）×（地形乘数）+（英亩或英里）×（土地造价/英亩或英里）］

表 A - 13　　　　　　　　　　　输 电 投 资 估 算 汇 总

设备	230kV 单一回路	230kV 双回路	345kV 单一回路	345kV 双回路	500kV 单一回路	500kV 双回路	500kV 直流双极
基础造价（美元）	927 000	1 484 000	1 298 000	2 077 000	1 854 000	2 967 000	1 484 000
参数							
导体							
钢芯铝线	1.00	1.00	1.00	1.00	1.00	1.00	1.00
钢芯软铝	1.08	1.08	1.08	1.08	1.08	1.08	1.08
HTLS	3.60	3.60	3.60	3.60	3.60	3.60	3.60
结构							
晶格结构	0.90	0.90	1.00	1.00	1.00	1.00	1.00
管状钢结构	1.00	1.00	1.30	1.30	1.50	1.50	1.50
长度							
>10 英里	1.00	1.00	1.00	1.00	1.00	1.00	1.00
3~10 英里	1.20	1.20	1.20	1.20	1.20	1.20	1.20
<3 英里	1.50	1.50	1.50	1.50	1.50	1.50	1.50

续表

程度							
新	1.00	1.00	1.00	1.00	1.00	1.00	1.00
旧	0.35	0.45	0.45	0.55	0.55	0.65	0.55
地形							
沙漠	1.05	1.05	1.05	1.05	1.05	1.05	1.05
灌丛/平原	1.00	1.00	1.00	1.00	1.00	1.00	1.00
农田	1.00	1.00	1.00	1.00	1.00	1.00	1.00
森林	2.25	2.25	2.25	2.25	2.25	2.25	2.25
丘陵（2%~8%坡度）	1.40	1.40	1.40	1.40	1.40	1.40	1.40
山地（>8%坡度）	1.75	1.75	1.75	1.75	1.75	1.75	1.75
湿地	1.20	1.20	1.20	1.20	1.20	1.20	1.20
郊区	1.27	1.27	1.27	1.27	1.27	1.27	1.27
市区	1.59	1.59	1.59	1.59	1.59	1.59	1.59

A.5.2　变电站投资估算

使用上面讨论的方法，Black & Veatch 调查了各种变电站造价以及使用内部行业知识来确定变电站造价的典型值。虽然行业造价差异很大，但同行评审小组确定这些值对于安装在 WECC 地区的项目是合理的，关键假设变电站将建在平坦的贫瘠土地上。

表 A-14　　　　　　　　变 电 站 投 资 估 算 表　　　　　　　单位：美元

设　　备	230kV 变电站	345kV 变电站	500kV 变电站
基本造价（新变电站）	1 648 000	2 060 000	2 472 000
每一个线路/XFMR 位置造价	1 442 000	2 163 000	2 884 000
环形母线倍增器	1	1	1
断电器和一个参数	1.5	1.5	1.5
500kV 直流变电站	—	—	445 000
并联电抗器（MVAR）	20 000	20 000	20 000
串联电容器（MVAR）	30 000	10 000	10 000
SVC 造价（MVA）	85 000	85 000	85 000
变电造价（MVA）	230kV 变电站	345kV 变电站	500kV 变电站
115/230kV　XFMR	7000	—	—
115/345kV　XFMR	—	10 000	—
115/500kV　XFMR	—	—	10 000
138/230kV　XFMR	7000	—	—
138/345kV　XFMR	—	10 000	—

续表

设　　备	230kV 变电站	345kV 变电站	500kV 变电站
138/500kV XFMR	—		10 000
230/345kV XFMR		10 000	
230/500kV XFMR	11 000	—	11 000
345/500kV XFMR	—	13 000	13 000

使用上表和下面的公式，可以计算变电站的资本造价。

总单个变电站造价=［（变电站基本造价）＋（线/XFMR 位置基本造价）×（线/XFMR 位置的数量）×（RB 或半断路器乘数）+（XFMR 造价/MVA）（XFMR 的数量）＋（SVC 造价/MVAR）×（MVAR 的数量）＋（系列造价/MVAR）×（MVARs 的数量）+（分流反应堆造价/MVAR）×（MVARs 的数量）＋（HVDC 转换站造价）］

附录 B 美国规模发电厂的投资估算

本部分分别介绍了美国各类常规电站的投资估算，并针对区位因素进行投资估算调整，同时也对各类发电厂的运行和维修费用、环保合规信息进行了说明。

B.1 超 临 界 煤 电 站

B.1.1 机械设备和系统

超临界煤（Ultra Supercritical Coal，USC）电站是名义容量 650MW 的净输出燃煤超临界蒸汽发电机组。

B.1.2 投资估算

额定容量为 650MW 的 USC 电站的基本投资估算为：3636 美元/kW。表 B-1 总结了常规 USC 电站的投资估算构成。

表 B-1   常规 USC 电站的投资估算构成   单位：美元

技术：USC 额定容量：650 000MW（ISO）名义耗热率（ISO）：8800Btu/kWh-HHV	
投资估算类别	（000s）（2016 年 1 月）
民用结构材料和安装	247 250
机械设备供应和安装	991 831
电气/I&C 供应和安装	141 900
项目间接费	393 350
EPC 项目费用（不含应急费用）	1 774 331
应急费用	195 176
EPC 项目总费用	1 969 507
业主费用（不包括项目融资）	393 901
项目总投资（不包括项目融资）	2 363 408
每千瓦 EPC 项目总费用	3030
每千瓦业主投资 20%（不包括项目融资）	606
每千瓦项目总投资（不包括项目融资）	3636

对于这种类型的技术和电厂配置的投资估算，进行区域调整要考虑以下因素：室外安装

注意事项，地震设计差异，偏远地区问题，劳动力工资和生产率问题，电站位置调整，业主的费用差异等。

不同地点的地震设计差异是基于美国的地震图信息，这些信息详细地描述了美国各地的地震带。在地震区 0 区不增加费用，而在地震区 1~4 区则应考虑所在地震区费用的增加。

偏远地区的问题与地理区域有关，这种地区因为距离城市很远，通常需要人工营地的搭建，需要更高的工作报酬以及更高的建筑要求。偏远地区有可能离公路和铁路都很远，还存在设备运费过高的问题。偏远地区主要包括阿拉斯加的费尔班克斯、夏威夷的檀香山、蒙大拿州的大瀑布、新墨西哥州的阿尔伯克基、波多黎各的凯西等。

地理位置的调整主要是地区不同的生活水平带来的造价调整。这些地点包括但不限于：阿拉斯加、加利福尼亚、康涅狄格、特拉华、哥伦比亚特区、夏威夷、伊利诺伊、印第安纳、爱荷华、堪萨斯、缅因、马里兰、马萨诸塞、密歇根、明尼苏达、蒙大拿、内内斯、纽约、北达科他、俄亥俄、宾夕法尼亚、南达科他、西弗吉尼亚、威斯康星和怀俄明州。

基于基本投资估算，对不同地区项目的投资估算进行了调整，表 B-2 显示了在美国其他地区建设 USC 电站的投资估算调整。

表 B-2　　　　　　　　在美国其他地区建设 USC 电站的投资估算调整

州	城市	基本投资估算 （美元）	地区差异	增量投资差异 （美元/kW）	该地区项目总投资 （美元/kW）
阿拉斯加	Anchorage	3636	30%	1047	4710
阿拉斯加	Fairbanks	3636	31%	1129	4765
阿拉斯加	Huntsville	3636	-11%	-389	3247
亚利桑那	Phoenix	3636	-8%	-284	3352
阿肯色	Little Rock	3636	-7%	-268	3368
加利福尼亚	Los Angeles	3636	16%	585	4221
加利福尼亚	Redding	3636	9%	329	3965
加利福尼亚	Bakersfield	3636	9%	328	3964
加利福尼亚	Sacramento	3636	9%	337	3973
加利福尼亚	San Francisco	3636	31%	1133	4769
科罗拉多	Denver	3636	-9%	-312	3324
康涅狄格	Hartford	3636	23%	854	4490
特拉华	Dover	3636	20%	738	4374
哥伦比亚特区	Washington	3636	35%	1277	4913
佛罗里达	Tallahassee	3636	-8%	-308	3328
佛罗里达	Tampa	3636	-7%	-244	3392
乔治亚	Atlanta	3636	-11%	-387	3249
夏威夷	Honolulu	N/A	N/A	N/A	N/A
爱达荷	Boise	3636	-4%	-162	3474

州	城市	基本投资估算（美元）	地区差异	增量投资差异（美元/kW）	该地区项目总投资（美元/kW）
伊利诺伊	Chicago	3636	14%	526	4162
印第安纳	Indianapolis	3636	0%	−7	3629
爱荷华	Davenport	3636	−1%	−53	3583
爱荷华	Waterloo	3636	−6%	−217	3419
堪萨斯	Wichita	3636	−7%	−269	3367
肯塔基	Louisville	3636	−7%	−271	3365
路易斯安那	New Orleans	3636	−13%	−473	3163
缅因	Portland	3636	−5%	−190	3446
马里兰	Baltimore	3636	1%	30	3666
马萨诸塞	Boston	3636	32%	1147	4783
密歇根	Detroit	3636	2%	78	3714
密歇根	Grand Rapids	3636	−4%	−133	3503
明尼苏达	Saint Pau	3636	6%	212	3848
密西西比	Jackson	3636	−7%	−270	3366
密苏里州	St. Louis	3636	2%	76	3712
密苏里州	Kansas City	3636	0%	−15	3621
蒙大拿	Great Falls	3636	−4%	−132	3504
内布拉斯加	Omaha	3636	−4%	−159	3477
新汉普郡	Concord	3636	−1%	−30	3606
新泽西	New ark	3636	11%	406	4042
新墨西哥	Albuquerque	3636	−6%	−200	3436
纽约	New York	3636	36%	1307	4943
纽约	Syracuse	3636	−3%	−93	3543
内华达	Las Vegas	3636	4%	144	3780
北卡罗来纳	Charlotte	3636	−12%	−430	3206
北达科他	Bismarck	3636	−7%	−248	3388
俄亥俄	Cincinnati	3636	−4%	−133	3503
俄勒冈	Portland	3636	4%	153	3789
宾夕法尼亚	Philadelphia	3636	15%	537	4173
宾夕法尼亚	Wilkes – Barre	3636	−5%	−164	3472
罗德岛	Providence	3636	4%	159	3795
南卡罗来纳	Spartanburg	3636	−14%	−519	3117
南达科他	Rapid City	3636	−9%	−333	3303
田纳西	Knoxville	3636	−10%	−381	3255

续表

州	城市	基本投资估算（美元）	地区差异	增量投资差异（美元/kW）	该地区项目总投资（美元/kW）
德克萨斯	Houston	3636	−12%	−419	3217
犹他	Salt Lake City	3636	−5%	−186	3450
佛蒙特	Burlington	3636	−3%	−124	3512
维吉尼亚	Alexandria	3636	9%	313	3949
维吉尼亚	Lynchburg	3636	−4%	−139	3497
华盛顿	Seattle	3636	7%	247	3883
华盛顿	Spokane	3636	−3%	−123	3513
西维吉尼亚	Charleston	3636	0%	−11	3625
威斯康星	Green Bay	3636	−1%	−19	3617
怀俄明	Cheyenne	3636	2%	72	3708
波多黎各	Cayey	N/A	N/A	N/A	N/A

B.1.3　运行和维修费用

除了上面讨论的一般的运行和维修费用外，USC 电站的维修费用还包括锅炉、发电机的设备的维修费用。表 B−3 显示了常规 USC 电站的运维费用。

表 B−3　　　　　　　　　　　USC 电站的运维费用

类别	USC 电站
固定费用	42.10 美元/（kW·年）
可变费用	4.60 美元/MWh

B.1.4　环保合规信息

表 B−4 为 USC 电站的排放标准。

表 B−4　　　　　　　　　　　USC 电站的排放标准

类别	USC 电站
NO_x	0.06lb/MMBtu
SO_2	0.1lb/MMBtu
CO_2	206lb/MMBtu

B.2　常规天然气联合循环电站

B.2.1　机械设备和系统

常规天然气联合循环（Natural Gas Combined Cycle，NGCC）产生 702MW 的电力。

B.2.2　NGCC 的投资估算

额定容量为 702MW 的传统 NGCC 电站的基本投资估算为：978 美元/kW。

表 B-5 总结了常规 NGCC 电站的投资估算构成。

表 B-5　　　　　　　　　　　　　常规 NGCC 的投资估算构成　　　　　　　　　单位：千美元

技术：NGCC　　　额定容量：702 000MW（ISO）
名义耗热率（ISO）：6600Btu/kWh-HHV

投资费用类别	2016 年 1 月
民用结构材料和安装	49 126
机械设备供应和安装	324 043
电气/仪控系统供应和安装	43 753
项目间接费	99 220
EPC 项目费用（不含应急费用）	516 142
应急费用	55 743
EPC 项目总费用	571 885
业主费用（不包括项目融资）	114 377
项目总投资（不包括项目融资）	686 262
每千瓦 EPC 项目总投资	815
每千瓦业主费用 20%（不包括项目融资）	163
每千瓦项目总投资（不包括项目融资）	978

对于这种类型的技术和电厂配置，进行区域调整要考虑到以下因素：室外安装注意事项，地震设计差异，当地的技术改进（比如，在城市中需要注意额外的噪声矫正），偏远地区的问题，城市人口密度，劳动力工资和生产率的问题，电站位置调整，业主的费用差异等。

当地技术改进的地点包加利福尼亚州、科罗拉多州、康涅狄格州、特拉华、哥伦比亚特区、马里兰、马萨诸塞州、新泽西州、纽约州、罗德岛、福蒙特州和维吉尼亚州。

基于基本投资估算，对不同地区项目的投资估算进行了调整。表 B-6 显示了在美国其他地区建设 NGCC 电站的投资估算调整。

表 B-6　　　　　　在美国其他地区建设 NGCC 电站的投资估算调整

州	城市	基本投资估算（美元）	地区差异	增量投资差异（美元/kW）	该地区项目总投资（美元/kW）
阿拉斯加	Anchorage	978	30%	296	1274
阿拉斯加	Fairbanks	978	35%	346	1324
阿拉斯加	Huntsville	978	−11%	−112	866
亚利桑那	Phoenix	978	1%	8	986
阿肯色	Little Rock	978	−9%	−84	894
加利福尼亚	Los Angeles	978	28%	270	1248
加利福尼亚	Redding	978	15%	148	1126
加利福尼亚	Bakersfield	978	17%	163	1141
加利福尼亚	Sacramento	978	19%	183	1161
加利福尼亚	San Francisco	978	43%	423	1401
科罗拉多	Denver	978	1%	10	988
康涅狄格	Hartford	978	28%	271	1249
特拉华	Dover	978	26%	256	1234
哥伦比亚特区	Washington	978	34%	328	1306
佛罗里达	Tallahassee	978	−11%	−106	872
佛罗里达	Tampa	978	−6%	−58	920
乔治亚	Atlanta	978	−9%	−86	892
夏威夷	Honolulu	N/A	N/A	N/A	N/A
爱达荷	Boise	978	−5%	−48	930
伊利诺伊	Chicago	978	12%	122	1100
印第安纳	Indianapolis	978	−1%	−13	965
爱荷华	Davenport	978	0%	−1	977
爱荷华	Waterloo	978	−4%	−40	938
堪萨斯	Wichita	978	−5%	−52	926
肯塔基	Louisville	978	−7%	−67	911
路易斯安那	New Orleans	978	−14%	−137	841
缅因	Portland	978	−6%	−58	920
马里兰	Baltimore	978	18%	177	1155
马萨诸塞	Boston	978	37%	360	1338
密歇根	Detroit	978	5%	46	1024
密歇根	Grand Rapids	978	−2%	−17	961
明尼苏达	Saint Pau	978	7%	65	1043

州	城市	基本投资估算（美元）	地区差异	增量投资差异（美元/kW）	该地区项目总投资（美元/kW）
密西西比	Jackson	978	−9%	−90	888
密苏里州	St. Louis	978	3%	32	1010
密苏里州	Kansas City	978	0%	1	979
蒙大拿	Great Falls	978	2%	16	994
内布拉斯加	Omaha	978	−2%	−20	958
新汉普郡	Concord	978	7%	64	1042
新泽西	New ark	978	19%	185	1163
新墨西哥	Albuquerque	978	−3%	−32	946
纽约	New York	978	63%	619	1597
纽约	Syracuse	978	−3%	−93	1248
内华达	Las Vegas	978	16%	154	1132
北卡罗来纳	Charlotte	978	−11%	−106	872
北达科他	Bismarck	978	−6%	−56	922
俄亥俄	Cincinnati	978	−5%	−46	932
俄勒冈	Portland	978	11%	110	1088
宾夕法尼亚	Philadelphia	978	23%	226	1204
宾夕法尼亚	Wilkes − Barre	978	−2%	−18	960
罗德岛	Providence	978	22%	216	1194
南卡罗来纳	Spartanburg	978	−15%	−143	835
南达科他	Rapid City	978	−8%	−77	901
田纳西	Knoxville	978	−10%	−96	882
德克萨斯	Houston	978	−11%	−108	870
犹他	Salt Lake City	978	−4%	−41	937
佛蒙特	Burlington	978	−1%	−11	967
维吉尼亚	Alexandria	978	16%	157	1135
维吉尼亚	Lynchburg	978	−7%	−72	906
华盛顿	Seattle	978	4%	43	1021
华盛顿	Spokane	978	−3%	−26	952
西维吉尼亚	Charleston	978	0%	2	980
威斯康星	Green Bay	978	−2%	−19	959
怀俄明	Cheyenne	978	5%	52	1030
波多黎各	Cayey	978	9%	92	1070

B.2.3　运行和维修费用

除了维修时所考虑的一般费用外，常规的 NGCC 设备还包括了汽轮机、相关发动机、余热锅炉的维修。表 B－7 显示了常规 NGCC 设备的运维费用。

表 B－7　　　　　　　　　　　　常规 NGCC 设备的运维费用

类别	NGCC 电站
固定费用	11.00 美元/（kW·年）
可变费用	3.50 美元/MWh

B.2.4　环保合规信息

表 B－8 显示了 NGCC 电站的排放标准。

表 B－8　　　　　　　　　　　　NGCC 电站的排放标准

类别	NGCC 电站
NO_x	0.007 5lb/MMBtu
SO_2	0.001lb/MMBtu
CO_2	117lb/MMBtu

B.3　简介：常规的燃气轮机

B.3.1　机械设备和系统

常规的燃气轮机（Combustion Turbine，CT）设备产生 100MW 的电力，它配有一个进口蒸发冷却器，以降低涡轮进口空气的温度，增加夏季的产量。图 B－1 是 CT 设施流程图。

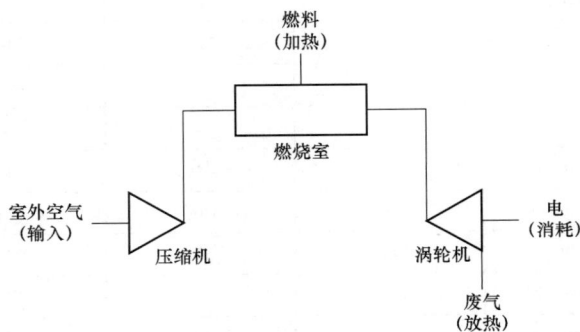

图 B－1　CT 流程图

B.3.2　投资估算

常规 CT 设施的基本投资估算是以 100MW 为单位的，单价是 1101 美元/kW。

表 B-9 总结了常规 CT 的投资估算构成。

表 B-9　　　　　　　　　常规 CT 的投资估算构成　　　　　　　　单位：千美元

技术：传统燃气轮机　　额定容量：100MW（ISO）
名义耗热率（ISO）：1000Btu/kWh-HHV

投资费用类别	2016 年 1 月
民用结构材料和安装	6630
机械设备供应和安装	50 350
电气/仪控系统供应和安装	12 065
项目间接费	14 344
EPC 项目费用（不含应急费用）	83 390
应急费用	8339
EPC 项目总费用	91 729
业主费用（不包括项目融资）	18 346
项目总投资（不包括项目融资）	110 075
每千瓦 EPC 项目总投资	917
每千瓦业主费用 20%（不包括项目融资）	183
每千瓦项目总投资（不包括项目融资）	1101

常规 CT 与 NGCC 的区位考虑是相同的，表 B-10 显示了在美国其他地区建设 CT 电站的投资估算调整。

表 B-10　　　　　　美国其他地区建设常规 CT 电站的投资估算调整

州	城市	基本投资估算（美元）	地区差异	增量投资差异（美元/kW）	该地区项目总投资（美元/kW）
阿拉斯加	Anchorage	1101	26%	286	1387
阿拉斯加	Fairbanks	1101	30%	334	1435
阿拉斯加	Huntsville	1101	-7%	-73	1028
亚利桑那	Phoenix	1101	-4%	-48	1053
阿肯色	Little Rock	1101	-4%	-48	1053
加利福尼亚	Los Angeles	1101	16%	175	1276
加利福尼亚	Redding	1101	5%	56	1157
加利福尼亚	Bakersfield	1101	6%	71	1172
加利福尼亚	Sacramento	1101	8%	84	1185
加利福尼亚	San Francisco	1101	28%	312	1413

州	城市	基本投资估算（美元）	地区差异	增量投资差异（美元/kW）	该地区项目总投资（美元/kW）
科罗拉多	Denver	1101	−2%	−22	1079
康涅狄格	Hartford	1101	16%	178	1279
特拉华	Dover	1101	15%	164	1265
哥伦比亚特区	Washington	1101	22%	245	1346
佛罗里达	Tallahassee	1101	−5%	−60	1041
佛罗里达	Tampa	1101	−4%	−40	1061
乔治亚	Atlanta	1101	−4%	−40	1061
夏威夷	Honolulu	1101	45%	499	1600
爱达荷	Boise	1101	−2%	−27	1074
伊利诺伊	Chicago	1101	9%	99	1200
印第安纳	Indianapolis	1101	−1%	−6	1095
爱荷华	Davenport	1101	1%	6	1107
爱荷华	Waterloo	1101	−2%	−25	1076
堪萨斯	Wichita	1101	−3%	−33	1068
肯塔基	Louisville	1101	−5%	−60	1041
路易斯安那	New Orleans	1101	−8%	−93	1008
缅因	Portland	1101	−4%	−40	1061
马里兰	Baltimore	1101	9%	99	1200
马萨诸塞	Boston	1101	23%	251	1352
密歇根	Detroit	1101	4%	39	1140
密歇根	Grand Rapids	1101	−1%	−8	1093
明尼苏达	Saint Pau	1101	5%	55	1156
密西西比	Jackson	1101	−4%	−49	1052
密苏里州	St. Louis	1101	3%	31	1132
密苏里州	Kansas City	1101	0%	3	1104
蒙大拿	Great Falls	1101	1%	16	1117
内布拉斯加	Omaha	1101	−1%	−10	1091
新汉普郡	Concord	1101	0%	—	1101
新泽西	New ark	1101	15%	165	1266
新墨西哥	Albuquerque	1101	0%	−3	1098
纽约	New York	1101	44%	481	1582
纽约	Syracuse	1101	6%	68	1169
内华达	Las Vegas	1101	8%	87	1188
北卡罗来纳	Charlotte	1101	−7%	−82	1019

续表

州	城市	基本投资估算（美元）	地区差异	增量投资差异（美元/kW）	该地区项目总投资（美元/kW）
北达科他	Bismarck	1101	−3%	−32	1069
俄亥俄	Cincinnati	1101	−3%	−32	1069
俄勒冈	Portland	1101	2%	20	1121
宾夕法尼亚	Philadelphia	1101	11%	122	1223
宾夕法尼亚	Wilkes－Barre	1101	−1%	−8	1093
罗德岛	Providence	1101	12%	130	1231
南卡罗来纳	Spartanburg	1101	−9%	−97	1004
南达科他	Rapid City	1101	−4%	−49	1052
田纳西	Knoxville	1101	−7%	−75	1026
德克萨斯	Houston	1101	−8%	−86	1015
犹他	Salt Lake City	1101	−2%	−23	1078
佛蒙特	Burlington	1101	3%	33	1134
维吉尼亚	Alexandria	1101	7%	78	1179
维吉尼亚	Lynchburg	1101	−5%	−52	1049
华盛顿	Seattle	1101	4%	39	1140
华盛顿	Spokane	1101	−2%	−19	1082
西维吉尼亚	Charleston	1101	2%	20	1121
威斯康星	Green Bay	1101	−1%	−11	1090
怀俄明	Cheyenne	1101	7%	72	1173
波多黎各	Cayey	1101	3%	35	1136

B.3.3　运营维护费用

除了在 2.6.2 节中讨论的一般的运维费用外，常规 CT 设施还包括 CT 和相关的发电机的维护费用。常规的 CT 设施每 2.5 万 h 需要大修一次，超过 5 万 h 需要更大的维修。与工作时间有关的启动频率对维修时间没有大的影响。表 B－11 显示了常规 CT 设备的运维费用。

表 B－11　　　　　　　　　　　　常规 CT 设备的运维费用

类别	常规 CT
固定费用	17.50 美元/（kW·年）
可变费用	3.50 美元/MWh

B.3.4　环保合规信息

通常情况下，常规的 CT 设备只能配备燃烧室燃烧硬件来减少排放。表 B-12 显示了常规 CT 设施的环境排放指标。

表 B-12　　　　　　　　　　常规 CT 设施的环境排放指标

类别	常规 CT
NO_x	0.03lb/MMBtu
SO_2	0.001lb/MMBtu
CO_2	117lb/MMBtu

B.4　改进的燃气轮机

B.4.1　机械设备和系统

改进型的 CT。

B.4.2　投资估算

改进 CT 设施的基本投标估算是以 237MW 为单位的，单价是 678 美元/kW。表 B-13 总结了改进 CT 电站的投资估算构成。

表 B-13　　　　　　　　改进 CT 电站的投资估算构成　　　　　　　　单位：千美元

技术：改进燃气轮机　　额定容量：237 000kW（ISO）

名义耗热率（ISO）：9800Btu/kWh-HHV

投资费用类别	2016 年 1 月
民用结构材料和安装	13 660
机械设备供应和安装	71 245
电气/仪控系统供应和安装	17 896
项目间接费	18 851
EPC 项目费用（不含应急费用）	121 652
应急费用	12 165
EPC 项目总费用	133 818
业主费用（不包括项目融资）	26 764
项目总投资（不包括项目融资）	160 582

续表

投资费用类别	2016 年 1 月
每千瓦 EPC 项目总投资	565
每千瓦业主费用 20%（不包括项目融资）	113
每千瓦项目总投资（不包括项目融资）	678

改进 CT 与传统 CT 的区位考虑是相同的。表 B-14 显示了在美国其他地区建设 CT 电站的投资估算调整。

表 B-14 在美国其他地区建设改进 CT 电站的投资估算调整

州	城市	基本投资估算（美元）	地区差异	增量投资差异（美元/kW）	该地区项目总投资（美元/kW）
阿拉斯加	Anchorage	678	40%	268	946
阿拉斯加	Fairbanks	678	46%	311	989
阿拉斯加	Huntsville	678	−5%	−36	642
亚利桑那	Phoenix	678	−3%	−21	657
阿肯色	Little Rock	678	−3%	−19	659
加利福尼亚	Los Angeles	678	24%	166	844
加利福尼亚	Redding	678	6%	42	720
加利福尼亚	Bakersfield	678	9%	62	740
加利福尼亚	Sacramento	678	10%	69	747
加利福尼亚	San Francisco	678	41%	275	953
科罗拉多	Denver	678	1%	9	687
康涅狄格	Hartford	678	24%	160	838
特拉华	Dover	678	23%	157	835
哥伦比亚特区	Washington	678	37%	248	926
佛罗里达	Tallahassee	678	−5%	−32	646
佛罗里达	Tampa	678	−4%	−25	653
乔治亚	Atlanta	678	−1%	−10	683
夏威夷	Honolulu	678	71%	483	1161
爱达荷	Boise	678	−1%	−10	683
伊利诺伊	Chicago	678	9%	63	741
印第安纳	Indianapolis	678	1%	9	687
爱荷华	Davenport	678	2%	14	692
爱荷华	Waterloo	678	−1%	−4	674
堪萨斯	Wichita	678	−1%	−6	672
肯塔基	Louisville	678	−4%	−26	652
路易斯安那	New Orleans	678	−7%	−50	628

续表

州	城市	基本投资估算（美元）	地区差异	增量投资差异（美元/kW）	该地区项目总投资（美元/kW）
缅因	Portland	678	−1%	−7	671
马里兰	Baltimore	678	18%	122	800
马萨诸塞	Boston	678	32%	217	895
密歇根	Detroit	678	5%	32	710
密歇根	Grand Rapids	678	1%	5	683
明尼苏达	Saint Pau	678	6%	38	716
密西西比	Jackson	678	−3%	−23	655
密苏里州	St. Louis	678	4%	29	707
密苏里州	Kansas City	678	1%	6	684
蒙大拿	Great Falls	678	7%	48	726
内布拉斯加	Omaha	678	1%	6	684
新汉普郡	Concord	678	1%	5	683
新泽西	New ark	678	19%	126	804
新墨西哥	Albuquerque	678	3%	19	697
纽约	New York	678	58%	394	1092
纽约	Syracuse	678	12%	78	756
内华达	Las Vegas	678	12%	82	760
北卡罗来纳	Charlotte	678	−6%	−39	639
北达科他	Bismarck	678	−1%	−8	670
俄亥俄	Cincinnati	678	−1%	−5	673
俄勒冈	Portland	678	3%	23	701
宾夕法尼亚	Philadelphia	678	14%	97	775
宾夕法尼亚	Wilkes－Barre	678	1%	10	688
罗德岛	Providence	678	17%	117	795
南卡罗来纳	Spartanburg	678	−7%	−46	632
南达科他	Rapid City	678	−3%	−17	661
田纳西	Knoxville	678	−6%	−38	640
德克萨斯	Houston	678	−7%	−46	632
犹他	Salt Lake City	678	0%	—	678
佛蒙特	Burlington	678	7%	47	725
维吉尼亚	Alexandria	678	13%	87	765
维吉尼亚	Lynchburg	678	−4%	−25	653
华盛顿	Seattle	678	5%	33	711
华盛顿	Spokane	678	−1%	−5	673
西维吉尼亚	Charleston	678	3%	22	700

续表

州	城市	基本投资估算（美元）	地区差异	增量投资差异（美元/kW）	该地区项目总投资（美元/kW）
威斯康星	Green Bay	678	0%	3	681
怀俄明	Cheyenne	678	43%	293	971
波多黎各	Cayey	678	9%	61	739

B.4.3 运营和维修费用

除了一般的运维外，改进 CT 设施还包括 CT 和相关的发电机的维护。通常情况下，在改进的 CT 进行检查时，不少于 450 次启动。更大的维修则需要在 900～1800 次启动之间。表 B−15 显示了改进 CT 设备的运维费用。

表 B−15 改进 CT 设备的运维费用

类别	改进 CT 设备
固定费用	6.80 美元/（kW·年）
可变费用	10.70 美元/MWh

B.4.4 环保合规信息

表 B−16 显示了改进 CT 设施的环境排放指标。

表 B−16 改进 CT 设施的环境排放指标

类别	改进 CT
NO_x	0.03lb/MMBtu
SO_2	0.001lb/MMBtu
CO_2	117lb/MMBtu

B.5 改 进 核 电 站

B.5.1 机械设备和系统

改进核电站（Advanced Nuclear，AN）设施由两个名义上额定的 1117MW 的 AP1000 核电站组成，在现有核电站上建造。

核能发电设备和其他蒸汽动力发电设备类似。两者的区别在于产生蒸汽的热源不同。在使用化石燃料的单位中，碳氢化合物被烧成加热水，成为蒸汽。在 AP1000 中，铀原子核裂变给加热水提供热量。

核燃料是一种包裹在锆合金管中的铀浓缩物，粒子中的原子核分裂。当铀原子核发生裂变时，会释放出大量的热量，以及额外的中子和裂变碎片。产生的原子核包含大量的动能，最终为初级冷却剂增加热量。

B.5.2　核电站（AN）投资估算

AN 设施的基本投资估算是以 2234MW 为单位的，单价是 5945 美元/kW。表 B-17 总结了 AN 电站的投资估算构成。

表 B-17　　　　　　　　　　　　　AN 电站投资估算构成　　　　　　　　　　单位：千美元

技术：AN　　额定容量：223 400kW（ISO） 名义耗热率（ISO）：N/A Btu/kWh-HHV	
投资费用类别	2016 年 1 月
民用结构材料和安装	1 927 067
机械设备供应和安装	3 782 925
电气/仪控系统供应和安装	700 954
项目间接费	3 029 122
EPC 项目费用（不含应急费用）	9 440 067
应急费用	1 446 413
EPC 项目总费用	10 886 479
业主费用（不包括项目融资）	2 395 025
项目总投资（不包括项目融资）	13 281 504
每千瓦 EPC 项目总投资	4873
每千瓦业主费用20%（不包括项目融资）	1072
每千瓦项目总投资（不包括项目融资）	5945

对于这种类型的技术和电厂配置，进行区域因素考虑时，需要注意以下因素：地震设计差异，偏远地区的位置问题，劳动工资和生产率问题，位置调整，业主造价差异，以及与这五项调整相关的费用。

基于基本投资估算标准，对不同地区项目的投资估算进行了调整。表 B-18 显示了在美国其他地区建设 AN 电站的投资估算调整。

表 B-18　　　　　　　　在美国其他地区建设 AN 电站的投资估算调整

州	城市	基本投资估算 （美元）	地区差异	增量投资差异 （美元/kW）	该地区项目总投资 （美元/kW）
阿拉斯加	Anchorage	5945	13%	787	6732
阿拉斯加	Fairbanks	5945	13%	799	6744

续表

州	城市	基本投资估算（美元）	地区差异	增量投资差异（美元/kW）	该地区项目总投资（美元/kW）
阿拉斯加	Huntsville	5945	−4%	−227	5718
亚利桑那	Phoenix	5945	−3%	−156	5789
阿肯色	Little Rock	5945	−3%	−158	5787
加利福尼亚	Los Angeles	5945	8%	470	6415
加利福尼亚	Redding	5945	5%	278	6223
加利福尼亚	Bakersfield	5945	6%	332	6277
加利福尼亚	Sacramento	5945	5%	299	6244
加利福尼亚	San Francisco	5945	17%	1029	6974
科罗拉多	Denver	5945	−3%	−173	5772
康涅狄格	Hartford	5945	13%	772	6717
特拉华	Dover	5945	12%	704	6649
哥伦比亚特区	Washington	5945	22%	1281	7226
佛罗里达	Tallahassee	5945	−4%	−216	5729
佛罗里达	Tampa	5945	−2%	−106	5839
乔治亚	Atlanta	5945	−4%	−226	5719
夏威夷	Honolulu	N/A	N/A	N/A	N/A
爱达荷	Boise	5945	−2%	−102	5843
伊利诺伊	Chicago	5945	6%	362	6307
印第安纳	Indianapolis	5945	1%	59	6004
爱荷华	Davenport	5945	−1%	−46	5899
爱荷华	Waterloo	5945	−2%	−134	5811
堪萨斯	Wichita	5945	−3%	−158	5787
肯塔基	Louisville	5945	−3%	−149	5796
路易斯安那	New Orleans	5945	−5%	−285	5660
缅因	Portland	5945	−1%	−38	5907
马里兰	Baltimore	5945	2%	135	6080
马萨诸塞	Boston	5945	15%	884	6829
密歇根	Detroit	5945	1%	65	6010
密歇根	Grand Rapids	5945	−1%	−82	5863
明尼苏达	Saint Pau	5945	2%	143	6088
密西西比	Jackson	5945	−3%	−176	6088
密苏里州	St. Louis	5945	2%	92	6037
密苏里州	Kansas City	5945	0%	10	5955
蒙大拿	Great Falls	5945	−1%	−88	5857
内布拉斯加	Omaha	5945	−1%	−85	5854

续表

州	城市	基本投资估算 （美元）	地区差异	增量投资差异 （美元/kW）	该地区项目总投资 （美元/kW）
新汉普郡	Concord	5945	−1%	−54	5891
新泽西	New ark	5945	4%	248	6193
新墨西哥	Albuquerque	5945	−2%	−93	5852
纽约	New York	5945	9%	557	6502
纽约	Syracuse	5945	6%	345	6290
内华达	Las Vegas	5945	2%	130	6075
北卡罗来纳	Charlotte	5945	−4%	−233	5712
北达科他	Bismarck	5945	−3%	−172	5733
俄亥俄	Cincinnati	5945	0%	−15	5930
俄勒冈	Portland	5945	3%	191	6136
宾夕法尼亚	Philadelphia	5945	3%	182	6127
宾夕法尼亚	Wilkes－Barre	5945	−1%	−77	5868
罗德岛	Providence	5945	1%	85	6030
南卡罗来纳	Spartanburg	5945	−5%	−293	5652
南达科他	Rapid City	5945	−4%	−220	5725
田纳西	Knoxville	5945	−4%	−214	5731
德克萨斯	Houston	5945	−4%	−245	5700
犹他	Salt Lake City	5945	−1%	−75	5870
佛蒙特	Burlington	5945	−2%	−136	5809
维吉尼亚	Alexandria	5945	6%	338	6283
维吉尼亚	Lynchburg	5945	−1%	−52	5893
华盛顿	Seattle	5945	4%	246	6191
华盛顿	Spokane	5945	−1%	−52	5893
西维吉尼亚	Charleston	5945	−1%	−35	5910
威斯康星	Green Bay	5945	1%	43	5988
怀俄明	Cheyenne	5945	3%	178	6123
波多黎各	Cayey	N/A	N/A	N/A	N/A

B.5.3　运营和维护费用

除了包括的运维费用的一般项目外，核设施还包括对蒸汽发生器、发电机、辅助车间控制系统和反应器（除加油外）进行维护的费用。表 B－19 显示了 AN 设备的运维费用。

表 B-19   AN 设备的运维费用

类别	AN 电站
固定费用	100.28 美元/kW－Y
可变费用	2.30 美元/MWh

B.5.4 环保合规信息

对于一个核电站来说，不必遵守对空气排放量的标准，因为并不燃烧化石燃料。表 B-20 显示了 AN 电站的环境排放指标。

表 B-20   AN 电站的环境排放指标

类别	AN 电站
NO_x	0lb/MMBtu
SO_2	0lb/MMBtu
CO_2	0lb/MMBtu

B.6 生 物 电 厂

B.6.1 机械设备和系统

生物电厂（Biomass Bubbling Fluidized Bed，BBFB）电厂，每天要利用大约 2000t 的木材（最大湿度为 50%）来生产 50MW 的电力。

B.6.2 投资估算

BBFB 设施的基本投资估算是以 2234MW 为单位的，单价是 5945 美元/kW。表 B-21 总结了常规 BBFB 的投资估算构成。

表 B-21   BBFB 的投资估算构成   单位：千美元

技术：BBFB 额定容量：50 000kW（ISO） 名义耗热率（ISO）：13 500Btu/kWh－HHV	
投资费用类别	2016 年 1 月
民用结构材料和安装	15 349
机械设备供应和安装	100 992
电气/仪控系统供应和安装	22 897
项目间接费	49 598

续表

投资费用类别	2016 年 1 月
EPC 项目费用（不含应急费用）	188 836
应急费用	18 884
EPC 项目总费用	207 720
业主费用（不包括项目融资）	41 544
项目总投资（不包括项目融资）	249 264
每千瓦 EPC 项目总投资	4154
每千瓦业主费用 20%（不包括项目融资）	831
每千瓦项目总投资（不包括项目融资）	4985

对于这种类型的技术和电厂配置的投资估算，进行区域调整要考虑到以下因素：室外安装注意事项，地震设计差异，偏远地区的问题，劳动力工资和生产率的问题，电站位置调整，业主的造价差异等。

户外安装需要考虑的地点包括阿拉巴马州、阿肯色州、佛罗里达州、乔治亚州、夏威夷州、路易斯安那州、密西西比州、南卡罗来纳州和波多黎各。

基于基本投资估算标准，对不同地区项目的投资估算进行了调整。表 B-22 显示了在美国其他地区建设 BBFB 电站的投资估算调整。

表 B-22　　　　　　　　　　在美国其他地区建设 BBFB 电站的投资估算调整

州	城市	基本投资估算（美元）	地区差异	增量投资差异（美元/kW）	该地区项目总投资（美元/kW）
阿拉斯加	Anchorage	4985	19%	956	5941
阿拉斯加	Fairbanks	4985	22%	1101	6086
阿拉斯加	Huntsville	4985	−15%	−729	4256
亚利桑那	Phoenix	4985	−10%	−523	4462
阿肯色	Little Rock	4985	−10%	−512	4473
加利福尼亚	Los Angeles	4985	10%	510	5495
加利福尼亚	Redding	4985	9%	447	5371
加利福尼亚	Bakersfield	4985	8%	386	5446
加利福尼亚	Sacramento	4985	9%	461	6430
加利福尼亚	San Francisco	4985	29%	1445	6974
科罗拉多	Denver	4985	−12%	−601	4384
康涅狄格	Hartford	4985	20%	1012	5997
特拉华	Dover	4985	16%	804	5789
哥伦比亚特区	Washington	4985	25%	1244	6229

州	城市	基本投资估算（美元）	地区差异	增量投资差异（美元/kW）	该地区项目总投资（美元/kW）
佛罗里达	Tallahassee	4985	−11%	−565	4420
佛罗里达	Tampa	4985	−9%	−444	4541
乔治亚	Atlanta	4985	−15%	−726	4259
夏威夷	Honolulu	4985	46%	2318	7303
爱达荷	Boise	4985	−7%	−331	4654
伊利诺伊	Chicago	4985	18%	877	5862
印第安纳	Indianapolis	4985	−3%	−140	4845
爱荷华	Davenport	4985	−2%	−100	4885
爱荷华	Waterloo	4985	−8%	−410	4575
堪萨斯	Wichita	4985	−10%	−521	4464
肯塔基	Louisville	4985	−10%	−523	4462
路易斯安那	New Orleans	4985	−18%	−876	4109
缅因	Portland	4985	−10%	−497	4488
马里兰	Baltimore	4985	−4%	−186	4799
马萨诸塞	Boston	4985	26%	1319	6304
密歇根	Detroit	4985	3%	136	5121
密歇根	Grand Rapids	4985	−5%	−251	4734
明尼苏达	Saint Pau	4985	7%	365	5350
密西西比	Jackson	4985	−10%	−504	4481
密苏里州	St. Louis	4985	2%	85	5070
密苏里州	Kansas City	4985	−1%	−53	4932
蒙大拿	Great Falls	4985	−6%	−307	4678
内布拉斯加	Omaha	4985	−6%	−312	4673
新汉普郡	Concord	4985	−2%	−81	4904
新泽西	New ark	4985	15%	755	5740
新墨西哥	Albuquerque	4985	−9%	−427	4558
纽约	New York	4985	42%	2099	7084
纽约	Syracuse	4985	−4%	−187	4798
内华达	Las Vegas	4985	3%	125	5110
北卡罗来纳	Charlotte	4985	−17%	−836	4149
北达科他	Bismarck	4985	−9%	−468	4517
俄亥俄	Cincinnati	4985	−8%	−379	4606
俄勒冈	Portland	4985	2%	115	5100
宾夕法尼亚	Philadelphia	4985	10%	500	5485
宾夕法尼亚	Wilkes – Barre	4985	−7%	−333	4652

续表

州	城市	基本投资估算（美元）	地区差异	增量投资差异（美元/kW）	该地区项目总投资（美元/kW）
罗德岛	Providence	4985	6%	278	5263
南卡罗来纳	Spartanburg	4985	−20%	−986	3999
南达科他	Rapid City	4985	−13%	−630	4355
田纳西	Knoxville	4985	−15%	−732	4253
德克萨斯	Houston	4985	−16%	−791	4194
犹他	Salt Lake City	4985	−8%	−410	4575
佛蒙特	Burlington	4985	−5%	−257	4728
维吉尼亚	Alexandria	4985	5%	233	5218
维吉尼亚	Lynchburg	4985	−8%	−389	4596
华盛顿	Seattle	4985	6%	291	5276
华盛顿	Spokane	4985	−5%	−256	4729
西维吉尼亚	Charleston	4985	−1%	−33	4952
威斯康星	Green Bay	4985	−3%	−152	4833
怀俄明	Cheyenne	4985	−10%	−515	4470
波多黎各	Cayey	4985	−3%	−169	4816

B.6.3 运营和维护费用

除了包括运维费用的一般项目外，BBFB 设施包括对汽轮机和相关发电机的主要维护，以及防喷器等。这些主要的维护费用包括在可变费用中。表 B−23 显示了 BBFB 电站运维的费用。

表 B−23 BBFB 电站运维的费用

类别	BBFB 电站
固定费用	110.00 美元/（kW·年）
可变费用	4.20 美元/MWh

B.6.4 环保合规信息

表 B−24 显示了 BBFB 电站的环境排放指标。

表 B−24 BBFB 电站的环境排放指标

类别	BBFB 电站
NO_x	0.08lb/MMBtu
SO_2	0lb/MMBtu
CO_2	195lb/MMBtu

B.7 风力发电厂

B.7.1 机械设备和系统

陆上风电设施是基于 56 个风力涡轮发电机（Wind Turbine Generator System，WTGs），每个风力发电站的额定容量为 1.79MW，总设计能力为 100MW。

B.7.2 投资估算

风力发电厂设施的基本投资估算是以 100MW 为单位的，单价是 1877 美元/kW。表 B-25 总结了常规风力发电厂的投资估算构成。

表 B-25   风力发电厂的投资估算构成   单位：千美元

技术：WN 额定容量：100 000kW（ISO） 名义耗热率（ISO）：N/A Btu/kWh-HHV	
投资费用类别	2016 年 1 月
民用结构材料和安装	19 690
机械设备供应和安装	122 924
电气/仪控系统供应和安装	15 450
项目间接费	6480
EPC 项目费用（不含应急费用）	164 544
应急费用	12 500
EPC 项目总费用	177 044
业主费用（不包括项目融资）	10 623
项目总投资（不包括项目融资）	187 667
每千瓦 EPC 项目总投资	1770
每千瓦业主费用 20%（不包括项目融资）	106
每千瓦项目总投资（不包括项目融资）	1877

对于这种技术类型和电站配置，在进行投资估算的区域调整时主要考虑以下因素：地震设计差异、偏远地区问题、劳动工资和生产率差异，电站位置调整和业主造价差异，以及与这五项调整相关的费用增加。

基于基本投资估算标准，对不同地区项目的投资估算进行了调整。表 B-26 显示了在美国其他地区建设风力发电厂的投资估算调整。

表 B－26　　　　　　　　在美国其他地区建设风力发电厂的投资估算调整

州	城市	基本投资估算 （美元）	地区差异	增量投资差异 （美元/kW）	该地区项目总投资 （美元/kW）
阿拉斯加	Anchorage	1877	30%	559	2436
阿拉斯加	Fairbanks	1877	56%	1042	2919
阿拉斯加	Huntsville	1877	－5%	－95	1782
亚利桑那	Phoenix	1877	－3%	－59	1818
阿肯色	Little Rock	1877	－3%	－55	1822
加利福尼亚	Los Angeles	1877	15%	279	2156
加利福尼亚	Redding	1877	12%	219	2096
加利福尼亚	Bakersfield	1877	13%	253	2130
加利福尼亚	Sacramento	1877	12%	222	2099
加利福尼亚	San Francisco	1877	20%	384	2261
科罗拉多	Denver	1877	3%	51	1928
康涅狄格	Hartford	1877	8%	155	2032
特拉华	Dover	1877	6%	109	1986
哥伦比亚特区	Washington	1877	10%	195	2072
佛罗里达	Tallahassee	1877	－4%	－80	1797
佛罗里达	Tampa	1877	－3%	－62	1815
乔治亚	Atlanta	1877	－5%	－95	1782
夏威夷	Honolulu	1877	35%	649	2526
爱达荷	Boise	1877	5%	99	1976
伊利诺伊	Chicago	1877	14%	259	2136
印第安纳	Indianapolis	1877	－1%	－11	1866
爱荷华	Davenport	1877	6%	115	1992
爱荷华	Waterloo	1877	4%	70	1947
堪萨斯	Wichita	1877	3%	62	1939
肯塔基	Louisville	1877	－4%	－68	1809
路易斯安那	New Orleans	1877	－7%	－125	1752
缅因	Portland	1877	7%	140	2017
马里兰	Baltimore	1877	1%	28	1905
马萨诸塞	Boston	1877	11%	200	2077
密歇根	Detroit	1877	3%	48	1925
密歇根	Grand Rapids	1877	－1%	－17	1860
明尼苏达	Saint Pau	1877	10%	197	2074
密西西比	Jackson	1877	－3%	－62	1815
密苏里州	St. Louis	1877	3%	55	1932

续表

州	城市	基本投资估算（美元）	地区差异	增量投资差异（美元/kW）	该地区项目总投资（美元/kW）
密苏里州	Kansas City	1877	0%	9	1886
蒙大拿	Great Falls	1877	8%	155	2032
内布拉斯加	Omaha	1877	5%	93	1970
新汉普郡	Concord	1877	8%	155	2032
新泽西	New ark	1877	10%	184	2061
新墨西哥	Albuquerque	1877	4%	76	1953
纽约	New York	1877	25%	462	2339
纽约	Syracuse	1877	0%	1	1878
内华达	Las Vegas	1877	9%	165	2042
北卡罗来纳	Charlotte	1877	−6%	−105	1772
北达科他	Bismarck	1877	4%	81	1958
俄亥俄	Cincinnati	1877	−4%	−66	1811
俄勒冈	Portland	1877	9%	171	2048
宾夕法尼亚	Philadelphia	1877	5%	90	1967
宾夕法尼亚	Wilkes − Barre	1877	−2%	−32	1845
罗德岛	Providence	1877	3%	58	1935
南卡罗来纳	Spartanburg	1877	−7%	−124	1753
南达科他	Rapid City	1877	2%	38	1915
田纳西	Knoxville	1877	−5%	−98	1779
德克萨斯	Houston	1877	−6%	−116	1761
犹他	Salt Lake City	1877	6%	113	1990
佛蒙特	Burlington	1877	6%	110	1987
维吉尼亚	Alexandria	1877	3%	64	1941
维吉尼亚	Lynchburg	1877	−4%	−67	1810
华盛顿	Seattle	1877	4%	67	1944
华盛顿	Spokane	1877	6%	110	1987
西维吉尼亚	Charleston	1877	0%	4	1881
威斯康星	Green Bay	1877	−4%	−21	1836
怀俄明	Cheyenne	1877	3%	63	1940
波多黎各	Cayey	1877	9%	169	2046

B.7.3　运行和维护费用

根据以往的经验，风力发电站的运维费用只有固定费用，不考虑可变费用。表 B−27 显示了风力发电厂运维费用。

表 B-27   风力发电厂运维的费用

类别	风力发电厂运维
固定费用	39.70 美元/（kW·年）
可变费用	0 美元/MWh

B.7.4　环保合规信息

由于风能利用可再生能源进行发电，没有消耗化石能源进行发电，因此没有产生废气排放。表 B-28 显示了风力发电厂的环境排放指标。

表 B-28   风力发电厂的环境排放指标

类别	风力发电厂
NO_x	0lb/MMBtu
SO_2	0lb/MMBtu
CO_2	0lb/MMBtu

B.8　大规模的光伏电站

B.8.1　机械设备和系统

光伏电站（Photovoltaic systems，PV）使用大量的地面安装，它将射入的太阳辐射转化为直流电，然后再转成交流电。图 B-2 给出了光伏电站的典型设施图。

图 B-2　光伏电站的典型设施图

B.8.2 投资估算

表 B-29～表 B-31 分析了 PV 固定设备部分的投资估算构成和 PV 追踪器的投资估算类别。

表 B-29　　　　　　　　　　**PV 固定设备投资估算构成**　　　　　　　　单位：千美元

技术：PV 固定　　　　额定容量：20 000kW/AC-26 000kW/DC（ISO）

名义耗热率（ISO）：N/A Btu/kWh-HHV

投资费用类别	2016 年 1 月
民用结构材料和安装	5239
机械设备供应和安装	23 987
电气/仪控系统供应和安装	8994
项目间接费	2244
EPC 项目费用（不含应急费用）	40 464
应急费用	4046
EPC 项目总费用	44 511
业主费用（不包括项目融资）	8902
项目总投资（不包括项目融资）	53 413
每千瓦 EPC 项目总投资	2226
每千瓦业主费用 20%（不包括项目融资）	445
每千瓦项目总投资（不包括项目融资）	2671

表 B-30　　　　　　　　　　**PV 追踪器 1 的投资估算构成**　　　　　　　　单位：千美元

技术：PV 追踪器　　　　额定容量：20 000kW/AC-24 000kW/DC（ISO）

名义耗热率（ISO）：N/A Btu/kWh-HHV

投资费用类别	2016 年 1 月
民用结构材料和安装	4837
机械设备供应和安装	24 608
电气/仪控系统供应和安装	8366
项目间接费	2244
EPC 项目费用（不含应急费用）	40 055
应急费用	4005
EPC 项目总费用	44 060
业主费用（不包括项目融资）	8812
项目总投资（不包括项目融资）	52 872
每千瓦 EPC 项目总投资	2203
每千瓦业主费用 20%（不包括项目融资）	441
每千瓦项目总投资（不包括项目融资）	2644

表 B－31　　　　　　　　　　　　**PV 追踪器 2 的投资估算构成**　　　　　　　　单位：千美元

技术：PV 追踪器　　额定容量：150 000kW/AC－180 000kW/DC（ISO）

名义耗热率（ISO）：N/A Btu/kWh－HHV

投资费用类别	2016 年 1 月
民用结构材料和安装	36 304
机械设备供应和安装	193 336
电气/仪控系统供应和安装	53 818
项目间接费	13 991
EPC 项目费用（不含应急费用）	297 449
应急费用	45 000
EPC 项目总费用	342 449
业主费用（不包括项目融资）	37 669
项目总投资（不包括项目融资）	380 118
每千瓦 EPC 项目总投资	2283
每千瓦业主费用20%（不包括项目融资）	251
每千瓦项目总投资（不包括项目融资）	2534

对于这种技术类型和电站配置，在进行投资估算的区域调整时主要考虑的因素与 WN 类似。

基于基本投资估算标准，对不同地区项目的投资估算进行了调整。表 B－32～表 B－34 显示了在美国其他地区建设 WN 电厂的投资估算调整。

表 B－32　　　　在美国其他地区建设 PV 电厂的投资估算调整（PV 固定设备）

州	城市	基本投资估算（美元）	地区差异	增量投资差异（美元/kW）	该地区项目总投资（美元/kW）
阿拉斯加	Anchorage	2671	22%	593	3264
阿拉斯加	Fairbanks	2671	43%	1154	3825
阿拉斯加	Huntsville	2671	－14%	－368	2303
亚利桑那	Phoenix	2671	－10%	－276	2395
阿肯色	Little Rock	2671	－10%	－261	2410
加利福尼亚	Los Angeles	2671	9%	244	2915
加利福尼亚	Redding	2671	10%	272	2943
加利福尼亚	Bakersfield	2671	8%	221	2892
加利福尼亚	Sacramento	2671	10%	280	2951
加利福尼亚	San Francisco	2671	21%	549	3220
科罗拉多	Denver	2671	－7%	－182	2489
康涅狄格	Hartford	2671	10%	262	2933
特拉华	Dover	2671	6%	153	2824
哥伦比亚特区	Washington	2671	6%	162	2833

续表

州	城市	基本投资估算（美元）	地区差异	增量投资差异（美元/kW）	该地区项目总投资（美元/kW）
佛罗里达	Tallahassee	2671	−10%	−280	2391
佛罗里达	Tampa	2671	−8%	−217	2454
乔治亚	Atlanta	2671	−14%	−366	2305
夏威夷	Honolulu	2671	62%	1652	4323
爱达荷	Boise	2671	−7%	−177	2494
伊利诺伊	Chicago	2671	20%	533	3204
印第安纳	Indianapolis	2671	−5%	−123	2548
爱荷华	Davenport	2671	−2%	−51	2620
爱荷华	Waterloo	2671	−8%	−210	2461
堪萨斯	Wichita	2671	−10%	−271	2400
肯塔基	Louisville	2671	−10%	−272	2399
路易斯安那	New Orleans	2671	−16%	−439	2232
缅因	Portland	2671	−7%	−180	2491
马里兰	Baltimore	2671	−6%	−148	2523
马萨诸塞	Boston	2671	16%	419	3090
密歇根	Detroit	2671	2%	66	2737
密歇根	Grand Rapids	2671	−5%	−129	2542
明尼苏达	Saint Pau	2671	7%	187	2858
密西西比	Jackson	2671	−9%	−253	2418
密苏里州	St. Louis	2671	1%	24	2695
密苏里州	Kansas City	2671	−1%	−35	2636
蒙大拿	Great Falls	2671	−5%	−127	2544
内布拉斯加	Omaha	2671	−6%	−164	2507
新汉普郡	Concord	2671	3%	80	2751
新泽西	New ark	2671	14%	383	3054
新墨西哥	Albuquerque	2671	−3%	−74	2597
纽约	New York	2671	42%	1128	3799
纽约	Syracuse	2671	−2%	−61	2610
内华达	Las Vegas	2671	2%	56	2727
北卡罗来纳	Charlotte	2671	−16%	−436	2235
北达科他	Bismarck	2671	−8%	−220	2451
俄亥俄	Cincinnati	2671	−10%	−265	2406
俄勒冈	Portland	2671	−1%	−28	2643
宾夕法尼亚	Philadelphia	2671	9%	248	2919
宾夕法尼亚	Wilkes−Barre	2671	−7%	−179	2492

续表

州	城市	基本投资估算（美元）	地区差异	增量投资差异（美元/kW）	该地区项目总投资（美元/kW）
罗德岛	Providence	2671	5%	134	2805
南卡罗来纳	Spartanburg	2671	−19%	−504	2167
南达科他	Rapid City	2671	−11%	−303	2368
田纳西	Knoxville	2671	−14%	−379	2292
德克萨斯	Houston	2671	−15%	−405	2266
犹他	Salt Lake City	2671	−9%	−230	2441
佛蒙特	Burlington	2671	−5%	−140	2531
维吉尼亚	Alexandria	2671	−3%	−85	2586
维吉尼亚	Lynchburg	2671	−10%	−270	2401
华盛顿	Seattle	2671	2%	63	2734
华盛顿	Spokane	2671	−5%	−139	2532
西维吉尼亚	Charleston	2671	0%	−1	2670
威斯康星	Green Bay	2671	−5%	−125	2546
怀俄明	Cheyenne	2671	−8%	−209	2462
波多黎各	Cayey	2671	−3%	−68	2603

表 B − 33　　在美国其他地区建设 PV 电厂的投资估算调整（追踪器 1）

州	城市	基本投资估算（美元）	地区差异	增量投资差异（美元/kW）	该地区项目总投资（美元/kW）
阿拉斯加	Anchorage	2644	23%	599	3243
阿拉斯加	Fairbanks	2644	44%	1161	3805
阿拉斯加	Huntsville	2644	−14%	−378	2266
亚利桑那	Phoenix	2644	−11%	−284	2360
阿肯色	Little Rock	2644	−10%	−268	2376
加利福尼亚	Los Angeles	2644	9%	247	2891
加利福尼亚	Redding	2644	10%	276	2920
加利福尼亚	Bakersfield	2644	8%	224	2868
加利福尼亚	Sacramento	2644	11%	284	2928
加利福尼亚	San Francisco	2644	21%	560	3204
科罗拉多	Denver	2644	−7%	−191	2453
康涅狄格	Hartford	2644	10%	267	2911
特拉华	Dover	2644	6%	155	2799
哥伦比亚特区	Washington	2644	6%	161	2805
佛罗里达	Tallahassee	2644	−11%	−288	2356
佛罗里达	Tampa	2644	−8%	−224	2420

续表

州	城市	基本投资估算（美元）	地区差异	增量投资差异（美元/kW）	该地区项目总投资（美元/kW）
乔治亚	Atlanta	2644	−14%	−377	2267
夏威夷	Honolulu	2644	63%	1657	4301
爱达荷	Boise	2644	−7%	−183	2461
伊利诺伊	Chicago	2644	21%	544	3188
印第安纳	Indianapolis	2644	−5%	−127	2517
爱荷华	Davenport	2644	−2%	−53	2591
爱荷华	Waterloo	2644	−8%	−216	2428
堪萨斯	Wichita	2644	−11%	−279	2365
肯塔基	Louisville	2644	−11%	−280	2364
路易斯安那	New Orleans	2644	−17%	−452	2192
缅因	Portland	2644	−7%	−190	2454
马里兰	Baltimore	2644	−6%	−155	2489
马萨诸塞	Boston	2644	16%	429	3073
密歇根	Detroit	2644	3%	67	2711
密歇根	Grand Rapids	2644	−5%	−132	2512
明尼苏达	Saint Pau	2644	7%	191	2835
密西西比	Jackson	2644	−10%	−260	2384
密苏里州	St. Louis	2644	1%	24	2668
密苏里州	Kansas City	2644	−1%	−36	2608
蒙大拿	Great Falls	2644	−5%	−132	2512
内布拉斯加	Omaha	2644	−6%	−169	2475
新汉普郡	Concord	2644	3%	79	2723
新泽西	New ark	2644	15%	394	3038
新墨西哥	Albuquerque	2644	−3%	−80	2564
纽约	New York	2644	44%	1153	3797
纽约	Syracuse	2644	−2%	−64	2580
内华达	Las Vegas	2644	2%	58	2702
北卡罗来纳	Charlotte	2644	−17%	−449	2195
北达科他	Bismarck	2644	−9%	−227	2417
俄亥俄	Cincinnati	2644	−10%	−273	2371
俄勒冈	Portland	2644	4%	102	2746
宾夕法尼亚	Philadelphia	2644	10%	255	2899
宾夕法尼亚	Wilkes – Barre	2644	−7%	−184	2460
罗德岛	Providence	2644	5%	138	2782
南卡罗来纳	Spartanburg	2644	−20%	−518	2126

州	城市	基本投资估算（美元）	地区差异	增量投资差异（美元/kW）	该地区项目总投资（美元/kW）
南达科他	Rapid City	2644	−12%	−313	2331
田纳西	Knoxville	2644	−15%	−390	2254
德克萨斯	Houston	2644	−16%	−417	2227
犹他	Salt Lake City	2644	−4%	−107	2537
佛蒙特	Burlington	2644	−1%	−14	2630
维吉尼亚	Alexandria	2644	−3%	−87	2557
维吉尼亚	Lynchburg	2644	−11%	−278	2366
华盛顿	Seattle	2644	2%	64	2708
华盛顿	Spokane	2644	−5%	−143	2501
西维吉尼亚	Charleston	2644	0%	−2	2642
威斯康星	Green Bay	2644	−5%	−129	2515
怀俄明	Cheyenne	2644	−8%	−217	2427
波多黎各	Cayey	2644	−3%	−76	2568

表 B−34   在美国其他地区建设 PV 电厂的投资估算调整（追踪器 2）

州	城市	基本投资估算（美元）	地区差异	增量投资差异（美元/kW）	该地区项目总投资（美元/kW）
阿拉斯加	Anchorage	2534	22%	569	3103
阿拉斯加	Fairbanks	2534	44%	1124	3658
阿拉斯加	Huntsville	2534	−13%	−319	2215
亚利桑那	Phoenix	2534	−9%	−239	2295
阿肯色	Little Rock	2534	−9%	−226	2308
加利福尼亚	Los Angeles	2534	9%	247	2891
加利福尼亚	Redding	2534	10%	276	2920
加利福尼亚	Bakersfield	2534	8%	224	2868
加利福尼亚	Sacramento	2534	11%	284	2928
加利福尼亚	San Francisco	2534	21%	560	3204
科罗拉多	Denver	2534	−7%	−191	2453
康涅狄格	Hartford	2534	10%	267	2911
特拉华	Dover	2534	6%	155	2799
哥伦比亚特区	Washington	2534	6%	161	2805
佛罗里达	Tallahassee	2534	−11%	−288	2356
佛罗里达	Tampa	2534	−8%	−224	2420
乔治亚	Atlanta	2534	−14%	−377	2267
夏威夷	Honolulu	2534	63%	1657	4301

州	城市	基本投资估算（美元）	地区差异	增量投资差异（美元/kW）	该地区项目总投资（美元/kW）
爱达荷	Boise	2534	−7%	−183	2461
伊利诺伊	Chicago	2534	21%	544	3188
印第安纳	Indianapolis	2534	−5%	−127	2517
爱荷华	Davenport	2534	−2%	−53	2591
爱荷华	Waterloo	2534	−8%	−216	2428
堪萨斯	Wichita	2534	−11%	−279	2365
肯塔基	Louisville	2534	−11%	−280	2364
路易斯安那	New Orleans	2534	−17%	−452	2192
缅因	Portland	2534	−7%	−190	2454
马里兰	Baltimore	2534	−6%	−155	2489
马萨诸塞	Boston	2534	16%	429	3073
密歇根	Detroit	2534	3%	67	2711
密歇根	Grand Rapids	2534	−5%	−132	2512
明尼苏达	Saint Pau	2534	7%	191	2835
密西西比	Jackson	2534	−10%	−260	2384
密苏里州	St. Louis	2534	1%	24	2668
密苏里州	Kansas City	2534	−1%	−36	2608
蒙大拿	Great Falls	2534	−5%	−132	2512
内布拉斯加	Omaha	2534	−6%	−169	2475
新汉普郡	Concord	2534	3%	79	2723
新泽西	New ark	2534	15%	394	3038
新墨西哥	Albuquerque	2534	−3%	−80	2564
纽约	New York	2534	44%	1153	3797
纽约	Syracuse	2534	−2%	−64	2580
内华达	Las Vegas	2534	2%	58	2702
北卡罗来纳	Charlotte	2534	−17%	−449	2195
北达科他	Bismarck	2534	−9%	−227	2417
俄亥俄	Cincinnati	2534	−10%	−273	2371
俄勒冈	Portland	2534	4%	102	2746
宾夕法尼亚	Philadelphia	2534	10%	255	2899
宾夕法尼亚	Wilkes − Barre	2534	−7%	−184	2460
罗德岛	Providence	2534	5%	138	2782
南卡罗来纳	Spartanburg	2534	−20%	−518	2126
南达科他	Rapid City	2534	−12%	−313	2331
田纳西	Knoxville	2534	−15%	−390	2254

州	城市	基本投资估算（美元）	地区差异	增量投资差异（美元/kW）	该地区项目总投资（美元/kW）
德克萨斯	Houston	2534	−16%	−417	2227
犹他	Salt Lake City	2534	−4%	−107	2537
佛蒙特	Burlington	2534	−1%	−14	2630
维吉尼亚	Alexandria	2534	−3%	−87	2557
维吉尼亚	Lynchburg	2534	−11%	−278	2366
华盛顿	Seattle	2534	2%	64	2708
华盛顿	Spokane	2534	−5%	−143	2501
西维吉尼亚	Charleston	2534	0%	−2	2642
威斯康星	Green Bay	2534	−5%	−129	2515
怀俄明	Cheyenne	2534	−8%	−217	2427
波多黎各	Cayey	2534	−3%	−76	2568

B.8.3　运营和维护费用

光伏电站最重要的运维费用包括周期性的追踪器维护和定期的水清洗。并且光伏电站的运维费用也都是在固定造价上考虑的。表 B−35～表 B−37 显示了光伏设备的运维费用。

表 B−35　　　　　　　　PV−固定设备的运维费用（20MW）

类别	PV−固定
固定费用	23.40 美元/kW−AC−年
可变费用	0 美元/MWh

表 B−36　　　　　　　　PV−Tracker 设备的运维费用（20MW）

类别	PV−追踪器
固定费用	23.90 美元/kW−AC−年
可变费用	0 美元/MWh

表 B−37　　　　　　　　PV−Tracking 设备的运维费用（150MW）

类别	PV−追踪过程
固定费用	21.80 美元/kW−AC−年
可变费用	0 美元/MWh

B.8.4　环保合规信息

PV 电站没有消耗化石能源进行发电，因此没有产生废气排放。表 B−38 显示了 PV 的环境排放指标。

表 B-38 　　　　　　　　　　PV 电站的环境排放指标

类别	PV 电站
NO_x	0lb/MMBtu
SO_2	0lb/MMBtu
CO_2	0lb/MMBtu

B.9　往　复　式　内　燃　机

B.9.1　机械设备和系统

往复式内燃机（Reciprocating Internal Combustion Engine，RICE）发电装置基于 5 台 Wärtsilä 发动机，每台发动机的净额定输出功率是 17MW，总设计能力是 85MW。

B.9.2　投资估算

RICE 电站的基本投资估算是在名义发电能力 85MW 基础上进行估算的，为 1342 美元/kW，表 B-39 显示了 RICE 电站的投资估算构成。

表 B-39 　　　　　　　　RICE 电站的投资估算构成 　　　　　　单位：千美元

技术：RICE　　　额定容量：85 000kW（ISO）
名义耗热率（ISO）：8500Btu/kWh-HHV

类别	（2016 年 1 月）
民用结构材料和安装	9473
机械设备供应和安装	49 716
电气/仪控系统供应和安装	10 827
项目间接费	16 070
EPC 项目费用（不含应急费用）	86 086
应急费用	9000
EPC 项目总费用	95 086
业主费用（不包括项目融资）	19 017
项目总投资（不包括项目融资）	114 103
每千瓦 EPC 项目总投资	1119
每千瓦业主费用 20%（不包括项目融资）	224
每千瓦项目总投资（不包括项目融资）	1342

对于这种技术类型和电站配置，在进行投资估算的区域调整时考虑的因素与风力发电厂、大规模的光伏电站类似。表 B-40 显示了在美国其他地区建设 RICE 电厂的投资估算调整。

表 B-40　　　　　在美国其他地区建设 RICE 电厂的投资估算调整

州	城市	基本投资估算（美元）	地区差异	增量投资差异（美元/kW）	该地区项目总投资（美元/kW）
阿拉斯加	Anchorage	1342	23%	308	1650
阿拉斯加	Fairbanks	1342	27%	361	1703
阿拉斯加	Huntsville	1342	-10%	-136	1206
亚利桑那	Phoenix	1342	-8%	-101	1241
阿肯色	Little Rock	1342	-7%	-96	1246
加利福尼亚	Los Angeles	1342	14%	185	1527
加利福尼亚	Redding	1342	5%	73	1415
加利福尼亚	Bakersfield	1342	6%	82	1424
加利福尼亚	Sacramento	1342	8%	102	1444
加利福尼亚	San Francisco	1342	27%	356	1698
科罗拉多	Denver	1342	-4%	-60	1282
康涅狄格	Hartford	1342	15%	199	1541
特拉华	Dover	1342	13%	173	1515
哥伦比亚特区	Washington	1342	18%	241	1583
佛罗里达	Tallahassee	1342	-8%	-112	1230
佛罗里达	Tampa	1342	-7%	-92	1250
乔治亚	Atlanta	1342	-8%	-110	1232
夏威夷	Honolulu	1342	37%	498	1840
爱达荷	Boise	1342	-4%	-49	1293
伊利诺伊	Chicago	1342	11%	147	1489
印第安纳	Indianapolis	1342	-2%	-23	1319
爱荷华	Davenport	1342	0%	3	1345
爱荷华	Waterloo	1342	-4%	-50	1292
堪萨斯	Wichita	1342	-5%	-65	1277
肯塔基	Louisville	1342	-6%	-85	1257
路易斯安那	New Orleans	1342	-7%	-100	1242
缅因	Portland	1342	-6%	-80	1262
马里兰	Baltimore	1342	5%	71	1413
马萨诸塞	Boston	1342	22%	291	1633
密歇根	Detroit	1342	3%	48	1925
密歇根	Grand Rapids	1342	-2%	-23	1319
明尼苏达	Saint Pau	1342	6%	75	1417

续表

州	城市	基本投资估算（美元）	地区差异	增量投资差异（美元/kW）	该地区项目总投资（美元/kW）
密西西比	Jackson	1342	−7%	−98	1815
密苏里州	St. Louis	1342	3%	34	1376
密苏里州	Kansas City	1342	0%	−1	1341
蒙大拿	Great Falls	1342	1%	7	1349
内布拉斯加	Omaha	1342	−2%	−30	1312
新汉普郡	Concord	1342	0%	−6	1336
新泽西	New ark	1342	16%	211	1553
新墨西哥	Albuquerque	1342	−4%	−49	1293
纽约	New York	1342	44%	585	1927
纽约	Syracuse	1342	4%	56	1398
内华达	Las Vegas	1342	2%	29	1371
北卡罗来纳	Charlotte	1342	−10%	−135	1207
北达科他	Bismarck	1342	−4%	−60	1282
俄亥俄	Cincinnati	1342	−5%	−63	1279
俄勒冈	Portland	1342	1%	17	1359
宾夕法尼亚	Philadelphia	1342	11%	151	1493
宾夕法尼亚	Wilkes−Barre	1342	−2%	−30	1312
罗德岛	Providence	1342	11%	146	1488
南卡罗来纳	Spartanburg	1342	−13%	−176	1166
南达科他	Rapid City	1342	−7%	−88	1254
田纳西	Knoxville	1342	−9%	−121	1221
德克萨斯	Houston	1342	−10%	−135	1207
犹他	Salt Lake City	1342	−4%	−50	1292
佛蒙特	Burlington	1342	1%	16	1358
维吉尼亚	Alexandria	1342	5%	68	1410
维吉尼亚	Lynchburg	1342	−6%	−85	1257
华盛顿	Seattle	1342	4%	47	1389
华盛顿	Spokane	1342	−3%	−36	1306
西维吉尼亚	Charleston	1342	1%	18	1360
威斯康星	Green Bay	1342	−2%	−28	1314
怀俄明	Cheyenne	1342	−2%	−25	1317
波多黎各	Cayey	1342	−1%	−16	1326

B.9.3 运行和维修费用

除了一般的运行和维修费用外,RICE 维修和运营造价主要还包括发动机和发电机辅机的维修工作,这些工作都是基于运行小时来进行估算的。维修范围从 3500h 的典型维修项目到 12 000h 的小修项目,再到 16 000h 的大修项目。表 B-41 显示了 RICE 电站的维修费用。

表 B-41   RICE 电站的维修费用

类别	RICE 电站
固定费用	6.90 美元/(kW·年)
可变费用	5.85 美元/MWh

B.9.4 环保合规信息

表 B-42 显示了 RICE 电站的环境排放指标。

表 B-42   RICE 电站的环境排放指标

类别	RICE 电站
NO_x	0.07g/bhp-hr
SO_2	0.001lb/MMBtu
CO_2	117lb/MMBtu

B.10 电 池 存 储

B.10.1 机械设备和系统

电池存储电站(BES)是基于两个 8×40 的能量存储模块进行的。每个模块的额定存储容量为 2.0MW 和 2.0MWh。总设计能力是 4.0MW 和 2.0MWh。

B.10.2 投资估算

基本的投资估算是在总设计能力是 4.0MW 和 2.0MWh 基础上进行的,为:2813 美元/kW。表 B-43 显示了 BES 电站的投资估算构成。

表 B–43　　　　　　　　　　BES 电站的投资估算构成　　　　　　　　单位：千美元

技术：BES　　额定容量：4000kW 2000kWh（ISO）

名义耗热率（ISO）：N/A Btu/kWh – HHV

投资估算类别	2016 年 1 月
民用结构材料和安装	434
机械设备供应和安装	5857
电气/仪控系统供应和安装	1251
项目间接费	1718
EPC 项目费用（不含应急费用）	9260
应急费用	787
EPC 项目总费用	10 047
业主费用（不包括项目融资）	1206
项目总投资（不包括项目融资）	11 253
每千瓦 EPC 项目总投资	2512
每千瓦业主费用 20%（不包括项目融资）	302
每千瓦项目总投资（不包括项目融资）	2813

　　对于这种技术类型和电站配置，在进行投资估算的区域调整时考虑的因素与风力发电厂、大规模的光伏电站、RICE 类似。表 B–44 显示了在美国其他地区建设 BES 电站的投资估算调整。

表 B–44　　　　　　　　在美国其他地区建设 BES 电站的投资估算调整

州	城市	基本投资估算（美元）	地区差异	增量投资差异（美元/kW）	该地区项目总投资（美元/kW）
阿拉斯加	Anchorage	2813	19%	525	3338
阿拉斯加	Fairbanks	2813	32%	903	3716
阿拉斯加	Huntsville	2813	−4%	−122	2691
亚利桑那	Phoenix	2813	−3%	−85	2728
阿肯色	Little Rock	2813	−3%	−79	2734
加利福尼亚	Los Angeles	2813	8%	212	3025
加利福尼亚	Redding	2813	3%	75	2888
加利福尼亚	Bakersfield	2813	3%	83	2896
加利福尼亚	Sacramento	2813	3%	78	2891
加利福尼亚	San Francisco	2813	11%	309	3122
科罗拉多	Denver	2813	−4%	−102	2711
康涅狄格	Hartford	2813	6%	156	2969
特拉华	Dover	2813	4%	109	2922
哥伦比亚特区	Washington	2813	7%	189	3002
佛罗里达	Tallahassee	2813	−3%	−96	2717

州	城市	基本投资估算（美元）	地区差异	增量投资差异（美元/kW）	该地区项目总投资（美元/kW）
佛罗里达	Tampa	2813	−3%	−75	2738
乔治亚	Atlanta	2813	−4%	−121	2692
夏威夷	Honolulu	2813	32%	910	3723
爱达荷	Boise	2813	−2%	−51	2762
伊利诺伊	Chicago	2813	5%	152	2965
印第安纳	Indianapolis	2813	−1%	−24	2789
爱荷华	Davenport	2813	−1%	−18	2795
爱荷华	Waterloo	2813	−3%	−72	2741
堪萨斯	Wichita	2813	−3%	−88	2725
肯塔基	Louisville	2813	−3%	−89	2724
路易斯安那	New Orleans	2813	−5%	−151	2662
缅因	Portland	2813	−3%	−84	2729
马里兰	Baltimore	2813	0%	9	2822
马萨诸塞	Boston	2813	7%	210	3023
密歇根	Detroit	2813	1%	28	2841
密歇根	Grand Rapids	2813	−2%	−44	2769
明尼苏达	Saint Pau	2813	3%	77	2890
密西西比	Jackson	2813	−3%	−82	2731
密苏里州	St. Louis	2813	1%	34	2847
密苏里州	Kansas City	2813	0%	−2	2811
蒙大拿	Great Falls	2813	0%	5	2818
内布拉斯加	Omaha	2813	−2%	−51	2762
新汉普郡	Concord	2813	0%	−7	2806
新泽西	New ark	2813	5%	137	2950
新墨西哥	Albuquerque	2813	−3%	−72	2741
纽约	New York	2813	25%	700	3513
纽约	Syracuse	2813	−1%	−29	2784
内华达	Las Vegas	2813	1%	30	2843
北卡罗来纳	Charlotte	2813	−5%	−140	2673
北达科他	Bismarck	2813	−2%	−63	2750
俄亥俄	Cincinnati	2813	−3%	−86	2727
俄勒冈	Portland	2813	1%	16	2829
宾夕法尼亚	Philadelphia	2813	3%	96	2909
宾夕法尼亚	Wilkes−Barre	2813	−2%	−51	2762
罗德岛	Providence	2813	2%	57	2870

续表

州	城市	基本投资估算（美元）	地区差异	增量投资差异（美元/kW）	该地区项目总投资（美元/kW）
南卡罗来纳	Spartanburg	2813	−6%	−163	2650
南达科他	Rapid City	2813	−3%	−92	2721
田纳西	Knoxville	2813	−4%	−126	2687
德克萨斯	Houston	2813	−5%	−140	2673
犹他	Salt Lake City	2813	−2%	−53	2760
佛蒙特	Burlington	2813	−1%	−38	2775
维吉尼亚	Alexandria	2813	−1%	−24	2789
维吉尼亚	Lynchburg	2813	−3%	−88	2725
华盛顿	Seattle	2813	2%	48	2861
华盛顿	Spokane	2813	−1%	−38	2775
西维吉尼亚	Charleston	2813	1%	18	2831
威斯康星	Green Bay	2813	−1%	−30	2783
怀俄明	Cheyenne	2813	−2%	−68	2745
波多黎各	Cayey	2813	5%	130	2943

B.10.3　运行和维修费用

除了一般维修项目所包含的内容外，BES 的主要维修项目还包括视觉的检查和维护，消防设施以及储电设施的暖通空调系统的维修。表 B-45 显示了 BES 电站的运维费用。

表 B-45　　　　　　　　　　　　　BES 电站的运维费用

类别	BES 电站
固定费用	40.00 美元/（kW·年）
可变费用	8.00 美元/MWh

B.10.4　环保合规信息

BES 电站不会产生有害气体排放，但是每放出 1.0kWh 电量需要充 1.18kWh 的电。表 B-46 显示了 BES 电站的环境排放指标。

表 B-46　　　　　　　　　　　　　BES 电站的环境排放指标

类别	BES 电站
NO_x	0lb/MMBtu
SO_2	0lb/MMBtu
CO_2	0lb/MMBtu

附录 C　美国优秀电力工程承包商名录

表 C-1　　　　　　　　　　　美国优秀电力工程承包商名录

排名	企业名称（地区）
1	QUANTA SERVICES INC.，Houston，Texas
2	EMCOR GROUP INC.，Norwalk，Conn.
3	MASTEC INC.，Coral Gables，Fla.
4	ROSENDIN ELECTRIC，San Jose，Calif.
5	MYR GROUP INC.，Rolling Meadows，Ill.
6	MDU CONSTRUCTION SERVICES GROUP INC.，Bismarck，N.D.
7	CUPERTINO ELECTRIC INC.，San Jose，Calif.
8	MMR GROUP INC.，Baton Rouge，La.
9	M.C. DEAN INC.，Dulles，Va.
10	MCKINSTRY，Seattle，Wash.
11	FIVE STAR ELECTRIC CORP.，Ozone Park，N.Y.
12	BERGELECTRIC CORP.，Los Angeles，Calif.
13	CONTI CORP.，Sterling Heights，Mich.
14	HELIX ELECTRIC INC.，San Diego，Calif.
15	THE NEWTRON GROUP，Baton Rouge，La.
16	ALDRIDGE ELECTRIC INC.，Libertyville，Ill.
17	FAITH TECHNOLOGIES INC.，Menasha，Wis.
18	MORROW-MEADOWS CORP.，City of Industy，Calif.
19	THE BRANDT COS.，Carrollton，Texas
20	HUNT ELECTRIC CORP.，Bloomington，Minn.
21	REDWOOD ELECTRIC GROUP，Santa Clara，Calif.
22	CACHE VALLEY ELECTRIC. CO.，Logan，Utah
23	ISC CONSTRUCTORS LLC，Baton Rouge，La.
24	E-J ELECTRIC INSTALLATION CO.，Long Island City，N.Y.
25	WAYNE J. GRIFFIN ELECTRIC INC.，Holliston，Mass.
26	EGAN CO.，Brooklyn Park，Minn.
27	TOTAL FACILITY SOLUTIONS INC.，Plano，Texas
28	PARSONS ELECTRIC，Minneapolis，Minn.
29	NEW RIVER ELECTRICAL CORP.，Cloverdale，Va.
30	POWER DESIGN INC.，St Petersburg，Fla.

排名	企业名称（地区）
31	MOTOR CITY ELECTRIC CO., Detroit，Mich.
32	SPRIG ELECTRIC，San Jose，Calif.
33	MILLER ELECTRIC CO.，Jacksonville，Fla.
34	DAVIS H. ELLIOT CO.，Lexington，Ky.
35	FISK，Houston，Texas
36	ARDENT SERVICES LLC，Covington，La.
37	INGLETT & STUBBS LLC，Mableton，Ga.
38	HATZEL & BUEHLER INC.，Wilmington，Del.
39	SACHS ELECTRIC CO.，St. Louis，Mo.
40	COCHRAN INC.，Seattle，Wash.
41	WALKER ENGINEERING INC.，Irving，Texas
42	VAUGHN INDUSTRIES LLC，Carey，Ohio
43	CSI ELECTRICAL CONTRACTORS INC.，Santa Fe Springs，Calif.
44	CLEVELAND ELECTRIC CO.，Atlanta，Ga.
45	LAKE ERIE ELECTRIC COS.，Westlake，Ohio
46	GAYLOR ELECTRIC，Indianapolis，Ind.
47	ROGERS ELECTRIC，Alpharetta，Ga.
48	THE MORSE GROUP INC.，Freeport，Ill.
49	TRI – CITY ELECTRIC CO. OF IOWA，Davenport，Iowa
50	GUARANTEE ELECTRICAL CO.，St. Louis，Mo.
51	TRI – CITY ELECTRICAL CONTRACTORS INC.，Altamonte Springs，Fla.
52	ALTERMAN INC.，San Antonio，Texas
53	PAYNECREST ELECTRIC INC.，St. Louis，Mo.
54	O'CONNELL ELECTRIC CO. INC.，Victor，N.Y.
55	PRISM ELECTRIC INC.，Garland，Texas
56	BAKER ELECTRIC INC.，Escondido，Calif.
57	JMEG LP，Farmers Branch，Texas
58	ALLISON – SMITH CO. LLC，Smyrna，Ga.
59	VALLEY ELECTRIC OF MT. VERNON INC.，Everett，Wash.
60	J.E. RICHARDS INC.，Beltsville，Md.
61	COMMONWEALTH ELECTRIC CO. OF THE MIDWEST，Lincoln，Neb.
62	TEC INDUSTRIAL，Kingsport，Tenn.
63	YTG LLC，Philadelphia，Miss.
64	CUMMINGS ELECTRICAL LP，Fort Worth，Texas
65	INTERSTATES COS.，Sioux Center，Iowa

续表

排名	企业名称（地区）
66	MONA ELECTRIC GROUP INC.，Clinton，Md.
67	CHAPEL ELECTRIC CO. LLC，Dayton，Ohio
68	NEWKIRK ELECTRIC ASSOCIATES INC.，Muskegon，Mich.
69	HUMPHREY & ASSOCIATES INC.，Dallas，Texas
70	OKLAHOMA ELECTRICAL SUPPLY CO.，Oklahoma City，Okla.
71	DUCCI ELECTRICAL CONTRACTORS INC.，Farmington，Conn.
72	KELSO－BURNETT，Rolling Meadows，Ill.
73	MILLER ELECTRIC CO.，Omaha，Neb.
74	NEAD ELECTRIC INC.，East Rutherford，N.J.
75	ERMCO INC.，Indianapolis，Ind.
76	COLLINS ELECTRICAL CO. INC.，Stockton，Calif.
77	THE TRI－M GROUP LLC，Kennett Square，Pa.
78	BERMUDEZ，LONGO，DIAZ－MASSO LLC，San Juan，P.R.
79	VAN ERT ELECTRIC CO. INC.，Wausau，Wis.
80	DELTA DIVERSIFIED ENTERPRISES INC.，Tempe，Ariz.
81	ELDECO INC.，Greenville，S.C.
82	WILSON ELECTRIC SERVICES CORP.，Tempe，Ariz.
83	JOHN A. PENNEY CO. INC.，Cambridge，Mass.
84	HI－TECH ELECTRIC INC.，Houston，Texas
85	CEC COS.，Irving，Texas
86	J. RANCK ELECTRIC INC.，Mount Pleasant，Mich.
87	HYPOWER INC.，Fort Lauderdale，Fla.
88	LUDVIK ELECTRIC CO.，Lakewood，Colo.
89	SHAW ELECTRIC CO.，Southfield，Mich.
90	MUTH ELECTRIC INC.，Mitchell，S.D.
91	MARATHON ELECTRICAL CONTRACTORS INC.，Birmingham，Ala.
92	TRAFFIC CONTROL DEVICES INC.，Altamonte Springs，Fla.
93	A－C ELECTRIC CO.，Bakersfield，Calif.
94	OIL CAPITAL ELECTRIC，Broken Arrow，Okla.
95	THOMPSON ELECTRIC CO.，Sioux City，Iowa
96	EDWIN L HEIM CO，Harrisburg，Pa.
97	BUIST ELECTRIC，Byron Center，Mich.
98	FEYEN ZYLSTRA LLC，Grand Rapids，Mich.
99	FERGUSON，Plainville，Conn.
100	GSL ELECTRIC，Sandy，Utah

续表

排名	企业名称（地区）
101	THE FARFIELD CO.，Lititz，Pa.
102	TAYLOR ELECTRIC INC.，Salt Lake City，Utah
103	MIDASCO LLC，Elkridge，Md.
104	WHITE ELECTRICAL CONSTRUCTION CO.，Atlanta，Ga.
105	GREGG ELECTRIC INC.，Ontaio，Calif.
106	ELECTRIC 1Portage，Wis.
107	GREGORY ELECTRIC CO. INC.，Columbia，S.C.
108	PREMIER ELECTRICAL CORP.，Brooklyn Park，Minn.
109	READY ELECTRIC CO. INC.，Louisville，Ky.
110	BROOKS－BERRY－HAYNIE & ASSOC. INC.，Mableton，Ga.
111	MEISNER ELECTRIC INC.，Delray Beach，Fla.
112	APG ELECTRIC INC.，Clearwater，Fla.
113	MATCO ELECTRIC CORP.，Vestal，N.Y.
114	BARNUM & CELILLO ELECTRIC INC.，Sacramento，Calif.
115	ASCHINGER ELECTRIC CO.，Fenton，Mo.
116	FLORENCE ELECTRIC LLC，Canton，Mass.
117	BROADWAY ELECTRIC INC.，Elk Grove Village，Ill.
118	MCDADE－WOODCOCK INC.，Albuquerque，N.M.
119	SCHETTER ELECTRIC INC.，Sacramento，Calif.
120	WEIFIELD GROUP CONTRACTING，Denver，Colo.
121	TERRY'S ELECTRIC INC.，Kissimmee，Fla.
122	PERLECTRIC INC.，Fairfax，Va.
123	MID－CITY ELECTRIC CO.，Columbus，Ohio
124	CANNON AND WENDT ELECTRIC CO.，Phoenix，Ariz.
125	KOONTZ ELECTRIC CO. INC.，Morrilton，Ark.
126	PHILIPS BROTHERS ELECTRICAL CONTRACTORS INC.，Glenmoore，Pa.
127	FOUNTAIN CONSTRUCTION CO. INC.，Jackson，Miss.
128	INTEX ELECTRICAL CONTRACTOR INC.，Forney，Texas
129	OLSSON INDUSTRIAL ELECTRIC，Springfield，Nev.
130	ACTION ELECTRIC CO. INC.，Atlanta，Ga.
131	DCR SERVICES INC.，Lakeland，Fla.
132	SUNWEST ELECTRIC INC.，Anaheim，Calif.
133	ACME ELECTRIC CO.，Lubbock，Texas
134	FRISCHHERTZ ELECTRIC CO.，New Orleans，La.
135	SHELLEY ELECTRIC INC.，Wichita，Kan.

排名	企业名称（地区）
136	ACE ELECTRIC INC.，Valdosta，Ga.
137	BECKSTROM ELECTRIC，Purcellville，Va.
138	NICKLE ELECTRICAL COS.，Newark，Del.
139	BELTLINE ELECTRIC CO. INC.，Paducah，Ky.
140	H.R. ALLEN INC.，North Charleston，S.C.
141	B&B ELECTRICAL CONTRACTORS INC.，Iron Mountain，Mich.
142	SEA BREEZE ELECTRIC INC.，Port Charlotte，Fla.
143	LELAND COLLIER ELECTRIC CO.，Waco，Texas
144	KASSELMAN ELECTRIC CO. INC.，Albany，N.Y.
145	DEL MONTE ELECTRIC，Dublin，Calif.
146	LEI COS. INC.，Denver，Colo.
147	MKD ELECTRIC INC.，Elgin，Ill.
148	CORBINS ELECTRIC，Phoenix，Ariz.
149	SHARLEN ELECTRIC CO.，Chicago，Ill.
150	DESIGN ELECTRIC INC.，Charlottesville，Va.
151	BRIGGS ELECTRIC INC.，Tustin，Calif.
152	PERRECA ELECTRIC CO. INC.，Newburgh，N.Y.
153	HELLER ELECTRIC CO. INC.，Brandywine，Md.
154	MAYERS ELECTRIC CO. INC.，Cincinnati，Ohio
155	D.W. NICHOLSON CORP.，Hayward，Calif.
156	MSL ELECTRIC INC.，Anaheim，Calif.
157	HARGROVE ELECTRIC CO.，Dallas，Texas
158	LVW ELECTRONICS，Colorado Springs，Colo.
159	KEARNEY ELECTRIC INC.，Phoenix，Ariz.
160	D & F INDUSTRIES INC.，Pharr，Texas
161	THE COMTRAN GROUP INC.，Buford，Ga.

附录 D　PHOTOVOLTAIC INSTALLATION AGREEMENT FOR Project Name

Between Bonneville Environmental Foundation and Contractor Company Name

PARTIES:　　Bonneville Environmental Foundation 240 SW First Avenue　　　(BEF)
Portland, OR 97204
Phone (503) 248 – 1905

Contractor Company Name Address　　　　　　　　　　　(Contractor)
City, State, Zip
Phone

RECITALS:

　　The Contractor is engaged in an independent business, is licensed (if required) and qualified to do business in the State of [State where system will be installed] and will comply with all local, state and federal laws regarding taxes and licenses. The Contractor is engaged in the same business for other clients, and BEF is not the only customer of Contractor. BEF is an Oregon nonprofit corporation.

AGREEMENT:

　　The parties to this Contract agree as follows:

　　1. **Scope of Work**. The Contractor shall furnish all of the materials, perform all of the solar facility installation work, and provide all documentation as described in Exhibit A – Scope of Work.

　　2. **Time of Completion.** The work to be performed under this contract shall be commenced on or before [Start Date] and shall be completed on or before [end date].

　　3. **The Contract Price**. The BEF shall pay the Contractor for the materials and labor to be performed under this agreement in an amount not to exceed the sum of: ($###) [dollar amount] dollars.

4. **Progress Payments.** Contractor shall invoice for, and BEF shall make, payments under this contract in accordance with the following schedule:

- Eighty percent (80%) of the contract price, or ($###) [dollar amount] dollars, within 30 days of completion of the installation of the solar system and data monitoring system.

- Twenty (20) percent of the contract price, ($###) [dollar amount] dollars within 30 days of fulfillment of remaining contract obligations, including dissemination of appropriate warranties, permits, and other appropriate documents, as described in Exhibit B – Project Documentation Checklist.

5. **General Provisions.** Any alterations or deviation to the above specifications, including but not limited to any such alteration or deviation involving additional materials and/or labor costs, will be executed only upon a written order for same, signed by BEF and the Contractor. If there is any charge for such alteration or deviation, the additional price must be mutually agreed in writing and added to the contract price of this contract.

6. **Payment Schedule.** The BEF shall pay invoices within (30) thirty days after receipt. All invoices must be submitted monthly no later than the third Tuesday of every month.

7. **Work Quality.** All work shall be completed in a quality manner and in compliance with all building and electrical codes, all other applicable laws, and all applicable utility requirements, including appropriate utility interconnection obligations.

8. **Project Approval.** The Contractor shall furnish to the BEF a plan including construction and equipment specifications for solar facilities, a description of the work to be done, and the materials/equipment to be used and/or installed (attached as Exhibit B). Contractor shall obtain BEF's written approval for such plans, drawings, specifications, materials, and equipment prior to the commencement of the work, and prior to any payment to the Contractor. All equipment and materials shall be provided with original manufacturers' warranties where and as applicable.

9. **Licensing.** To the extent required by the law all work shall be performed by individuals duly licensed and authorized by law to perform said work.

10. **Subcontractors.** Contractor may at its discretion engage subcontractors to perform work hereunder, provided Contractor shall fully pay said subcontractor and in all instances remain

responsible for the proper completion of this Contract.

11. **Release/Waivers.** Contractor shall furnish BEF appropriate releases or waivers of lien for all work performed or materials provided at the time the next periodic payment shall be due.

12. **Change orders.** All change orders shall be in writing and signed by both the Contractor and the BEF. Such change orders shall be incorporated in and become a part of the contract. Payment for all tasks (time and equipment) under this contract shall not exceed [dollar amount] dollars ($###), except as otherwise indicated in a duly ordered and executed change order.

13. **Insurance.** Contractor warrants that it has and will maintain insurance coverage adequate for the work being performed, specifically including but not limited to the following:

(1) Occurrence – based commercial general liability insurance (including contractual liability and products and completed operations coverage) with a combined single limit of not less than $1,000,000 each occurrence for bodily injury and property damage, with an annual aggregate limit of $2,000,000; and (2) Workers compensation insurance as required by law.

14. **Permits.** Contractor shall at its own expense obtain all permits necessary for the work to be performed.

15. **Site maintenance.** Contractor agrees to remove all debris and leave premises in clean condition, and to restore the landscaping to its original condition.

16. **Warranty of Work.** Contractor warrants all work for a period of (60) sixty months following completion.

17. **Theft Prevention.** All equipment installed on the exterior of the building including: modules, inverter, and/or AC/DC disconnects *MUST BE INSTALLED WITH APPROPRIATE THEFT PREVENTION MEASURES TAKEN*. These may include, but are not limited to: breakaway fasteners, tamper resistant fasteners and/or tack welding of fasteners.

18. **Contractor's Status.**
- The Contractor is an independent contractor and is not an employee of BEF.
- The Contractor shall furnish all equipment, tools and supplies to accomplish the assigned

work, except as agreed to in writing by both the BEF and the Contractor.

● The Contractor maintains control over the manner in which the tasks are to be performed and the products made.

● The BEF will withhold no payroll taxes, Social Security, or workers' compensation taxes for the Contractor. These items are solely the responsibility of the Contractor.

19. **Non-Disclosure.** "Confidential Information" means any information that derives actual or potential economic value from not being generally known to, and not being readily ascertainable by proper means by, persons who can obtain economic value from its disclosure or use. Without limiting the generality of the foregoing, Confidential Information of BEF includes: any information that has been entrusted to BEF by third parties, which contractor knows or should know is confidential. The Contractor covenants that during and after the term of this Contract, the Contractor shall not disclose to anyone (except to the extent necessary for the Contractor to perform duties hereunder or as required by law) any confidential information concerning the business or affairs of the BEF which the Contractor may acquire in the course of or incident to his employment. This covenant shall survive the termination of this Contract.

20. **Conflict of Interest.** Contractor acknowledges that the BEF is a nonprofit organization whose primary goal is to acquire and apply Foundation revenues to renewable energy and watershed restoration projects. Contractor further acknowledges that it is important to the BEF that Contractor perform its Tasks without being subject to any conflicts of interest which might interfere with the accomplishment of the Tasks. Therefore, Contractor represents that it has no conflicts of interest that might interfere with its performance under this Contract. Contractor further represents that it will immediately inform the BEF of any conflicts which arise or may rise during the term of this Contract by written notice to the BEF. BEF and Contractor shall immediately address any such conflicts or potential conflicts as they may arise. If Contractor presently has any obligations or affiliations from which such a conflict might in the future arise, Contractor will provide written notice to this effect to BEF on or before execution of this contract.

21. **Termination of Contract.** The Contract will terminate when tasks are complete, allocated budget is expended, or upon fifteen (15) days' written notice by the Contractor or the BEF to the other party, whichever first occurs.

22. **Indemnification and Limitation of Liability.** Each Party will indemnify and defend the other Party and its directors, officers, employees, agents, representatives, and affiliates and hold

them harmless from and against any and all losses, liabilities, damages, claims, suits, actions, judgments, assessments, costs and expenses, including without limitation interest, penalties, attorney fees, any and all expenses incurred in investigating, preparing, or defending against any litigation, commenced or threatened, or any claim whatsoever, and any and all amounts paid in settlement of any claim or litigation asserted against, imposed on, or incurred or suffered by any of them, directly or indirectly, as a result of or arising from the negligent or wrongful acts or omissions of the other Party, from any breach of this Agreement by the other Party, or from any finding, judgment or other determination or settlement whereby BEF is deemed or considered to be the employer of Contractor or of Contractor's Personnel.

23. **Arbitration.** Any disputes which may arise under this Agreement and which can not be resolved by the Parties through good faith negotiation will be, in order to ensure rapid and economical resolution, submitted to final and binding arbitration in Portland, Oregon before Arbitration Service of Portland, Inc. ("ASP") according to its rules, provided, however, that (i) any dispute where the amount in controversy is less than $50,000 will be resolved before a single arbitrator, and (ii) the Parties remain free to agree in connection with any particular dispute that they may arrange for arbitration outside of ASP. Any arbitration award will be treated as Confidential Information.

24. **Notices.** Any notice shall be in writing and delivered in person or mailed, properly addressed and postage prepaid, to a party at the address first specified above and to the attention of the persons specified below. Notices are deemed to have been given upon personal delivery or, if mailed, at the expiration of the third (3rd) day after date of deposit in the U.S. mail.

25. **Force Majeure.** Notwithstanding anything contained in this Agreement to the contrary, neither Party will be deemed liable or to be in default for any delay or failure in performance under this Agreement deemed to result, directly or indirectly, from acts of God, acts of civil or military authority, acts of public enemy, war, or any like cause beyond its reasonable control unless such delay or failure in performance is expressly addressed elsewhere in this Agreement.

26. **Governing Law and Venue.** This Agreement will be interpreted and enforced according to the laws of the state of Oregon and any proceeding to compel arbitration or to enforce an arbitration award is to be brought against any of the Parties in Multnomah County Circuit Court of the State of Oregon and each of the Parties consents to the jurisdiction of such court (and of the

appropriate appellate court) in any such action or proceeding and waives any objection to such venue.

27. **Attorney Fees and Costs.** In the event that any Party initiates proceedings to compel arbitration or to enforce this Agreement or enjoin its breach, the prevailing Party or Parties will be awarded its or their reasonable attorney fees and costs at arbitration, trial and on any appeal as set by the trier of fact, including any bankruptcy proceedings.

SIGNATURES:

The individuals signing below hereby represent that they are authorized to enter into this Agreement on behalf of the Party for whom they sign.

Bonneville Environmental Foundation   **Contractor Company Name**

By: _____   By: _____
     (Signature)   *(Signature)*

Name: _____   Name: _____
          (Print/Type)   *(Print/Type)*

Title: _____   Title: _____

Date: _____   Date: _____

                                                                 Federal Tax ID #: _____

BEF Contact Information:	Contractor Contact Information:
BEF PMG Staff	Contact Name
Title	Title
Bonneville Environmental Foundation	Contractor Company Name
240 SW 1st Avenue	Contractor Address
Portland OR 97204	Contractor City, State Zip
503.248.1905	Contractor Phone
email@b−e−f.org	Contractor Email

Exhibit A-Scope of Work

1. System Description

a. Location

    i.   [School Name}

    ii.   [School Address]

    iii.   Owned by [School District, etc.]

b. Size

    i.   [system size in kW]

c. See Site Survey Diagrams

    i.   Figure A-Aerial image

    ii.   Figure B-Photo mock-up

    iii.   Figure C-Room diagram

    iv.   Figure D-Simple single line diagram

d. Interconnection

    i.   Grid connected

    ii.   Net metering not required (PV output much smaller than building load)

    iii.   Production metered, meter and base - *provided by Contractor*

e. Mounting system

    i.   Flush mount racking system

    ii.   [Racking Brand/Model]

    iii.   Orientation to match roof ~180 degrees

f. Modules-*provided by Contractor*

    i.   [system size in kW] of PV panels to be mounted on [building, yard, etc]

    ii.   [other installation details]

    iii.   (##) Brand/Model of modules

g. Inverter-*provided by Contractor*

    i.   (#) Brand/Model of inverter(s)

    ii. Includes RS-485 Communications card

    iii. Located in [exact location of inverter installation]

h. Balance of Systems-*provided by Contractor*

    i. Lockable AC and DC disconnects, located next to inverter

    ii. Production meter base and meter

    iii. DC wiring to junction box on roof

    iv. System/Array grounding hardware

    v. DC side lightning protection (AC side optional)

    vi. All array mounting hardware/fasteners to make the PV system code compliant, operational and secure

i. Balance of Systems - *provided by District*

    i. DC wiring, conduit and fittings from DC J box on roof to DC disconnect

    ii. AC wiring, conduit and fittings between disconnects and inverter

    iii. AC wiring, conduit and fittings from inverter to electrical sub-panel

    iv. Replacement/upgrade of existing electrical sub-panel

    v. Cat-5 cable from Fat Spaniel gateway to network switch

    vi. All electrical components, fittings, hardware and fasteners required to make system compliant with NEC and local authority having jurisdiction.

j. Data monitoring - *provided by BEF*

    i. Inverter-direct monitoring [Brand/Model]

    ii. Weather station to monitor irradiance, cell temp and ambient temp [Brand/Model]

2. Services Requested from Contractor

a. System Design-contractor must confirm (and re-submit if necessary) the following design documents prior to system installation

    i. Site Diagram Documents

    ii. Electrical SLD

    iii. Electrical Calculations

    iv. Detailed Scope of work for electricians from District

    v. Detailed bill of materials for District

b. Procure materials

    i.   Contractor will be responsible for procuring all system materials as outlined in the system description, unless otherwise indicated above that it will be supplied by BEF or a third party.

c. PV System installation

    i.   Contractor will be responsible for installing a grid-tied photovoltaic installation at the host facility. The installation must be compliant with the 2008 NEC and/or local authority having jurisdiction. It is the installer's responsibility to ensure code compliance with the local authority. The installation shall be executed according to the system design documentation. The BEF Project Manager must approve any design changes made in the field.

d. Rebates and interconnection

    i.   It will be the responsibility of the contractor to make sure the Net Metering and interconnections agreements documents are submitted prior to system installation

    ii.   It will be the responsibility of the contractor to make sure that all rebate applications are submitted-up front cash rebate or tax incentives (that can be monetized) will go to BEF, production based annual payments or credits will go to the facility

e. Electrical permit

    i.   It will be the responsibility of the District to obtain electrical permit, schedule inspections and pay associated fees

f. Building permit

    i.   It is the responsibility of the contractor to determine if a building permit is required for the installation

    ii.   If necessary it will be the responsibility of the contractor to obtain building permit, schedule inspections and pay associated fees

    iii.   If necessary it will be the responsibility of the contractor to conduct mechanical/structural calculations needed to obtain a building permit, including, but not limited to: dead load, snow load, wind loading, and racking attachment method.

    iv.   If stamped structural engineering calculations are required, BEF may contract for these services separately, but it is the responsibility of the Contractor to provide all information required to the structural engineer

g. Data Monitoring Installation
    i.   Contractor will install the monitoring system and weather station
    ii.   BEF will make arrangements with Facility IT staff for proper network connectivity of monitoring system, and will order equipment with proper network configuration
    iii.   It is the responsibility of the contractor to coordinate with the facility IT staff to ensure the final connection is working and data is being transmitted to monitoring company
    iv.   Run Cat-5 (or 6) wire from the nearest network switch on the local area network (LAN) to the inverter/gateway location

h. System Documentation-Contractor must deliver all documentation to BEF and host facility as outlined in attached File: **Project Documentation Checklist.pdf** , upon project completion.

i. System warranty-5 year workmanship warranty

Exhibit B-Project Documentation Checklist

The contractor will provide the following documentation to BEF and the Host Facility, as outlined below, before final payment will be issued. Please return this checklist to BEF with the final documentation. Please check the boxes to indicate which documents have been included. If a document is not required for the project or does not apply in the installation location, please initial in the space provided.

Documentation to BEF and to Host Facility (Two Binders, one to each party)

Item	Initials:
☐ Photovoltaic System Commissioning Checklist	_____
☐ Lien Release Affidavit	_____
☐ Signed Warranty Letter from GC and all subs	_____
☐ Photos of completed system	_____
☐ Site Diagrams	_____
☐ Electrical Single Line Diagram	_____
☐ Electrical Calculations	_____

☐ Solar Module Warranty and Operators Manual _____

☐ Solar Module(s) Serial Numbers _____

☐ Inverter Manual _____

☐ Inverter Warranty and Registration Card _____

☐ Inverter Serial Number(s) _____

☐ Deck Monitoring Gateway Documentation _____

☐ Electrical Work Permit _____

☐ Approved and signed electrical inspection _____

☐ Building Permit (if necessary) _____

☐ Sealed approval from licensed PE of all mounting

☐ or structural designs (if necessary) _____

   Any and all other documentation necessary to meet

   state/local or utility requirements _____

   Including: _____

☐ Photos of completed system _____

Additional Documentation to Host Facility (In the Host Binder)

☐ Net Metering Agreement

Figure A-Aerial Image

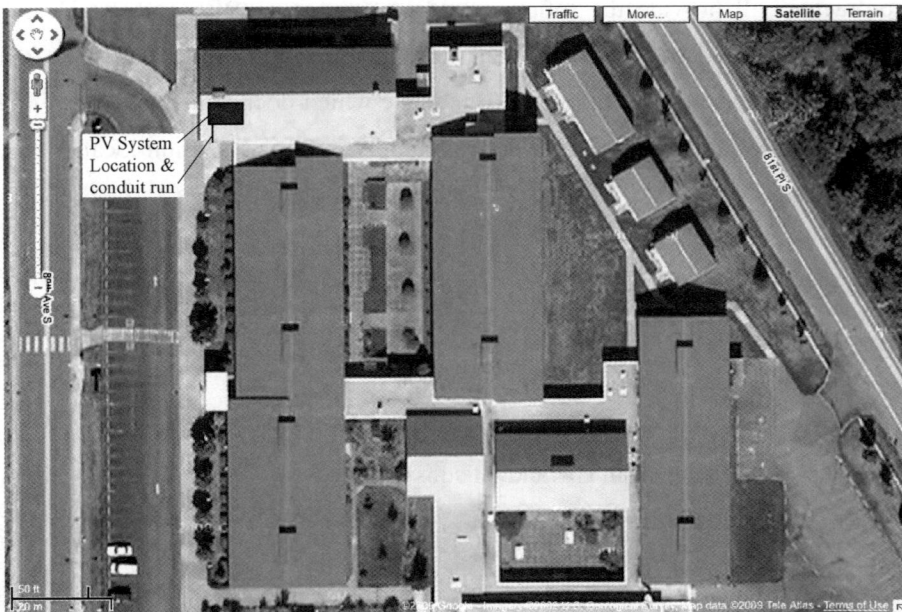

PV array located on the south-facing roof of cafeteria/auditorium building

Figure B-Photo Mock-up

Photo Mock-up of PV array on roof of cafeteria and DC and data conduit running down roof and penetrating wall into backstage area

Figure C-Room Diagram

Dimmitt Middle School Map

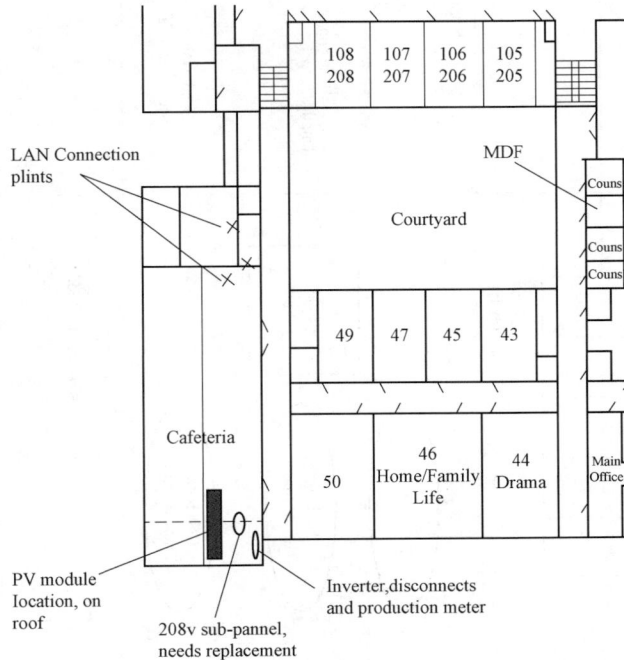

Room Diagram with component locations and wiring identified

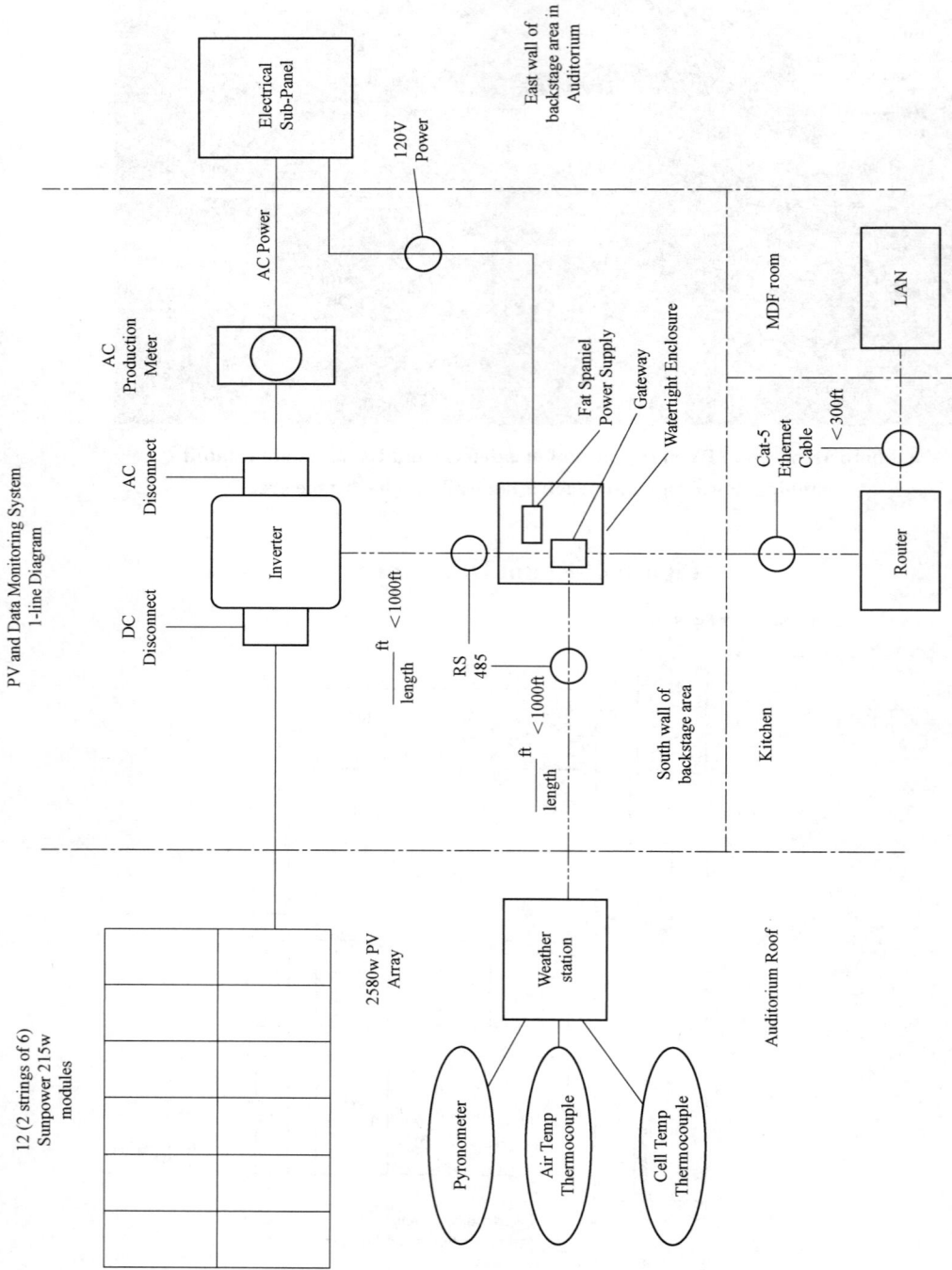

PV and Data Monitoring System
1-line Diagram

Electrical Sub-Panel

120V Power

East wall of backstage area in Auditorium

AC Power

AC Production Meter

AC Disconnect

DC Disconnect

Inverter

Fat Spaniel Power Supply

Gateway

Watertight Enclosure

MDF room

LAN

Cat-5 Ethernet Cable

<300ft

Router

length ft <1000ft

RS 485

length ft <1000ft

South wall of backstage area

Kitchen

2580w PV Array

Weather station

12 (2 strings of 6) Sunpower 215w modules

Auditorium Roof

Pyronometer

Air Temp Thermocouple

Cell Temp Thermocouple

Figure D–Simple Electrical Single Line diagram

附录 E　Standard Form-SF1442

SOLICITATION, OFFER, AND AWARD *(Construction, Alteration, or Repair)*	1. SOLICITATION NUMBER	2. TYPE OF SOLICITATION ☐SEALED BID *(IFB)* ☐NEGOTIATED *(RFP)*	3. DATE ISSUED	PAGE OF PAGES

IMPORTANT - The "offer" section on the reverse must be fully completed by offeror.

4. CONTRACT NUMBER	5. REQUISITION/PURCHASE REQUEST NUMBER	6. PROJECT NUMBER
7. ISSUED BY　　　　CODE	8. ADDRESS OFFER TO	

9. FOR INFORMATION CALL: ▶	a. NAME	b. TELEPHONE NUMBER *(Include area code) (NO COLLECT CALLS)*

SOLICITATION

NOTE: In sealed bid solicitations "offer" and "offeror" mean "bid" and "bidder".

10. THE GOVERNMENT REQUIRES PERFORMANCE OF THE WORK DESCRIBED IN THESE DOCUMENTS *(Title, identifying number, date)*

11. The contractor shall begin performance within _____ calendar days and complete it within _____ calendar days after receiving ☐ award, ☐ notice to proceed. This performance period is ☐ mandatory ☐ negotiable. *(See_____).*

12a. THE CONTRACTOR MUST FURNISH ANY REQUIRED PERFORMANCE AND PAYMENT BONDS? *(If "YES", indicate within how many calendar days after award in Item 12b.)* ☐YES　☐NO	12b. CALENDAR DAYS

13. ADDITIONAL SOLICITATION REQUIREMENTS:

a. Sealed offers in original and _____ copies to perform the work required are due at the place specified in Item 8 by _____ (hour) local time _____ (date). If this is a sealed bid solicitation, offers will be publicly opened at that time. Sealed envelopes containing offers shall be marked to show the offeror's name and address, the solicitation number, and the date and time offers are due.

b. An offer guarantee ☐ is, ☐ is not required.

c. All offers are subject to the (1) work requirements, and (2) other provisions and clauses incorporated in the solicitation in full text or by reference.

d. Offers providing less than _____ calendar days for Government acceptance after the date offers are due will not be considered and will be rejected.

STANDARD FORM 1442 (REV. 8/2014)
Prescribed by GSA - FAR (48 CFR) 53.236-1(d)

OFFER (*Must be fully completed by offeror*)

14. NAME AND ADDRESS OF OFFEROR *(Include ZIP Code)*	15. TELEPHONE NUMBER *(Include area code)*
	16. REMITTANCE ADDRESS *(Include only if different than Item 14.)*
CODE FACILITY CODE	

17. The offeror agrees to perform the work required at the prices specified below in strict accordance with the terms of this solicitation, if this offer is accepted by the Government in writing within _____ calendar days after the date offers are due. *(Insert any number equal to or greater than the minimum requirement stated in Item 13d. Failure to insert any number means the offeror accepts the minimum in Item 13d.)*

AMOUNTS ▶

18. The offeror agrees to furnish any required performance and payment bonds.

19. ACKNOWLEDGMENT OF AMENDMENTS

(The offeror acknowledges receipt of amendments to the solicitation -- give number and date of each)

AMENDMENT NUMBER									
DATE.									

20a. NAME AND TITLE OF PERSON AUTHORIZED TO SIGN OFFER *(Type or print)*	20b. SIGNATURE	20c. OFFER DATE

AWARD (*To be completed by Government*)

21. ITEMS ACCEPTED:

22. AMOUNT	23. ACCOUNTING AND APPROPRIATION DATA
24. SUBMIT INVOICES TO ADDRESS SHOWN IN ITEM *(4 copies unless otherwise specified)* ▶	25. OTHER THAN FULL AND OPEN COMPETITION PURSUANT TO ☐ 10 U.S.C. 2304(c) ( ) ☐41 U.S.C. 3304(a) ( )
26. ADMINISTERED BY	27. PAYMENT WILL BE MADE BY

CONTRACTING OFFICER WILL COMPLETE ITEM 28 OR 29 AS APPLICABLE

☐28. NEGOTIATED AGREEMENT *(Contractor is required to sign this document and return _____ copies to issuing office.)* Contractor agrees to furnish and deliver all items or perform all work requirements identified on this form and any continuation sheets for the consideration stated in this contract. The rights and obligations of the parties to this contract shall be governed by (a) this contract award, (b) the solicitation, and (c) the clauses, representations, certifications, and specifications incorporated by reference in or attached to this contract.	☐29. AWARD *(Contractor is not required to sign this document.)* Your offer on this solicitation is hereby accepted as to the items listed. This award consummates the contract, which consists of (a) the Government solicitation and your offer, and (b) this contract award. No further contractual document is necessary.
30a. NAME AND TITLE OF CONTRACTOR OR PERSON AUTHORIZED TO SIGN *(Type or print)*	31a. NAME OF CONTRACTING OFFICER *(Type or print)*
30b. SIGNATURE 30c. DATE	31b. UNITED STATES OF AMERICA 31c. DATE BY

STANDARD FORM 1442 (REV. 8/2014) **BACK**

附录 F 术语解释

表 F 术 语 解 释

编号	英文缩略语	中文翻译
1	U.S. Energy Information Administration	美国能源信息署
2	Pennsylvania-New Jersey-Maryland Interconnection，PJM	宾夕法尼亚州–新泽西州–马里兰州互联电网公司
3	Public Utility Regulatory Policies Act，PURPA	公共事业监管政策法案
4	Federal Energy Regulatory Commission，FERC	美国联邦能源监管委员会
5	Federal Reserve Economic Data，FERD	美国联邦储备经济数据库
6	Department of Energy，DOE	美国能源部
7	North American Electric Reliability Corporation's，NERC	北美电力可靠性公司
8	Edison Electric Institute，EEI	美国爱迪生电力研究院
9	Automated Metering Infrastructure，AMI	自动化计量基础设施
10	Eastern Interconnection	东部联合电网
11	Western Interconnection	西部联合电网
12	Texas Interconnection	得克萨斯联合电网
13	Regional Transmission Organization，RTO	区域传输组织
14	Independent System Operators，ISO	独立系统运营商
15	Electric Reliability Council of Texas，ERCOT	得克萨斯州电力可靠性委员会
16	IESO-Independent Electricity System Operator	独立电力系统运营商
17	SPP-Southwest Power Pool	西南电力联营
18	The American Society of Civil Engineers，ASCE	美国土木工程师协会
19	U.S. Bureau of Economic Analysis，BEA	美国经济分析局
20	Select USA	"选择美国"项目办公室
21	Invest in America	"投资美国"项目办公室
22	Select USA Initiative	选择美国倡议
23	Committee on Foreign Investment in the United States，CFIUS	美国外资投资委员会
24	National Institute of Standards and Technology，NIST	国家标准与技术研究机构
25	Internal Revenue Service，IRS	美国国税局
26	Occupational Safety and Health Administration，OSHA	美国劳工部职业安全和健康管理署
27	www.dol.gov/dol/contact/contact-phonecallcenter.htm	美国劳工部网站
28	U.S Environmental Protection Agency，EPA	美国环境保护署
29	The International Association for Impact Assessment，IAIA	国际影响评估协会
30	The National Environmental Policy Act，NEPA	国家环境政策法

编号	英文缩略语	中文翻译
31	DOE Office of Energy Efficiency and Renewable Energy，EERE	美国能源部能量效率与可再生能源办公室
32	Model Code	编制模式规范
33	Uniform Building Code，UBC	统一建筑法规
34	International Building Code，IBC	国际建筑规范
35	Federal Acquisition Regulation，FAR	联邦采购法规
36	Federal Aviation Administration，FAA	联邦航空管理局
37	United States Mint，USM	美国造币局
38	Renewable Fuel Standard，RFS	可再生燃料标准
39	American Clean Energy and Security Act	美国清洁能源和安全法案
40	American Power Act，APA	美国电力法案
41	Carbon Capture and Storage，CCS	碳捕捉和储存
42	Liquefied Natural Gas，LNG	液化天然气
43	The Association for the Advancement of Cost Engineering-International，AACE	国际造价工程师促进协会
44	Project Management Body Of Knowledge，PMBOK	项目管理知识体系
45	PDCA	PDCA 循环理论：计划、执行、检查与行动
46	Total Cost Management Framework	全面造价管理框架
47	Cost Engineering	造价工程
48	Skills and Knowledge of Cost Engineering	造价工程的技能和知识
49	AACE Certification Study Guide	AACE 认证学习指南
50	AACE International Professional Practice Guides	AACE 国际专业实践指南
51	Cost Engineer	造价工程师
52	International Cost Engineering Council，ICEC	国际造价工程联合会
53	Total Cost Management，TCM	全面造价管理
54	Certified Cost Engineer，CCE	造价工程师认证
55	Certified Cost Professionals，CCP	认证造价专业人士
56	Planning and Scheduling Professionals，PSP	工期进度专业人士
57	Certified Forensic Claims Consultants，CFCC	法务索赔咨询师
58	Certified Estimating Professionals，CEP	认证费用测算专业人士
59	Earned Value Professionals，EVP	挣值管理的专业人士
60	Decision & Risk Management Professional，DRMP	决策及风险管理专业人士
61	Nuclear Regulatory Commission，NRC	美国核监管委员会
62	Public Utilities Commission，PUC	公用事业监管委员会
63	California Public Utilities Commission，CPUC	加州公用事业监管委员会
64	Office of Civilian Radioactive Waste Management	民用核废物管理办公室

续表

编号	英文缩略语	中文翻译
65	Office of Electricity Delivery & Energy Reliability	电力供应和能源可靠性办公室
66	Office of Energy Efficiency & Renewable Energy	能效和可再生能源办公室
67	Office of Environmental Management	环境管理办公室
68	Office of Fossil Energy	化石能源办公室
69	Office of Nuclear Energy	核能办公室
70	Office of Project Management	项目管理办公室
71	Earned Value Management System，EVMS	挣值管理系统
72	Federal Project Director，FPD	联邦项目总监
73	Project Management Career Development Program，PMCDP	项目管理职业发展计划
74	Certification Review Board，CRB	认证审核委员会
75	Office of Energy Projects，OEP	能源项目办公室
76	Hydropower Licensing	水电许可司
77	Hydropower Administration & Compliance	水电管理与合规
78	Environment Impact Statement，EIS	环境影响报告
79	Nuclear Regulatory Commission，NRC	美国核电监管委员会
80	Office Inspector General，OIG	行政机关检查总局
81	Government Accountability Office，GAO	美国政府问责办公室
82	GSA-General Service Administration	美国联邦总务署
83	Office of Management and Budget，OMB	白宫预算管理办公室
84	Contracting Officers	合同干事
85	Work Breakdown Structure，WBS	工作分解结构
86	LCCE	全生命周期造价估算
87	Detailed Estimating Method	详细估计
88	Parametric Estimating Techniques	参数估计
89	Full-Time Equivalent Method	全职等效法
90	Percentage Method	百分法
91	Earned Value Management，EVM	挣值管理
92	PMS	项目主进度计划
93	Budget At Completion，BAC	项目总预算
94	Plan Value，PV	计划值
95	BCWS，Budgeted Cost for Work Scheduled	计划工作量的预算费用
96	Actual Cost，AC	实际造价
97	Actual Cost for Work Performed，ACWP	已完成工作量的实际费用
98	Earned Value，EV	挣值
99	Budgeted Cost for Work Performed，BCWP	已完工程预算造价

编号	英文缩略语	中文翻译
100	Department of Defense	美国国防部
101	Offices of Planning, Design and Construction, OPDC	规划设计与建设办公室
102	Construction Specification Institute	美国建筑规范协会
103	Bid Items	招标列项
104	Lump-Sum Contract	总价合同
105	Previous Bid Tabulations	投标报价列表
106	Project Overhead	项目管理费
107	Engineering News-Record, ENR	工程新闻记录
108	Professional Practice Guides	专业实务指南
109	Direct Cost	直接费
110	PG&E	太平洋燃气与电力公司
111	Power Purchase Agreement, PPA	购电协议
112	Construction Specifications Canada, CSC	加拿大建造规范协会
113	OmniClass™或 OCCS	综合性建筑业分类标准
114	Construction Management, CM	建设管理模式
115	Design-Bid-Build, DBB	设计—招标—建造模式
116	Design-Build, DB	设计—建造模式
117	Engineering procurement construction/Turnkey, EPC	设计—采购—施工/交钥匙模式
118	The American Institute of Architects, AIA	美国建筑师协会
119	The Associated General Contractors of America, AGC	美国总承包商协会
120	The Engineer's Joint Contract Documents Committee, EJCDC	美国工程师合同文件联合会
121	Project Management Contracting, PMC	项目管理承包
122	Standard Form, SF	标准格式合同条件
123	SAM-System for Award Management	授予管理系统
124	FCR -Federal Contractor Registry	联邦承包商注册
125	Office of Federal Procurement Policy, OFPP	联邦政府采购政策办公室
126	Guarantee	工程承包保函
127	Subcontract Bond	分包保函
128	National Institute of Building Sciences, NIBS	美国国家建筑科学研究院
129	Whole Building' Design Guide, WBDG	整体建筑设计指南
130	Design Quality Indicator, DQI	质量指标
131	Alternative Disputes Resolution, ADR	解决合同争端的替代方式
132	Commercial Law League of America	美国商法联盟

参 考 文 献

[1] 尹海涛. 美国电力市场改革简析. http://www.cspplaza.com/article – 2775 – 2.html.

[2] United States Electricity Industry Primer. Office of Electricity Delivery and Energy Reliability.U.S. Department of Energy. DOE/OE – 0017.2015.

[3] 美国在重建电网方面依然任重道远. [2016.5.17]. http://smartgrids.ofweek.com/2016 – 05/ART – 290010 – 8130 – 29097239.html.

[4] 郭基伟, 宋卫东. 美国电网投资情况分析及其启示 [J]. 电力技术经济, 2009（5）：69 – 72.

[5] 李赫然. 电力期货价格发现功能与电价形成机制的相关性研究——基于美国 PJM 电力市场的实践及对我国的启示 [J]. 价格理论与实践. 2014（8）：90 – 92.

[6] 王海霞. 国外电力市场改革借鉴 [J]. 价格与市场, 2011（7）：41 – 44.

[7] 伏开宝. 电力体制改革中市场价格波动管理研究 [D]. 上海社会科学院, 2018.05.

[8] 白玫. 美国电力市场监管体系与监控机制 [J]. 价格理论与实践, 2017（4）：15 – 19.

[9] 王韬, 张磊. 新电改背景下的电力市场交易模式综述与研究[J]. 电器与能效管理技术, 2018(6)：76 – 81.

[10] 朱继忠. 美国电力市场的发展和实现方法分析 [J]. 南方电网技术, 2016（5）.

[11] 李辰贺. 美国对外贸易区的运行机制与贸易效果分析 [D]. 天津财经大学, 2016.

[12] 张久琴. 美国的招商引资 [J]. 中国外资 2007（3）：37 – 38.

[13] 王淼. 中国企业对外投资法律风险保障问题研究 [D]. 黑龙江大学, 2012.

[14] 陈晶. 2016 年美国投资环境风险分析 [J]. 中国外资, 2016（19）：86 – 88.

[15] 马立. 中国企业赴美投资如何应对安全审查. 上海证券报. 2013.05.03.

[16] 黄景云. 试论我国环保法中公众参与原则的不足与完善 [D]. 复旦大学 2011.10.10.

[17] 白洋. 从三次能源立法看美国能源政策演变 [J]. 经济研究导刊, 2013（4）：132 – 134.

[18] 刘迪玲. 美国外资管理模式解析 [J]. 国际市场, 2013（6）：36 – 40.

[19] 宋晓明. 美国怎么建设智能电网系统. 中国电子报, 2015.07.14.

[20] 葛敏敏, 王周欢. 美国政府采购制度之法律体系与基本原则 [J]. 中国物流与采购, 2005（17）：60 – 61.

[21] 高迪, 程志军, 李小阳. 美国建筑技术法规简介（上）[J]. 工程建设标准化, 2015（6）：44 – 48.

[22] 张晓萱, 马莉. 各自为政的美国电网 [J]. 国家电网, 2014（128）：74 – 76.

[23] 中国商务部：《对外投资国别指南》（2017 年版）.

[24] 付随鑫. 对特朗普政府能源政策的分析与评估 [J]. 国际问题研究, 2018.

[25] 史丹. 国外电力市场建设与投资环境研究 [M]. 中国社会科学出版社, 2015.

[26] 冯海玮.《2016 年美国可再生能源发电概况》. 2017.10.25. http://www.istis.sh.cn/list/list.aspx?id = 10742.

[27] Annual Energy Outlook 2017. U.S. Energy Information Administration U.S. Energy Information Admin. 2017.1.5.

[28] TCM Total Cost Management Framework. Second Edition. H. Lance Stephenson，CCP FAACE，Editor, 2015.

[29] 谢开.《美国电力市场运行与监管实例分析》[M]. 中国电力出版社，2017.

[30] 中华人民共和国国家发展改革委员会价格司. 美国的电力市场监管模式. http：//jgs.ndrc.gov.cn/zttp/zyhjjg/200804/t20080430_207996.html.

[31] 黄玉军. 东北区域电力市场稽查理论与实务研究［D］. 华北电力大学（北京），2008.

[32] 柴丽萍. 我国电力监管法律制度研究［D］. 复旦大学，2008.

[33] 冀利民. 我国电力监管体制的制度变迁分析［D］. 山东大学，2007.

[34] 俞燕山. 美国电力监管的主要手段. 中国电力报，2006（12）.

[35] 张瑞宇. 美国工程造价管理［J］. 中国投资与建设，1995，（10）：56-57.

[36] 美国建设项目工程造价管理体系［J］. 电力标准化与技术经济，2008，（3）：58-60.

[37] 张仕廉，陈珂. 基于 UniFormat II 的建设工程投资估算方法研究［J］. 建筑经济，2014（1）：45-48.

[38] 刘欣. 基于语义 Web 的建筑成本信息管理研究［D］. 大连理工大学，2016.

[39] 朱纯瑶，杨绪坤. 建筑信息分类编码体系对铁路 BIM 的借鉴作用［J］. 铁路技术创新，2014（5）：35-38.

[40] 董政民. 支持 BIM 应用的建筑设施编码体系研究［J］. 土木建筑工程信息技术，2014，6（5）：107-111.

[41] 胡寰，刘凤奎. 浅谈工程项目信息分类及编码体系研究现状［J］. 价值工程，2010（2）：225-226.

[42] 黄正翰，古嘉豪. COBIE 与工程总分类码结合于 BIM 的应用. 技师期刊.

[43] AirStorms. 建筑信息分类体系探讨 – UniFormat 与 MasterFormat 的比较. ［2010.10.27］. http://blog.sina.com.cn/s/blog_700e9dc10102x6lf.html.

[44] William Brodt. OMNICLASS. ［2016.08.02］. https://www.wbdg.org/resources/omniclass.

[45] 杨宗屏. 美国电力建设工程造价管理［J］. 浙江电力，1997，（5）：37-38.

[46] 赵广州. 对比研究国内外工程造价计价模式及对我国电力工程计价改革的启示［J］. 科技与企业，2016（3）：46-47.

[47] 茅洪斌. 国外工程造价管理模式［J］. 中国招标，2008（47）：35-36.

[48] 钱伟，王丽娟. 国内外建筑工程造价管理分析［J］. 工程管理学报，2005（4）：50-53.

[49] 裴大勇. 工程造价计价模式的理论与实证研究［D］. 浙江大学，2003.

[50] 段吉兵. 工程量清单计价应用中的问题及应对措施研究［D］. 重庆大学，2007.

[51] 袁胜. 中外工程造价咨询制度对比研究［D］. 重庆大学，2008.

[52] 张镇森，罗贞莉. 我国建筑工程工程量清单深化改革方向探讨［J］. 建筑经济，2009（s2）：20-22.

[53] 龚洁. 国际工程项目管理模式在我国的应用研究［D］. 重庆大学，2010.

[54] 张水波，何伯森. 管理承包——一种工程建设的新型承包模式［J］. 中国港湾建设，2002（5）：50-53.

[55] 唐景宇. 中国核电工程项目管理模式研究［D］. 天津大学，2005.

[56] 贾冰. 对美国工程项目分包合同管理的几点体会［J］. 国际经济合作，2007（6）：58-63.

［57］ 陈晓萍. 浅析世界各地工程招投标管理［J］. 重庆建筑，2006（1）：70－73.

［58］ 吕汉阳，张睿君. 美国《联邦采购条例》主导政采. 政府采购信息报，2014.06.09.

［59］ 丰艳萍. 美国政府投资项目管理模式的经验与启示［J］. 商场现代化，2005（27）：14.

［60］ 张光准，徐柯. 谈美国联邦政府采购合同官制度的经验与启示［J］. 中国政府采购，2014（12）：60－62.

［61］ 国际司.《美国政府采购制度》：http://gjs.mof.gov.cn/pindaoliebiao/cjgj/201406/t20140627_1105396.html.

［62］ 郝玮. 政府采购流程再造研究［D］. 太原科技大学，2010.

［63］ 刘忠民. 延长油田注水工程项目的招投标管理研究［D］. 西安石油大学，2011.

［64］ 冯海群. ××高校基建项目招投标管理的研究［D］. 华北电力大学，2010.

［65］ 刘磊. 完全公开竞争与简化采购相辅相成. 中国政府采购报，2013.

［66］ 吕东梅. 政府的有效管理与工程最低价中标［D］. 厦门大学，2006.

［67］ 崔伟. 国际工程招投标管理［D］. 西南交通大学，2003.

［68］ 方鸿强，李政. 美国建筑业招投标报价体系介绍与分析［J］. 建筑经济，2002（3）：23－25.

［69］ 孟宪海. 施工合同文件工程价款支付条款对比分析［J］. 建筑经济，2001（6）：28－29.

［70］ 黄东兵，钟衡鸣. 美国工程管理相关行业协会及责任制约机制［J］. 贵州工程项目管理论文集，2006：22－26.

［71］ 张根凤. 国际工程项目索赔的处理技巧及费用确定［J］. 工程建设与设计，2008（9）：118－122.

［72］ 吴亚卓. 国际工程承包中的企业索赔管理［J］. 建筑经济，2010（9）：70－73.

［73］ 董莹莹. EPCM 模式下工程项目的风险管理［D］. 北京邮电大学，2017.

［74］ 王永春. 国际工程承包合同法律问题研究［D］. 对外经济贸易大学，2006.

［75］ Eric. 重磅！美国第一个商业规模海上风电项目竞标结果公布［2018.05.28］. http://news.bjx.com.cn/html/20180528/900805.shtml.

［76］ Scott W. Cullen. CONSTRUCTION PHASE COST MANAGEMENT，2016.08.02.

［77］ Clifford F. Gray，Erik W. Larson Project Management：The Managerial Process. 2005.

［78］ Adam Cooper. Project Labor－Cost Management.［2015.01.04］. https://blog.ascentconsults.com/project－labor－cost－management.

［79］ Dr. Makarand Hastak，PE CCP. Skills and Knowledge of Cost Engineering. Sixth Edition，2015.